iHuman
新民説

成为更好的人

孙歌作品集

求错集

孙歌

GUANGXI NORMAL UNIVERSITY PRESS
广西师范大学出版社
· 桂林 ·

Qiucuo Ji
求错集

图书在版编目（CIP）数据

求错集 / 孙歌著. —桂林：广西师范大学出版社，2018.1
（孙歌作品集）
ISBN 978-7-5495-9896-0

Ⅰ. ①求… Ⅱ. ①孙… Ⅲ. ①文化研究－日本－文集 Ⅳ. ①G131.3-53

中国版本图书馆 CIP 数据核字（2017）第 148362 号

广西师范大学出版社出版发行
（广西桂林市五里店路 9 号 邮政编码：541004
网址：http://www.bbtpress.com）
出版人：张艺兵
全国新华书店经销
长沙鸿发印务实业有限公司印刷
（湖南省长沙县黄花镇黄垅村黄花工业园 3 号 邮政编码：410137）
开本：787 mm × 1 092 mm 1/32
印张：11.875 字数：190 千字
2018 年 1 月第 1 版 2018 年 1 月第 1 次印刷
定价：68.00 元

再版序

这本小书，对我有特别的意义。它是我从文学研究开始转向思想史研究时的记录，也是我在学术起步时期的真实写照。时隔多年，我依稀记得这些习作结集成册时的心情，只是在忙碌之中，这心情也早已被尘封。承蒙广西师范大学出版社的厚意，《求错集》再次出版，搅动我早已忘却的记忆，也带给我一个自我反思的机会。

这本小书，辑录了我主要从事比较文学研究时期写作的一部分文学和思想评论，也包含了我在日本访学时期的零散心得。和所有年轻学人一样，那时我也寻找着自己的路。只是，不知道是幸运还是不幸，我在学术起点上就缺少“体制化”的条件,也缺少学科化的意愿,所以,正如初版的序中所说的那样,我成为“流浪者”。

流浪到了今天,它变成了我的工作方式,归属已经不再成为问题,无所归属反倒成为习惯。虽然在现实体制中这种无所归属带来了很多不便,但精神上的流浪其实也帮我避开了很多麻烦。毕竟人的一生短暂,这个世界和人类历史又实在广大多样,即使穷尽一生,有限的精力也无法应对如此丰富的对象,那么,何必计较自己的归属问题呢?

虽然我早已不再写作文学评论了,却在精神上依然把文学视为自己的精神家园。在写作这本书中较早篇章的80年代末,我已经开始阅读竹内好,而在这本书结集的90年代末,我也已经完成了竹内好研究的大部分内容。对我而言,这是一个精神上的蜕变时期。时人似乎喜欢把文学与思想、政治分开,我也曾一度觉得“文学研究”与“思想论述”井水不犯河水;然而竹内好纠正了我的这个潜意识。他的《鲁迅》告诉我,文学不等于思想,也不等于政治,但它不仅是思想的源泉,而且是现实政治的一种精神形式。这是因为,文学是强韧的“生活者”的精神家园,比起任何仅仅依靠逻辑推进的抽象思维形式,文学更能有效地直面人类生存的基本问题。

通过竹内好,我方才了解到,如果缺少了思想的深度,那么文学研究处理的可能只是“作品”,并非“文学”。与此相对,是否“离开”文学研究其实也不构成问题,竹内好所追求的那个文学精神,正是人类精神生产中不可或缺的基点之一,只是,由于现代学科建制画地为牢的过度训练,使得人们或多或少地失掉了辨认这个基点的能力而已。

从事思想史研究之后,我开始了解到竹内好定义的那个“文学”的重要。它并非具体的学科训练,而是一种具有穿透力的发现与创造的能力;它绝非直观意义上的“想象力”或者“感受力”,而是一种在对象之间不可视的动态关系网络中提炼原理的能力。对于思想史研究来说,这种能力的培养至关重要。我相信,并非所有思想史学者都需要依靠“文学”来培养此种能力,有很多渠道殊途同归地指向这同一个目标;只是在我这里,早年的文学浸染似乎成为唯一的营养源。时至今日,为了培养自己尚不成熟的“文学”能力,我仍然坚持在写作枯燥的学术论文的同时写作随笔或评论,不是为了调剂,而是为了打磨自己对现实状况的穿透力。

今天回头再看这本小书，自然不免因其幼稚而感到汗颜；然而我仍然同意了出版社热情的提议，让这本小书以其原样再度付梓。或许，为了走向成熟，不断回到自己的原点进行反思，也是一种必要的程序。

孙　歌

2017年8月于北京

目　录

前面的话

断断续续、曲曲折折地，我在自己的旅途上走着。

在地理位置上，我只走到了邻国日本，然后再走回来——在现今的中国人那里，相对于去欧美来说，去日本只是一种不算出国的出国；事实上，当我日益深入日本文化的时候，我也的确感到了在庞大的世界格局之中，寻找日本资源的工作是如何地受到这种“近距离”的阻隔。

在精神世界里，我走得也极其有限。回过头来翻捡这些年零零星星的手稿，我才发现我只是在这样一个很小的范围内思考和阅读，而且从来不曾有过改天换地的抱负，不曾有过大悲大喜的经验，也不曾试图对这个世界有所贡献。

翻看这些自己写就的文字的时候，我意识到，这些年里，我只是像一个笨拙而执拗的旅人一样，不停顿地寻找着什么。

也许就因为如此吧，当朋友建议我将这本小册子命名为"旅行者"的时候，我不假思索地同意了。尽管最后我接受了另一位朋友的建议，为了避免对于鲁迅《过客》的效颦而为本书确定了另一个名字，但是，这本书仍被我视为这些年里自己作为一个旅行者所留下的足迹。

几年以前，在一个年末的冬夜，我偶然在一个饭店门口遇到了一群年轻的大学生，他们正手执蜡烛唱着圣诞歌。一种对于生命的温暖感觉在我心底升腾起来，而同时我隐约地感觉到，那美丽的歌曲并不属于我，我也不属于那美丽的歌。

我想，那无所归属和无所拥有的寻觅感觉，是旅行者所特有的。

我一次次地追问自己：你在寻找什么？

这本小书里有我寻找的轨迹，却没有我寻找到的结果。在精神世界里，我流浪着，却并不寂寞。当我发现人可以透过表象驱使心灵去体验和思索这个世界本身的时候，归宿已不再重要。而与此同时，在精神世界里，我找到了如许众多的良师益友，他们告诉我，精神世界的道路无穷无尽，你要走的，充其量只是其中的一条，而不可避免的宿命在于，你的路只能你自己走，没人陪伴，也没有现成的路标和成规。

我明白，当我面对这一宿命的时候，这没有归宿的旅行就会一直延伸到我生命的尽头。而当我懂得了也接受了这一宿命的时候，我真的成了旅行者。这个世界太大，旅途上看到的风景也并非都那么赏心悦目；然而重要的是，在寻寻觅觅之中，眼中的世界变得越来越复杂，而走下去的欲望也变得越来越强烈，于是，在我面前展开的，是一个多么诱人的天地！

我想要做的，只有一件事情，那就是，像伍尔芙当年所说的那样，消除一切障碍地、自由地去想，而且，“就事物本身想”。

在这本小书里，主要集合了我这几年学术论文之外的部分文字。对于我，它们比我的学术论文更为重要。那是因为，在写作这些东西的时候，我可以无视现成的规矩，锤炼自己“自由的习惯”——只是在无视成规的时候，我才能感觉到自己和这个世界面对面地凝视，才能感觉到心灵面对世界的开放，感觉到思维伸展自己的枝条，接受这个世界的光热和营养。

把自己过去的足迹奉献给读者，或许意味着自身的解脱——为了往前走，我们只能把那些美丽和不美丽的都搁在身后；而在解脱之前，我还得有所交代，那就是这些文字的来历。

1988年，我第一次造访日本，在东京大学文学部中文室丸山升教授麾下做研究；于是便有了这本书里第三部分的一些随感文字。今天看来，这些文字极其幼稚和表面化，正如同那时候的我；但是我仍然选了一部分在此，与其说是为了纪念我与日本结缘的起点，不如说是为了感谢促使我这样做的师长和友人。当时任《文学研究参考》编辑部主任的傅德惠女士，日本实践女子大学的阿部幸夫先生，还有以丸山教授为首的中国30年代文学研究会的朋友，不仅使得我阴差阳错般地进入了日本异文化，而且使得我在其后的近十年里再也无法回头。这一部分中还有几篇近几年写下的随笔，它们本来是用日文写作并在日本发表的，感谢朋友的催促，怠惰的我得以把它们译出编入这一部分，但愿它们可以算是对当年那些幼稚但真切的"第一印象"的一个延伸。

本书第二组文字是我在那一时期以来的另一个侧面，我希望它们中相对好些的部分可以称得上是批评文字。我一直希望自己能够写作真正的文学批评，但是我对自己的工作并不满意。选在这里，是对自己过去的一个小结，还是对今后的一个设计，我也不十分清楚。

第二次长期访日是在1994年，这一次，我和从前的友人仍保持着亲密的友谊，却疏远了他们所在的日本中国文学界。与此同时,我结识了许多新的朋友,他们专攻中国或日本思想史以及其他专业,身处于我所陌生的另一个世界。我从他们那里学到了许多新的东西,也开始了自己在异质空间里艰难的思考。这些思考的结果之一,便是本书中的第一组文字。这些书评是我以外行的身份对于我所不熟悉的领域乱插嘴的产物,但是这种“乱插嘴”,在我却并不轻松。促使我这样做的,仅仅是一个朴素的愿望:我希望在更广泛也更深入的领域内了解日本,了解日本知识界,也了解日本知识分子对于世界的贡献,从而更好地了解我们自身的知识处境。

然而在这些经历之后,我却不得不面对一个基本的现实:我发现自己无家可归了。

我不是一个中国的日本学研究者,我似乎也不再是中国文学研究者。我的思考和研究变得无法归类,不仅跨越了学科的限度,甚至也跨越了国界的限度。换言之,我逐渐开始自觉地面对一个悖论:他山之石,可以为错;我在异文化的语境中寻找的,不再仅仅是“他山之石”,更重要的是,我求索的或许就是“错”本身。

那一切,都是从这本小书所收的文字开始的,都是从我的不规范思考开始的。在我,最初并非有意为之,不料走到了今天,它变成了我的路。

本书中由日文译出的几篇小文有一定的改动,那是为了更适合中文读者的阅读习惯;用中文写作的部分,除掉二三处技术性错误,我只对《第三种文学》一文中有关日本文库本的不准确说明进行了一点必要的订正。除此而外没有进行任何改动。不给孩童的脸上添上胡须,是结集时的道德责任,即使鲁迅先生不教诲,也是该遵守的。

孙　歌

1997年岁末于北京

作为方法的日本*

这是个不合汉语文法的标题，它源于一本日文著作的书名。《作为方法的中国》[1]及其作者沟口雄三[2]教授均已在《读书》上露过面，本文采用的这个标题，应该说是对该书及其作者的直接回应。不过在进入正题之前，我想把沟口该书醒目的书名译得更合中文习惯，比如译为：在中国寻找走向世界之路。

1994年9月初，沟口教授邀请我参加大东文化大学中国文学科“沟口讲习班”的夏季合宿。大东文化大学是东京一所私立大学，有70年历史，沟口先生去年从东京大学退休后便转到

---

* 原载《读书》1995年第3期。

[1] 此书由东京大学出版会1990年出版。

[2] 本书日本人名一律用简化汉字，余不作注。

这里执教。这所大学最初是由日本政府创建的，旨在建立一所以传统汉学教育为中心的学校，后来转为私立，宗旨仍未改变。今天，这所大学的中国文学科在人数上仍保持远超于其他大学的绝对优势，本科四个年级合起来有学生七百余人。但作为旧汉学的根据地，大东文化大学并非中国学研究的中心，相反，明治维新之后日本学术界一代比一代更强硬的否定旧汉学的趋势，使这所大学面临严峻的挑战。有必要说明的是，日本传统汉学并不是研究中国的学问，而是日本文化的一部分；诞生于20世纪30年代的日本中国学则在本质上区别于日本传统汉学，是研究中国的学术。沟口雄三教授是当代日本彻底否定旧汉学文化立场的中国学家之一，他进入大东文化大学执教的确是件饶有兴味的事，这不仅意味着在当今日本旧汉学与中国学的对立已超越了表面上对峙的阶段，而且暗示着汉学与中国学正同时面临比它们之间的对立更严重的问题。

沟口先生与20名三年级本科生来到日本中部的长野县合宿。所谓合宿，是喜爱集团行为的日本人经常采用的集中吃住、集体学习的方式，各大学几乎都为此在远离大都市的山清水秀之处设立合宿点，以供假期合宿之用。大东文化大学的长野合宿点刚刚落成不久，是一座优雅的二层小楼。日本式建筑外观与西洋式落地门窗、和式榻榻米房间与北欧风格的宽敞大厅,这一切如此巧妙地混合在一起,使人不由产生一种东西方文化已然大同的错觉,但定睛细看时,这所建筑却透露着当今日本文化的某种价值取向:餐厅里的桌椅是意大利设计、德国制造的进口产品;管理员工作间窗口摆着的盆花,据说也是从欧洲引进的。如今日元升值,进口产品相对便宜,这固然是大量进口的原因之一,但显然并不是唯一的理由——追求西洋趣味的文化取向就不能用日元升值简单解释。比如这所建筑的名称:大东文化大学セミナーハウス(Seminar House),就体现着建筑者的文化选择。假如倒退十几二十年,这所建筑很可能被命名为"大东文化大学研修所",当然,室内陈设也可能是另一种样子。这次造访日本,强烈感觉到用来音译外来语的片假名正以迅猛之势取代曾在日语中占主导地位的当用汉字,不言而喻,这并不仅仅是语言符号的变化。

日本著名的思想家与文化评论家竹内好(1910—1977)先生早在几十年前就批评过日本的"优等生文化",指出日本单纯追求向西方发达国家看齐,随西方价值观的变化而变化,没有自我确立的意识;在这一意义上,他推崇以鲁迅为代表的中国现代文化,认为中国虽然经济落后,但却以抵抗西方的方式确保了文化上的自我。竹内好当年提出的“回心”与“转向”两种文化模式,至今仍被日本学术界沿用,换言之,竹内好当年面对的文化难题,至今仍然是日本学术界尤其是中国学界必须面对的问题。但是,随着日本社会几十年来的巨大变化,日本学者回答这一问题的方式也发生了很大变化。

在这所西洋情调的建筑中,沟口先生指导他的学生们讨论日本社会的近代化问题。这是明治维新之后日本社会面临的最重大的问题,也是当年困扰着竹内好一代人的问题。通常认为东方的近代化过程是“被近代化”的过程,即使是在今天,身处东方最发达的经济大国日本,我作为一个外国人仍然能够感受到被迫近代化的文化紧张度。在东方文化被迫调整自身以适应现代社会发展需求(毋庸讳言,其衡量尺度来自西方)时,这种紧张是不可避免的。日本从明治维新之后围绕着如何近代化的问题一直众说纷纭,但无论是西方中心主义还是东方独立主义,其根源都在于这种文化紧张,它与西方社会高度发达的经济造成的文化焦虑并不相同。粗略而言,西方现代的文化焦虑来源于对自身文化缺陷的反省,而东方的文化紧张却根源于对能否在历史中确定自身文化位置的担忧。近代以来,一切概念都来自西方,东方在世界史中的位置也是由西方确定的,正如竹内好在40年代批判日本文化“转向”特性时辛辣讥讽的那样：“日本文化总是向外等待新的事物。文化总是从西方来的。”(《何谓近代》)近代以后的中国又何尝不是如此呢？这种文化上的不平等造成的紧张感并未简单表现为类似欧洲不同民族、不同语种间的对抗形态，而是表现为更深刻、更复杂的文化选择。就日本而言，明治之后出现了两大基本文化取向，日本的政治思想史学者桥川文三将其归纳为以福泽谕吉为代表的“脱亚入欧”论和以冈仓天心为代表的“亚洲一体”论。就基本立场看，前者是基于对儒教文明全面否定的西方化价值观，后者则是基于通过“爱”与“宗教”使东洋结为一体这一理想的东方文化观。在日本的近、现代历史中，福泽谕吉与冈仓天心提出的基本命题不断变幻为不同形态，甚至也曾被日本军国主义者加以利用，但作为日本人对待世界，尤其是对待西方文明的基本态度，它们却具有象征性意味。在世界文化格局发生极大变化的今天，是追随西方文化潮流还是固守东方本土文化这样的价值判断正在迅速失去其有效性，但是，作为思考问题的立足点，正视东方文化紧张的事实却是无可回避的。

沟口教授使用的参考文献是竹内好的《中国的近代与日本的近代》(写于1948年，收入《竹内好全集》第四卷时更名为

《何谓近代》)与津田左右吉的《支那思想与日本》[1]中的一节《现代生活与所谓东洋》(写于1936年)。这两个人物基本上属于冈仓天心所象征的东方文化论者,尽管他们与冈仓有许多本质区别,他们之间也有极大不同。竹内好是众所周知的日本昭和时代的进步知识分子,在日本蔑视同时代中国的氛围里,在侵华战争前后的日本国内白色恐怖之中,他始终对中国保持友好与尊重的态度,并且盛赞以鲁迅为代表的现代中国文化对西方文明的抵抗精神。必须指出的是,竹内好一生写作了大量有关中国文学与文化的评论,但他从未试图客观地站在第三者的立场上研究中国,更不曾试图从中国的立场出发研究中国。问题不在于他能否采取上述立场,而在于他始终自觉地站在日本进步知识分子的立场上,以中国现代文化为参照系思考日本的问题。在很大程度上,竹内心目中的现代中国与鲁迅形象是他思考日本文化发展可能性时问题意识的投影,换言之,竹内好是"借着中国来说事儿"。

津田左右吉不仅鲜为中国学界所知,而且在战后日本也一度被人冷落。我在大学图书馆开架图书中找不到他的著作,在很少有人借阅的密集书库中才找到了他的全集。津田左右吉

---

[1] 此书由东京大学出版会1990年出版。

(1873—1961)是生活于明治、大正、昭和三个时代的日本著名史学家和东方哲学研究者,他从20岁开始学者生涯,其著述活动也几乎贯穿日本近代的整个过程。这位对中国与日本古代思想史有深入研究的学者在一个关键问题上伤害了日本进步知识界的感情:他对于中国从古到今的文化持蔑视态度。他认为中国不仅缺少科学精神,而且因注重实利也未能培养出成熟的精神文化,如哲学与文艺;中国文化长于满足肉体官能的欲求,并由此发展出自我本位的个人主义。因此,津田冷酷地否定了冈仓天心有关亚洲一体(在明治以后日本人心目中,亚洲是中国、印度、日本的统称)的神话,宣布说这三种文化毫不相干,亚洲不是一体的!

津田接着指出:日本人大声疾呼建设东洋文化,其实这对中国人与印度人毫无意义。他们所要强调的是自己文化的独特性与优越性,并不关心设定乃至创造包括日本在内的所谓东洋文化。因此他说,那种与西洋文化相对立意义上的东洋文化,实际上并不存在。

这位对中国缺少友情的老先生没说错,时至今日,我们中国人仍然对亚洲一体、东洋文化之类的说法缺少兴趣。除掉印度不算,中国文化之外还有可相提并论的文化么?要找文化,那得往西边走了。至于说到日本文化,十有九个中国人会问:他们受了咱们什么影响?

似乎几十年前津田就想堵住中国人的嘴,他在前述文章中断言:过去日本人虽向中国学习,却并未进入中国文化本身,贵族社会在某种程度上模仿了中国的生活样式,而民众的生活却并未中国化。从社会组织到家族形态,日本民族都有与中国完全不同的文化结构,而日本的文化结构比中国的更适合现代化,因而近代以来,日本迅速进入世界的现代文化之中,中国却除了少数知识阶层皮毛上的现代化,社会整体仍停滞于现代文化之外。这足以证明日本有自己独特的历史发展轨迹,来自中国的影响无关紧要。

1936 年津田说这番话时,无非是想证明日本与中国该各走各的路,亚洲一体论无论对日本还是中国都没有意义;可是超越津田蔑视中国的意识形态色彩,他的文章中却着实有些值得琢磨之处,坦率地说,津田把握到的问题是充满智慧的竹内好与战后大多数中国学家所忽略的问题。这或许正是沟口教授为什么要求学生对照着阅读竹内好与津田左右吉的缘故。

在《作为方法的中国》里,有一篇文章专门讨论了“津田支那学”。沟口认为:津田支那学尽管有贬低中国的历史观问题,但不应将其与津田治学的基本方法混为一谈。在津田支那学的方法论中,最应注意的是他的抽象原理色彩与多元化世界观。所谓抽象原理色彩(沟口称之为“原理主义”)是指津田研究中国文化时关注的是超越特定历史阶段的根本性问题,即他自己所说的“了解对象是什么”与“了解应将什么如何改变”;沟口还追加了第三点,认为津田支那学有“了解为何和怎样做才使得事物变成了那样”的关注点。要言之,津田关心的问题并非现实政治问题,而是与“人类一般”相关联的普遍性问题。于是他学说的意识形态效果便自相矛盾:对中国的蔑视客观上迎合了日本军国主义的需要,对东洋一体论的否定又间接否定了“大东亚共荣圈”的侵略政策。正如沟口指出的:津田对于民族生活与人类一般生活的要求之理解,并不包含政治意图。

与抽象原理色彩相关的是津田的多元化世界观。他认为明治之后日本出现的欧洲思想史即世界思想史的欧洲一元化看法,与过去将儒教奉为普遍真理的日本儒者的思想方法是同样的思维定式,并一视同仁地进行批判。对津田来说,欧洲不过是多元化世界的一元,正如中国也只是世界与亚洲的一元一样,而任何一个民族的文化放在世界背景下考察,都有它的特殊性。在这一意义上,津田认为最重要的是考虑中国文化能对世界文化的进步与人类幸福做什么贡献,而不是生搬硬套欧洲的思想来解释中国的思想。

津田支那学中这两个基本特征正是沟口雄三这样的中国学家的学术出发点。应该说明的是,像沟口教授这样敏锐地意识到中国学应进入新的历史阶段并为此而提出方法论问题的学者在日本为数并不多,多数中国学家仍未走出竹内好的历史阶段。这样说并非意指竹内好的具体观点仍左右着当今学者,也不是暗示竹内的中国研究已经过时;我想说的只是,竹内好象征着战后日本相当长的一段文化反省阶段,在这个历史阶段中,无论是"文革"前的中国崇拜热,还是"文革"后的怀疑与失落,全部源于战后进步知识分子对日本民族战争责任乃至民族性的反省,中国始终不是一个独立的研究对象。毫无疑问,在这样的历史阶段中,探求抽象的普遍性问题和采取多元文化立场并不是首要的问题。

但是,沟口出版了他的《作为方法的中国》,呼吁把中国作为独立的对象研究,注意中国文化自身的规律,摆脱欧洲的衡量尺度与日本的文化混淆,在多元性世界文化格局中重新认识中国。姑且不论这是否象征着日本中国学进入新时期,至少它可以证明沟口与他的支持者们正在走出竹内好的历史阶段,走向多元化的时代。

正是在多元化意义上,沟口在中国寻找走向世界之路。并非由于日本地面太小,也不是日本的问题已圆满解决,而只是因为中国与日本两个国家、两种文化有各自的发展轨迹。

当沟口教授指导他的学生讨论竹内与津田,并且要求学生逐个说明自己为什么要研究中国、研究中国有什么意义时,我却在一旁突发奇想:在北京,在中国,是否也有人在做同样的事——阅读与比较中国近现代文人学者所写的日本研究论著、思考日本在多元性世界文化格局中的位置?

我不能回答。听说美国大学的博士生第二外语必须修日语,而我们的学生选修日语多是因为有汉字可以“猜读”。我想起竹内好的讥讽:文化总是从西方来的。难道有一天我们走完了解构主义、新历史主义、后殖民主义等等后现代之路以后,还要由西方人把我们领到日本去吗?

问题并不在于研究日本有多重要,不在于日本是否能为我们提供有用的经验;在中国知识分子对日本文化独立价值的惊人冷漠之后,潜藏的其实是与无条件崇拜西方文化互为表里的心态:当年鲁迅与竹内好辛辣地称之为“奴才心理”。我不想沿用如此尖刻的说法,恐怕更合适的评价是:对日本文化的无视与对西方文化的崇拜都来自一元化的文化心态,这种心态鼓励蔑视与崇拜两种立场,却绝对不鼓励平等意识。因而,它还可以激发出第三种文化立场来,即在日本曾喧闹一时的东方主义。在日本,东方主义至少还包括中国与印度;在中国,有我们自己就足够了。东方主义的民族情结被用来对抗西方文化的"入侵",这并非理性上的自我肯定,而只是蔑视与崇拜的另一种表现罢了。

在这种一元化的文化氛围里讨论日本文化,如果不想坚持日本文化是中国文化分支这样一个大前提,便会遭到重重误解。最常遇到也最难回答的问题是:你为什么要站在日本的立场上说话?

在一元化的文化价值观支配下,理解力的极限大概只能到"拿着日本说中国的事儿";如果想换个视角,把日本的问题放到日本的文化结构中去认识,便显然违反了一元化思维的规则,虽然今天很少有人肯承认自己的思维方式是一元化的。

于是,很难和沟口雄三这样的日本知识分子对话。沟口自己也很清楚这一点,他说:我们是中国人眼里的"小日本"。

近代以来,日本一直是中国人看世界的窗口,在我们眼里它是透明的。当这个透明的窗口有朝一日变成一个独立存在的研究对象时，当我们真正承认日本有自己的文化逻辑，并且肯对我们迄今为止视之为理所当然的研究前提重新推敲时，那将意味着多元时代的真正开始。当然，问题不仅仅在于我们对日本文化的态度，在多元化时代里，我们对整个世界的看法都将改变。

正是在此意义上，日本与欧美一样，应该成为我们的“方法”，而随着独立思考习惯的养成与多元价值的确立，会有更多独立的文化进入我们的视野，比如韩国、越南、泰国……

只有在那时，我们才真的找到了自己，从而走向世界。

在异质空间中思索“空间”*

“空间”在当代知识分子看来是一个常用的词语。现在连中央电视台都设置了“东方时空”专栏，而且，空间还可以和好多词语组合，变成很深奥的学问，比如“文化空间”“话语空间”等等。我总觉得“空间”这个词像个无底洞，摸不着底儿。我一直警告自己，没弄明白之前，尽量少使用这个词，免得栽在上边。

可是来日本访学，却终究躲不过这个词：一是我从一个空间进入了另一个空间，在地理位置上有了移动，这使我在感觉上补了这一课；二是在日本的学术界里，“空间”一词的出现频率比国内还要高，使用得也更广泛，没法不去正视它。比方说

* 原载《读书》1995年第9期。

当代日本的一个文学批评杂志就叫《批评空间》，它的基本立场和这个“空间”有很大关系；要想读这本杂志，还是躲不过那个无底洞。于是，我只好硬着头皮在异质空间中思索“空间”的含义了。

手头有一本日文版布尔迪厄（P.Bourdieu）讲演集，作者布尔迪厄是法国当代著名的社会学家，他有关“游戏规则”的理论好像已为国内学人所接受了，不过我读他的东西却是在来日之后。布尔迪厄在日本不如福柯名气大，但他的著作日译本至少也有十几种，而且是全译。顺便说一句，日本的翻译水平很高，日本人对待翻译的态度值得我们学习。手头这本题为《皮埃尔·布尔迪厄跨领域的人学》，藤原书店1993年第2版。书中收录了布尔迪厄1989年访日时的四篇讲演、一篇采访和一篇与日本学者的对谈。其中一篇讲演稿题为《文学生产与“场”的理论》，是书中唯一一篇有关文学的文字。在此，布尔迪厄谈到了空间的问题。

“场”是布尔迪厄社会学中的关键概念，日译亦译成“界”，以强调它的相对自律性。按布尔迪厄的定义，在社会文化结构中，场是一个位置空间，也是一个决定立场的空间。他认为文化生产的“场”最重要的特征之一是为进入这个场的人们提供

“可能态的空间”。在此有两个重点，一是“空间”，一是“可能态”，布尔迪厄的“空间”概念，说得通俗一点，就是当若干不同质的实体在某一特定范围内确定自身在某一时点的位置的时候，它们就不再是孤立的实体，而只不过是各种不同序列关系的集结点而已。由这样一些位置不同的关系集结点构成的“位置集合体”，就是空间。而所谓“可能态”，则是指在这一空间所规定的共同参照系之下进行的选择。举例来说，当一个作家进行创作的时候，他要面对本国、本民族的历史文化传统，哪怕他决心“拔着自己的头发离开地面”，他仍然是在被限定了的“关系”中进行选择。所以“可能态”所说的其实是“不可能绝对不受历史的限制”。不言而喻，布尔迪厄强调这一“可能态”的存在，直接针对的是福柯的历史观，但从根本上来说，他针对的是传统思维方式中二元对立的逻辑。他认为，以非此即彼的排他逻辑观察空间，结果只能导致一叶蔽目不见全局；而在“内在语言学”与“外在语言学”之间设置绝对鸿沟的索绪尔（布尔迪厄称之为“正统的结构主义”，以区别于自己的“发生论结构主义”）和忠实继承了索绪尔这一语言学传统的福柯，在布尔迪厄眼里都不免失之于过分强调“场”的自律性。“可能态”的提出，正是为了在“场”这一空间范围内消解对立与排他的传统思维逻辑，建立多元视点。依靠“场”这一特殊的视点，布尔迪厄试图建立一种彻底的“关系研究”。作为近代思想史主流的“实体论”的思维方式，一直到结构主义兴起才开始向“关系论”转化，但即使在被视为划时代革命的结构主义理论里，也仍然残存着实体论的影响。这就是布尔迪厄所批评的正统结构主义的语言学传统。布尔迪厄所做的工作，是彻底清除实体论的痕迹，因而他致力指出人们已然接受了的结构主义、符号学的成果中实体主义的缺陷。

读了布尔迪厄，我至少知道空间并不是“语境”，在英语里，它是“space”而不是“context”。也就是说，它不是单个文本的前后文，也不是复数文本的文化背景。同时，空间也不是“文化”，它们有联系，却完全属于不同的范畴。我还知道了空间不是实体性的，但它也不是空的，它是各种位置的集合场。有了这样一个场，研究者可以把目光从实体研究转向关系研究。空间是一个场，但它是不可视的、立体的场，一旦使用了“空间”这个词，那就意味着至少是承认了结构主义的“关系论的认识论”，哪怕还有意无意保留着实体论思维的痕迹。

于是我越发觉着“空间”这词危险。它险就险在明明窝藏着一大堆为中国文化体系所不熟悉的“关系”，却竟然未经过任何怀疑就“入了关”，而且摇身一变就成了“自己人”。在此或许用得上布尔迪厄进行社会学研究时所得到的一个重要结论：在一种文化中自明的概念，在另一种文化中却变得莫名其妙。莫名其妙的结果，空间也只好空在那儿了。对于学术研究来说，或许最最可怕的事莫过于简单地接受另一种文化中自明的前提，并且同样简单地肯定它或否定它。在“空间”问题上尤其如此。布尔迪厄虽然使这个词变得很有魅力，可这个概念并不是他的发明，从亚里士多德开始，学人就和空间、场所问题纠缠不清。今天我们使用的空间概念，其实来历非常可疑，就算它来自结构主义，但究竟是在哪一层意义上使用的呢？比如说，是在福柯的临床医学空间认识的层次上，还是在布尔迪厄的社会学空间的层次上？

我接着往下读，读到了布尔迪厄此书的最后一篇，这是他1989年在东京与日本的两位学者广松涉和今村仁司对谈的记录稿。于是我的处境越发险恶：我面对着两种不甚了了的异文化，它们各自有自己的内在化了的文化前提；这些前提有些被记述下来，有些则是生活于其间的共同体成员心领神会却无法记述的。当操法语的布尔迪厄与讲日语的广松、今村同样使用“空间”一词时，我不得不再从头开始，暂时扔下布尔迪厄，看看日语的“空间”一词有什么样的上下文。

1994年去世的广松涉是当代日本很有建树的哲学家。他所建立的是“关系主义哲学”体系，代表作是《存在与意味》（岩波书店，1982年）。在广松涉的关系哲学中，“空间”如何理解呢？他的有关概念相当复杂，其中与布尔迪厄的空间概念相通的是，他认为事物和现象在“场所的空间”中的定位构成了世界的图式，但是，并不是先有空间这样一个场所，然后再在其中排列事物和现象，而是事物和现象排列而成的关系态本身构成空间。不过，由于广松涉非常强调现代物理学的空间概念，他的空间认识更偏重自然哲学的认识论，不像布尔迪厄那样强烈地针对人文科学的实体主义问题，因而他的学说更具有基础理论的色彩。比如他对于空间一词的界定极为精细，并且有医学与物理学的根据，在此基础上追究空间究竟是“有质料的”还是“虚空的”。这与布尔迪厄问题意识的方向显然不同。能指出的是：在日本的当代哲学中，业已产生了“关系主义”的认识并直接导致了对于空间概念的结构方式的阐释，这也正是日本学者与布尔迪厄对话的基础。

在日本的语境里面，场所、空间的概念有它切实的内涵。我不能够断言“空间”一词在当代日本学界究竟普及到何种程度，因为拙劣地使用这个词的日本学者和对这个词嗤之以鼻的都大有人在。不过，在日语的语境里，它已有自己的位置。即使不谈哲学，在日常生活层面，日本人也习惯于使用含有“场所”语感的词语，比如不喜欢使用人称代词的日本人至今仍将“我”称作“这里”，“你”呼为“那里”；而空间与时间的语感共存于同一词语的情形也不鲜见，比如天气预报总是把“未来一周”称作“对面的一周”。在把这些语词译成中文时，不用说总是要“滤掉”中文没有的场所和空间的语感，使人忽略日语和中文对场所和空间的不同感觉；但其实这种差异是极其重大的。从宏观的角度看，日语语境中非常缺乏西方意义上的“主体性”因素，自他关系中的紧张度被最大限度地隐藏起来，日本文化的基本构成单位不是个体而是集团，这一社会学结论已得到公认，不需要我再费唇舌；而场所也好空间也好，正是在消解个体与环境的紧张关系方面获得了日本的“上下文”。我想，之所以日本有人会出头编辑《批评空间》这样的杂志，这并不是偶然的。

这份杂志的核心人物是柄谷行人（1941 年生）和浅田彰（1957 年生）。这两位日本批评界的风云人物创办《批评空间》，其基本意图是把日本的“思想”介绍给世界，并且把世界的思想介绍给日本；在他们的批评活动中，始终贯穿的宗旨是通过现在与历史的交流、日本与世界的交流创造一个立体的“话语空间”。这份杂志至今已出了16期，虽然它也存在着某些问题，比如价值判断的西化倾向、追求新奇因而有时不够谨慎等等，但从总体上看，它所创造的空间的确有不同于日本传统学术也不同于我们中国学人思维方式之处；要言之，这不同之处就在于“空间认识”。

近代以来，东方一直是西方世界的“博物馆”或者“美术馆”。无论是中国还是日本，能够向西方提供的仅仅是或者至多是“话语”，它们仅仅或者至多被适当纳入西方的语境，再加以西方式的解释。就连这些没有上下文的“话语”，也要仰赖西方出现“后殖民”才有可能冲出东方走向世界。面对这样一个基本事实，实体主义的思维方式能为我们提供的主要是两种态度。其一，跟在西方之后，用西方的眼光看东方的问题。这种态度的根据是：东方在经济文化上都落后于西方，向人家学还有什么不服气的？其二，用国货抵制洋货，弘扬本土文化，并且彻底到不使用洋人发明的词儿。这种态度的根据是民族自尊心。文明了这么久，又好不容易才独立，总不能一不小心又让人家给殖民了吧？虽然这两种态度看上去相反，其实路数没什么区别,要点都在于从实体的角度看问题。实体主义的世界观强调排他性,也就是布尔迪厄批评的“对立的逻辑”。换句老百姓的话,“有你没我,有我没你”者是也。

《批评空间》那伙人从一开始就没奉行这个悲壮的逻辑。初看起来,柄谷等人表述“日本知性”的工具几乎完全是西方的。不仅是话语,而且还有视角。但细读下来,问题就不那么简单了。在他们一系列洋气十足的外来语背后,潜藏着非常“日本”的问题意识;但所有这些日本问题,又都是放在国际化的时代背景之下来认识的。比如 1994 年出版的第 2 期第 1 号“共同讨议”《战前的思考:三十年代的状况与当代》,就是站在战后世界总体格局的角度分析战前日本的文学批评性质的。这篇文章的中心议题是,战前日本的政治意识形态状况有它非常特殊的历史语境,处于这一历史语境中的 30 年代日本文学批评界提出的各种问题,比如“纯文学”与“大众文学”的问题、“私小说”的内涵问题、审美的内在化问题等。战后的批评正是在对这一系列问题的反省、批判的基础上形成了新的出发点。在论述这一日本“语境”的时候,讨论者有意识地把它和同时代的国际背景放在一起审视。

我是在读了布尔迪厄和广松涉、西田几多郎之后才开始接近这份杂志，尽管我在它刚创刊时就拜读过，当时却不得其门而入。而在我接近了这个杂志的问题意识之后，我也同时注意到了日本思想史界一些值得注意的动向。《批评空间》的空间意识并非玩弄词句，这个杂志事实上创造了看待历史的新视角，它对于内在异质性的关注构成了对传统二元对立思维方式的挑战，比如日本学界所习惯的“西洋·日本和东洋”的思维定式；比如从昭和初年开始的“知识人与大众”“纯文学与大众文学”的论述方式。对于《批评空间》来说，这种传统的问题意识已经不能有效地解释历史问题，它基于关系主义的视点提出了新的问题点。

这种新的问题点是什么？我想，不妨看看他们经常使用的一些关键词语——

差异。异质性。同时性。/他者。异者。位相。空间。

不言而喻，这些语词所反映的视点已最大限度地排除了二元对立思维的内在紧张，从而关注那些被二元对立模式漏掉了的问题。强调差异，强调同时性的参照，亦即承认了事物的多样性，并且承认这种多样性存在于同一空间结构之中：这种立场导致了对多样性本身的关切。在二元对立的框架之中，差异本身很难成为研究对象，人们更关心谁影响谁的问题并由此敷衍出一系列先进后进的价值判断来。最常见的例子莫过于鲁迅批判过的做奴才还是做主子的劣根性,直到今天,仍不能断言我们已从这种劣根性中解放出来了。在日本,常常被人问及同一个问题:为什么你们中国学者访日时看见什么都喜欢说"我们中国也有"? 是啊,为什么呢? 简单地批判"中华思想"(日本学者对以中国为中心的思维方式的简称)固然并不很难,但其背后掩藏着的二元论思维框架却是非常难于认识的。同理,我也常常在日本普通人乃至部分日本学者那里感觉到相同的思维定式——就算你们"祖上阔多了",你们现在可是不如我们。问题并不在于事实是否如此,而在于我们是否有可能采用另一种眼光。

正是在这一意义上,我向真正理解空间意识的日本学者(尽管他们未必全如《批评空间》一般招摇)学到了很多。或许我仍然难以使用"空间"这个词语,但我正在摆脱那种非此即彼的思维模式,开始进入更广大更多彩的世界。在先进、后进、高级、低级这样的价值判断之外,存在着另一种真实,那就是差异。它促使我在异质空间中继续思索空间的含义,也促使我更谨慎更虚心地对待历史。

亚洲意味着什么*

——读《在亚洲思考》

多年前，一只足球踢出一句响亮的口号："冲出亚洲，走向世界"；多年后，来自"世界"的"东方主义""后殖民"热又把冲出了亚洲的中国人冲回了亚洲。其实，静下心来想一想，亚洲是什么？世界又是什么？这两个语词多年来还真有点语焉不详。咱们这个讲究平均主义的文明古国，在界定这类语词时却并不对所有国家民族一视同仁，所以在汉语的言语共同体之中，"亚洲"的语感基本上是以中国为圆心的一个没画圆的圆圈，而"世界"呢，则是一幅由发达国家组成的美妙远景图。因此中国学人不深究亚洲而讲"中华"，不计较世界而专注西方，

---

* 原载《读书》1996年第5期。

其实是顺理成章之事。

正是因为在这样的文化语境中形成了基本的思维方式，当我最初遇到由日本专攻亚洲思想、经济、社会史的学者出版的七卷本系列论文集《在亚洲思考》时，便直觉其中有着某些与中国学者完全不同的问题意识、思维走向、方法模式。同时，这种不同又完全不能归结为日本人拥有比我们更多更准确的西方理论著作的译本——我实在没有胆量断言丛书的作者是萨义德的东方知音。平心而论，来自这个亚洲边远岛国的“亚洲思考”，已经远远超过了纠缠于“我们在使用谁的话语来讨论东方问题”的水平。

这套丛书由沟口雄三（东京大学名誉教授·中国思想史）主编，滨下武志（东京大学东洋文化研究所教授·中国近现代史）、平石直昭（东京大学社会科学研究所教授·日本政治思想史）、宫岛博史（东京大学东洋文化研究所教授·朝鲜社会经济史）参与责编。早在七八年前，他们便萌动了出版这套丛书的念头，直接的动因是沟口雄三的《作为方法的中国》引起学界的反响，东大出版会希望能继续深化沟口氏提出的问题。而学者的想法则是使日本学术走出竹内好的“东—西方对抗”模式，建立多元世界中的亚洲视角。为此，这四位知识背景、思维结构有相当差异的学者进行了多次深入讨论，在获得了对于丛书主题基本一致的看法之后，他们既合作统稿，又分别负责了各卷的组织工作。执笔者以日本学者为主，也有亚洲他国地区和美国学者参加。丛书主题为"从亚洲出发思考"，而不是"思考亚洲"，即亚洲不仅是研究的对象，更主要的是研究的视角、框架、方法。丛书主编沟口雄三显然希望能在《作为方法的中国》的基础上向前跨越一大步，而且包含《作为方法的中国》所不可能涉及的更具体的问题和更多样的视角。丛书共收论文 58 篇，一方面体现了四位编者乃至他们组织的撰稿人之间有着相当大差异以至矛盾的"亚洲视角"，另一方面又在这种种差异矛盾中建立了内在的联系。它所提出的主要问题可以归结为：从"地域史"的视点重新认识国家、民族的内涵（"地域"是贯穿各卷的关键词语）；以地域史的方法重新解释亚洲历史的多重结构，并确立关键词语及分析对象；重新探讨亚洲历史中"国家"框架的局限，以及"社会"的历史文化内涵；"近代"在亚洲的意义和形态；"亚洲原理"对于世界所具有的普遍意义；等等。具体而言，一至三卷由滨下武志责编，其基本主题是从"地域"的角度考察亚洲历史的内在逻辑，不同的亚洲国家、民族问题被置于"地域系统"之中重新加以认识。四卷由沟口雄三责编，重新讨论了国家与社会这两个不同的认识范畴的内涵、外延，以及它们之间的动态关系。五、七卷由平石直昭责编，讨论的问题分别是：亚洲近代化的文明观问题以及在亚洲近代化过程中与西方文明的接触点；前近代亚洲的若干重要思想命题，以及亚洲自身所蕴含的原理。六卷由宫岛博史责编，从经济史角度探讨亚洲的社会变动和近代化问题。编者《后记》说：本丛书可以视为探讨亚洲范型的一种尝试，它的意义在于为讨论现代亚洲的变动提供可能性，并且在变动着的世界格局中为日本的"亚洲本体"(Asian identity)确定位置。

这一"尝试"正是我被此丛书所吸引的主要理由。这套丛书使我获益匪浅的，不是它的结论，而是它提出问题的方式；不是它内在理路的连续性，而恰恰是它在方法论、思维定式方面的不一致。这套讨论思想史、历史问题的丛书在我的专业领域之外，按说我没有资格越俎代庖地向国内学界介绍它；但是，它所体现的上述可贵品格，却使我甘冒挂一漏万之嫌。由于本丛书内容丰富，我不得不分几次整理我的读书笔记，并事先为我的某些有意或无意的误读向日本的同行致歉——文本原与历史表象相同，也是个见仁见智的多面体，更何况世界和我本人都还未大同到有余裕在日本的语境里说事儿给中国人听的程度。

在本文中,我想先涉及由滨下武志主编的前三卷:一、《错综复杂的亚洲》;二、《地域系统》;三、《边缘视角中的历史》。[1] 滨下武志是一位具备世界感觉的学者,每年都有相当长的时间在国外从事研究。当他讨论亚洲和日本的本体问题时,他的世界感觉促使他超越了"日本本体",将亚洲问题和民族问题处理为知识的对象。这种"知性立场"虽然不是全体执笔者共有的,至少是丛书的基本特色之一。在他为前三卷所写的三篇序言中,他提出了他对于亚洲问题的总体设想:就社会科学的学理体系而言,以综合的、普遍的概念把握不断分化、异化的社会形态的方式在当今世界已经受到怀疑。当亚洲的重要性被提上日程的时候,亚洲的内在逻辑要求研究者自身分析概念、方法、体系的精致化。这同时意味着对于战后历史学界强调的"客观分析"的再探讨。地域史、社会史、民族史等等不同的"历史主体",必然导致历史分析方法和结构的不同。从这一意义上说,"客观分析"并非板上钉钉。滨下氏自觉地将他的"亚洲思考"置于方法论探求的层次,为此而将前三卷的视点进行了区分:第一卷讨论亚洲地域社会的多面性,第二卷讨论亚

[1] 此三卷由东京大学出版会1993—1994年出版。

洲地域的整合性，第三卷讨论亚洲地域史中中心与周边的关系。地域史概念曾由板垣雄三倡导，滨下氏专攻中国近现代历史特别是经济史，他从自己的专业角度提出了一个把握亚洲地域社会的关键词语——朝贡贸易。他认为这是使亚洲地域结成一个有机网络并赋予这一网络以勃勃生机的根本途径。朝贡贸易首先造就了“朝贡贸易商人”这一群体，很难用“民族性”“宗教性”等范畴对他们进行分类；朝贡贸易又造成了交易港和交易都市，形成范围广大的地域交易圈。朝贡贸易提供了权力政治（power politics）与地缘政治（geopolitics）进行角逐的空间，它不仅形成了以东亚为主的亚洲地域网，而且形成了亚洲地域的理念。在这个地域中，国家与民族的观点是以地域主义为其基础的。滨下认为“华夷变态”这一明清之交时的说法可以引申为表现东亚历史中地缘政治与权力政治、地域与国家相互依存关系的关键概念——“华”尝试着转换为民族主义，“夷”则以转变为国家的方式与华对抗；而“华夷变态”是亚洲地域所潜藏的历史能源。进而，他在方法论的层面提出：把亚洲地域作为一个政治、经济的空间来把握时，其间存在的复数的中心—周边关系相互重合，亚洲视点的“边缘化”，可以在探讨亚洲的多面性的基础上提供把握这种复数的中心—周边关系的有效视点。

在滨下的论文《朝贡与条约》(收入第三卷)中,他讨论了朝贡贸易在亚洲地域研究中的意义。在日本学者中存在着一种认识,将1830—1890年之间东亚的开国开港时期理解为"朝贡关系与条约关系的并存时期",即朝贡关系指以中国为中心的东亚国际秩序理念,条约关系指西欧的国际秩序原理。所谓"并存",其实是将这一时期视为从代表旧时代的朝贡体制向代表新时代的条约体制过渡的时期。显而易见,这是一种典型的"西欧视点"。滨下武志在他的研究中推翻了这种看法,他通过对史料的分析指出:这两种秩序原理事实上不相矛盾,朝贡理念将条约纳入了自己的内部。"东西方理念并非在空间上由一方取代另一方,而是以朝贡理念、华夷理念为统领,条约关系被置于其下。"分析了朝鲜在与清朝的关系基础上缔结与西方的条约关系的特点之后,滨下指出:日本在开国之后明确采取了对抗清朝的形式,急于追求更纯粹的条约关系,日本这一以西方化的方式形成国家、无视东亚国际理念秩序的过程,有必要重新进行研究。

在推翻"朝贡与条约并存"的西欧视点方面,在为亚洲寻找历史的"上下文"和探寻亚洲的方法方面,滨下武志也未尝不以

“西欧”为参照系;事实上,该丛书的总主题“在亚洲思考”本身,便无法摆脱西欧这一“他者”的存在。可是话说回来,在以东方的排外民族主义立场和对于西方价值体系的简单认同之外,真的不存在讨论东方问题的第三、第四乃至更多的立场吗?我们是否有必要一提到“东方”的字眼,便讳莫如深地把下巴往西边指呢?

事实上,这正是这套丛书出版后引出的一个问题。我将在谈国家与民族问题时涉及它;在此,我想顺着滨下武志的亚洲思考进行“思考”:他的朝贡贸易、华夷变态、边缘视点等方法,提供了什么样的“亚洲”表象?对于滨下武志来说,“亚洲”意味着什么?

在东京大学文学部执教、专攻东亚思想史的岸本美绪在为本书所写的书评中极为敏锐地抓住了这个问题。她指出:朝贡贸易这一概念的核心,在于它处理的不是以中国为中心的向心力,而是不具有民族主义向心性的开放性扩散网络;它的基础不是对于“纯粹化、普遍化、同化”的追求,而是追求“包容性、媒介性、个别化、异化”的“反本质主义”(《亚洲的诸视角——“交错”与“对话”》,《历史学研究》第676号)。岸本后来在东京大学的跨学科讨论中进一步发挥了她的想法,提出了文化相对主义与文化本质主义对立的问题;滨下武志的方法论被大致归入“文化相对主义”,沟口雄三的方法论被划入“文化本质主义”的范畴。她应用这两个概念的方式是否合适又当别论,但是她的确触及了滨下武志的方法论特征:滨下所关心的不是某种固有文化的特质,而是多种异质文化(实体)相互结合时所形成的系统(system)。换言之,滨下的“亚洲”表象,不是华、夷这样的存在实体的总和,而是这些实体在相互融合时结成的关系网络。显然,他并不否认这些固有文化具备自己的异质特征,但这不是他要处理的问题。他要研究的仅仅是不同质的要素以何种形态相互交流、包容、渗透,或者抵触。例如他在一卷序言中谈到日本的自我本体时,注意的是日本不具备基于自我认识的与他者的对话历史,近代以后的日本“国家意识”,不是建立在对于日本“边缘地域特征”的认识和与东亚地区交流的基础上,而是割断了这些地域性联系,力图进入“中心”位置,消解了日本的地域性自我等问题。

在滨下武志等人的亚洲表象中,暗示着一种方法论的可能性:“对话意识”“交涉、包容视角”,化解了单一实体的特殊性被绝对化的倾向,也避免了传统的静态实体研究所暗含的排他性。正如执笔者之一佐藤幸男所说:“原本连表达自己领域的用语都不具备的'亚细亚',这恰恰是它作为地域的特性。除了从自足于各自世界、不需要面对他者的领域用语的自然态亚洲出发思考地域国际关系,不存在其他方法。"(2卷40页)在流动系统当中,任何个别性都是关系网络中的一个结节点,离开它在网络中的位置,它的特殊性也不复存在。这样的思维方式事实上已经否定了亚洲—西方二元对立的模式,毋宁说它以对话和包容的方式,提供了把亚洲和西方纳入同一个研究框架的可能性。地域史是一个新的研究领域,它与那种静态的地域博物志知识堆积毫无共同之处,它对于"亚洲方法"的探求不仅超越了欧洲中心视点,重要的是它使得东西方孰优孰劣的价值判断和对这种价值判断的批判都失去了有效性。正是这种对于对话、包容的探求,使得地域史研究区别于一般意义上的"国际关系研究",也区别于盛行于西方的"东方主义""后殖民主义"。

前三卷中,共收论文29篇,与滨下的地域史课题直接相关的有半数以上。这些论文讨论的对象涉及东亚和东南亚主要国家,问题关涉历史学、社会学、政治思想史、国际关系史、社会语言学等学科。如《立足于地域的思想史》(小岛毅)、《东南亚表象》(弘末雅士)、《传达与规范意识》(林正宽)、《地域概念的政治性》(中见立夫)(以上第一卷);《亚洲地域国际关系的原像》(佐藤幸男)、《孟加拉湾世界》(重松伸司)、《中东的地域系统与自我本体》(黑木英充)、《东南亚与中国》(菊池道树)、《中华世界的"近代"性演变》(茂木敏夫)(以上第二卷);《蒙古的独立与国际关系》(中见立夫)、《"边境"之民与中国》(新免康)、《尼泊尔社会中的两种体系》(结城史隆)、《清代海洋圈与海外移民》(松浦章)、《华南地域社会论》(蔡志祥)、《十九世纪东亚国际关系与琉球问题》(真荣平房昭)(以上第三卷)等。必须指出的是,这些研究地域史问题的论文并未全部采用与滨下武志相近的方法论,有些研究其实并未摆脱东西方对立模式。所以,部分论文暗含了排他的紧张感。在方法论上最接近滨下动态关系研究的是佐藤幸男的《亚洲地域国际关系的原像》、黑木英充的《中东的地域系统与自我本体》,以及林正宽的《传达与规范意识》。佐藤论文在宏观上和理论上对地域经济史的基本问题进行了阐释,他回顾了亚洲观念所含各种形态的"二分法"图式,提出把握国际关系的视角不是视其为国家的总和或两国关系的组合,而是人间集团甚至连集团都无从囊括的"人的总和"。他分析地域交易圈的结构时指出:在文化交流成为交易与殖民的副产品的时代,经由媒介者的文化交流造成“文化越境”意识;随时代推移和国境观念的增强,则助长了外来与本土相对抗的文化观。这种对文化异质性的强调致使问题的讨论搁置于非欧洲世界的本土文化是否适合资本主义经济的层次,他认为亚洲的经济活动具有合理的机械化的经济体系与被它所排斥的“生”的世界的两义性。这是同时存在于亚洲内部的问题。作为地域网络的朝贡关系,在亚洲圈域内具有相互促进的作用,政治、文化、物资流动的体系移植于亚洲各国的政治单位,在相应变异之下导致亚洲农业空间与海洋的结合,亦即商业网络从中心向边缘的海域文化扩散。他由此提出“作为海域世界的亚洲”概念。黑木论文使用了金斯伯格史学的方式,即通过个案分析建立历史表象,这与滨下论文的宏观“朝贡研究”相映成趣。黑木分析的是一位 19 世纪初出生于贝鲁特的基督徒海亚德的“地域移动轨迹”。海亚德兼通多种语言,幼年时在贝鲁特港的交易商之间充当翻译,稍长后在叙利亚各地流动经商,后出任英国驻叙利亚总领事馆第一翻译。最终,他以基督徒的热情投身于叙利亚的教育医疗活动,并致力纠正英国人的偏见,沟通英国与阿拉伯世界基督徒的交流,试图建立英国与阿拉伯商业的共存共荣关系。黑木所注意的是,在海亚德这样一位掌握了多种语言的“媒介者”那里,他的自我人格具备复杂的多重性，而这种人格特征恰恰反映了贝鲁特地区“地域系统”的特点。林氏论文从社会语言学角度讨论多语言社会中“我们的言语”（特定群体的言语）和“搭桥言语”（不同群体间交流的言语）及后者在国家介入形式下国语化的问题，提出了对这三种言语之间的动态关系进行探讨的必要，以及在国语中暗含着近代国家表象之限度的问题。

限于篇幅，我只能在另一篇文章中介绍前三卷中使用其他视角的论文。我认为它们同样提出了出色的问题。滨下主编的这三卷不仅探讨了地域史的方法论问题，更重要的是，它与其他四卷一道，将一个没有现成答案的问题推到了我们每一个人面前——亚洲，意味着什么？

在历史中寻找什么*

——再读《在亚洲思考》

自从语言学成果悄然渗透到20世纪社会科学的各个领域之后，历史研究的对象便不再是无须证伪的客观存在了。姑且不去讨论历史本身是否可以任人打扮，也不去为历史是绵延不断的河还是层层断裂的地质层伤神——在讨论“什么是历史”和“怎样进入历史”之前，我相信有一个更朴素然而同样扑朔迷离的问题困扰着历史乃至思想史研究者：你为什么进入历史，你在历史中寻找什么？

当我打开《在亚洲思考》的第四卷《社会与国家》[1]时，扑

---

* 原载《读书》1996年第7期。

[1] 此书由东京大学出版会1994年出版。

面而来的正是这样的问题。这一卷由该丛书主编沟口雄三编辑,主题是对“社会”与“国家”这两个认识框架进行重新审视。沟口雄三在前言中指出:随着20世纪民族和国家独立运动的蓬勃发展,诞生于欧洲的“国家”这一概念自身也不得不受到检验并被多样化。例如中国的王朝体制很难与欧洲意义上的国民国家纳入同一个“国家”范畴加以认识,由朝贡贸易体系构成的亚洲网络世界已经突破了欧洲视点中的国家界限等等。与国家观念的多样化相关,“社会”(以民族性为基础的经济文化圈)观念的变化也迫在眉睫。我们已经习惯了把“社会”放在“国家”的框架之内认识,这种静态思维方式已经失去了有效性,相反,国家与社会的关系并不稳定,“社会”有时会消解“国家”的框架。亚洲世界为与欧洲相抗衡所人为确立的近代国家,反而损害了亚洲民族地域社会的自然性,因而,沟口提出了两个尖锐的问题:从社会的角度如何看待国家?从国家的角度如何看待社会?

这一卷共收入论文8篇,它们从历史和思想史研究的角度涉及沟口提出的问题。《传统中国的国家形态与民间社会》(陈其南)、《王朝·国家·社会——近代中国的状况》(村田雄二郎)是两篇从宏观角度讨论中国的“国家形态”的论文。前者指出传统中国的国家本质是"文化的",而非"社会的",它以家族伦理与政治秩序的混同为特征;而中国型社会的基本构成单位是以家族、宗族为基础的"私民",中国的都市只是乡村的延长线,不存在独立的市民社会,因而在"国"与"家"之间存在着真空状态,妨碍中国实现近代民主政治。后者则着眼于近代中国在转型期是如何将王朝国家观念转变为国民国家观念的,指出"天下"只是没有疆界、超越种族的"文明原理",它提供了孙文基于"公理"的反侵略民族自决论基础,却不可能直接转换为"国民国家"。在国民国家这一"想象的共同体"被制造出来的过程中,存在着清末民初社会秩序的动摇与重建的一段历程,即中央、官权(国家)和地方自治、绅权(社会)之间对立和依存关系的确立过程。村田敏锐地注意到,清末中国积极提倡地方自治的知识分子,几乎毫无例外地是中央集权论者,因此他指出中国史中的国家与社会关系不能以对立的图式来表示。这两篇论文涉及的"社会"观念与沟口的"社会"内涵有很大差异,在方法论上也并未"在亚洲思考":它们一方面认为中国的国家社会有自己的形态,另一方面又采用西方的问题意识来审视历史——陈文使用的是韦伯的观点,村田文使用的是安德逊的概念。所以它们论述的侧重点是"中国在哪些地方与西方不一样”（陈文尤其以此为指归），而不是“中国到底是什么样子”。

在如何利用西方方法论的层面，黑住真《天主教禁令与近世日本》别具特色。该文讨论的是作为外来者的罗马公教对于近世日本的意义，在方法论上可以说受到布鲁蒂欧“空间理论”的启发，但是，该文在问题意识方面并不依赖西方参照系。它使用的主要资料是丰臣秀吉于1587年6月18日签署的天主教神父驱逐令拟定稿《觉》（意为“备忘录”），通过对文本的细致解读，勾勒出“《觉》所处的历史空间”：秀吉在确立日本和平的框架之内处理与天主教的关系，他从保护转为驱逐的原因是天主教的存在方式超越了这一框架的临界点；在秀吉与神宫、天皇、其他宗教派别的关系上，《觉》与其后的驱逐令定稿《定》取得了各方信赖，为他日后取代天皇成为诸教守护者奠定了基础。天主教这一与近世日本社会国家完全无缘的外部存在物，因而在日本国家社会内部矛盾的临界面上成为促使其多元统一的“否定性触媒”。黑住论文准确勾勒出近世日本思想体制中的力量对比关系和利用排他来自我确立的特质，间接揭示了日本“国家”与“社会”之间的稳定关系。

在本卷中最引人注目的论文是寺田浩明的《明清法秩序中

"约"的特性》与宫岛博史的《朝鲜两班社会的形成》。寺田专攻中国法制史,他从明清"法"与"契约"的关系入手,利用详尽的史料打破了中国近代"法"与"契约"两极并存、互不相干,因而国家与社会在逻辑上必相乖离的简单图式。他指出,在古代中国,"约"是统领各类对等或强制性约束关系的"上位概念",从这一视角出发来看,明清时期发生作用的规则与作用空间并不一致的法与契约之间,也存在着某种"行动基准的共有形态"。为揭示这一两者共有的基础,他把目光投向"大于个别契约关系""小于国家行政区划"的社会空间——乡村,通过分析乡约盟约的内部结构及其在地域秩序中的作用,指出:乡村"约"的基本构造是"首唱与唱和"(由特定召集者提出动议,引起众人响应)、"自发与强制"的互补结构,而地域秩序正是在不同主体的"结约"行为之间的对抗与统合中形成的。他进而指出:这种"首唱—唱和""自发—强制"的构造是国法与民约都具有的基本结构,这导致了二者作为规范秩序的共通性。寺田未直接论述国家与社会的关系,但他的用意很明确:既然法与契约并非截然对立,国家政权与民间社会也必将存在连接点,因此国家和社会作为认识问题的框架必须加以重新讨论。

宫岛论文以朝鲜社会史研究中的重要概念"两班"为对象。

“两班”由高丽时代东班(文官之列)、西班(武官之列)职位概念演化而成社会阶层,以家族为单位形成地方统治势力。宫岛分析了一个地方两班家族的经济实力转移过程和财产继承方式变化的个案,对朝鲜史与朱子学研究中的一个通说提出了质疑:两班集团直至16世纪一直采取男女均分的财产继承方式,17世纪之后开始发生变化,至18世纪则出现明确的男孩继承、长子优先的继承方式,通常认为是朱子学的普及使然,但宫岛则指出继承方式的变化是在朱子学成为国教两个世纪之后才定型的,很难认为朱子学是两班社会的起因;毋宁说随着两班集团实力的衰退,为了确立两班社会的特质,朱子学意识形态被作为使其正当化的工具加以利用。该论文的特点与寺田、黑住论文相同,在于不依靠先入之见解释历史,注重历史空间的内在机制。

本卷另外三篇论文为《朝贡体系与朝鲜近代国家的形成》(金凤珍)、《首领制国家中的神话》(铎木昌之)、《“独立”之于越南》(坪井善明),限于篇幅在此只好割爱。与滨下武志责编的前三卷不同,这一卷内容沉实的论文似乎并未直接呼应编者在序言中提出的问题,由于亚洲各国社会国家的样态各不相同,有的论文甚至是在对国家与社会概念本身进行解构。我突然感到有些疑惑:主编沟口雄三究竟为什么要用这样的方式来讨论问题?从《作为方法的中国》到《在亚洲思考》,他把问题从一个国家扩大到整个亚洲——他为什么要迈出如此使人眼花缭乱的一步?

当《作为方法的中国》出版之后,沟口学术受到了广泛注目,也遭到了年轻一代学人的批评。在我的阅读范围内,最有才气的批评来自小岛毅与岸本美绪。有趣的是,这两位批评者的立场也是完全不同的。小岛在本丛书第一卷所载《立足于地域的思想史》中简单回顾了日本几代学人在中国近代思想史研究方法上的连续性和分歧点,指出:岛田虔次在思想史领域里首先注意到思想的社会性问题,但他的问题意识是"中国何以未能产生'近代'",亦即以对应于欧洲史发展形态的"近代思维"构想中国思想史。沟口意识到了这一点,试图在中国历史中寻找"自生的近代",但是他所使用的自由、平等概念却仍然是欧洲的价值观。小岛在自己的研究中采取了"地域思想史"的方法,试图探讨独立于欧洲价值体系的中国思想史评价标准。他指出:中国近代思想史研究通常将阳明学视为明代思想主潮,这与黄宗羲《明儒学案》被视为基本史料有很大关系;而黄宗羲的学说只适合于江浙一带,被他冷落了的福建思想界,存在着完全不同的思想传统和社会状况。小岛进而指出,在与西方哲学史相对应的意义上,阳明学提供了很好的素材——理气论、人性论、修养论直接对应于欧洲哲学的何为宇宙、何为人、人应如何活着的问题;而福建的朱子学者以奉行朱子之教为己任,他们的任务只是正确解释圣贤的经书。可是,小岛尖锐地问道:"是否只有与西洋可以直接相比的部分才具有成为思想史研究对象的资格?福建的朱子学者真的不具有思想性吗?"他继而指出:迄今为止中国思想史被视为中国哲学史,这是明代思想史的最大误区。西方意义上的"哲学家"与中国历史中的"儒"在本质上并不相同,因而要建立不是哲学史的、切合中国文化特质的思想史研究——从哲学转向礼教。在维护礼教的社会功能方面,江浙阳明学与福建朱子学以不同方式处理了同一个问题,因而只有把它们分别视为中华帝国一个地域的动向并加以比较,才能重新探讨"中国"全体的动向。

岸本在她所写的书评里对小岛的立场进行了透辟的分析:小岛所说的切合中国文化特质的思想史研究,只不过是"沟口视角的彻底化"而已。岸本对于沟口视角的批评,不在于它是否参照了西方的价值,恰恰相反,她担心对文化独特性的强调会使人们疏于对各地域间共同课题所激发的思想进行比较研究。因而,她指出“在亚洲思考”并不能保证视点的弹性与稳妥。所以岸本强调的是在相对化的基础上建立开放的对话空间,认为“在欧亚大陆”“在世界”思考比“在亚洲思考”更有价值。因此,她更倾向于滨下武志式的“文化相对主义”而将沟口视角归入“文化本质主义”并持有相当的保留态度。

小岛与岸本的意见容当后论,我更感惊奇的是沟口雄三对于后学的批评与争论一直保持着距离。除了在东京大学讨论会上为回答岸本等研究者的质疑而发给与会者的一纸简单的备忘录,我至今尚未见到这位以讨论方法引起学界轰动的学者著文正面回答对他学术方法的种种质疑。相反,他却对年轻学者的研究结论如小岛的“礼教研究”表现出极大的兴趣。在编辑《社会与国家》时,他对上述各篇论文的不同方法也显然并不计较。我依稀感到沟口雄三在方法论方面缺少后学的敏感与洁癖,虽然他为自己的著作取名为《作为方法的中国》,他真正关心的却似乎并不是方法。

那么,他关心的是什么?这个问题不仅关系到如何认识年轻学人的批评乃至如何解读《在亚洲思考》,而且为本文开头的问题提供了一个个案:沟口在历史中寻找什么?

《在亚洲思考》第七卷收入沟口的论文《中国理气论的形

成》，它提供了一些线索。该文追溯了宋代理气论的“前史”——先秦之“理”基本上是指事物的具体属性，尚未成为一个独立的观念领域；经战国末期至汉代，理才与道、义相提并论，成为指称事物自然性与必然性的独立概念，但不具有“宇宙原理”的意味；经汉代至唐，理作为认识事物推移过程中某种自然法则的视点得到了确立，在此过程中，晋郭象的理观念赋予了它“内在的同时又是超越的”特质，并用“一”来表示其内外一贯的绝对性；这种特质在六朝得到进一步肯定，使得理既与具体事物（人）相关，又具备先验的性质，它统合了个别与普遍、多样与唯一的二元对立。在这一点上，它区别于单纯超验的“道”。而“气”的哲学从前汉到魏晋再到唐，形成了与“从无到有”的本体论相结合的“理—气”体用论，在结构上天、地、人以一气贯之的结构论，以及气之聚散导致物生物灭的“运动论”。而朱子理气论的理观并非前史中“理的哲学”的简单继承，他将前史中属于“气”的范畴的“太极”转化为理，在“气的哲学”的框架中建立了他的理气论。我无法在此介绍沟口对于理气论建立过程的精彩分析，只能简要地归纳他的问题意识：当他描述了理气论“如何形成”之后，他提出了这样的问题：为什么朱子要把太极转化为“理”？由此他引出了理气论的历史性问题，指出这是朱子理气论的特质，是他对于时代课题的回答；随着“天人一气”这一以人为主体的宇宙位置的确立，元明清的理气论已经不再面对同样的课题，因而也不再需要以朱子的方式展开。沟口进而指出：朱子理气论通常被视为超历史的哲学命题，但其实它却是历史的产物；但另一方面，沟口又在分析唐代宗密的《原人论》时指出：气的哲学所提出的“生成论”“聚散论”，不仅是各个思想家面对的时代课题，而且是作为思想文化代代相传的“中国思想的课题”。

我读完了这篇论文，感到其中有某种被批评者漏掉了的重要东西。沟口在历史中寻找的，似乎不能用“文化本质主义”或者“不彻底的亚洲独特性”加以概括。他在《作为方法的中国》中提出的核心概念“中国基体”，才是他真正要寻找的东西。何谓“中国基体”？沟口解释说：中国有自己独自的历史事态和其展开过程；这一展开过程是长时期的并具有时代性的缓慢变化；中国近代化的过程不是以西洋冲击为因，而是基体内部契机的发展结果。平心而论，沟口不善于理论阐述，他的基体论与近代性问题纠缠之后实在有些捉襟见肘；但《中国理气论的形成》却是他“基体论”的出色实践：他一边以“历史的视点”关注那些“一次性事件”，一边又致力寻找这些一次性事件之间的内在理路。所以,例如他对于理气论提出的问题是:它是“为什么”“怎么样”在宋代形成的。沟口所做的工作绝非“透过现象看本质”,因为他的历史目光不承认普遍不变的“本质”,而且也不试图确定“本质”的“价值”。应密切注意的是他的研究视野涵盖了极为绵长的历史时间,这种时间意识与他的历史性视点结合,构成“作为方法的基体论”——基体论长于处理在历史中以不同形态反复出现的文化史基本命题,而且能够有效解释这些基本命题在不同历史阶段“回应时代要求”的不同方式。在文化相对主义的方法论中,历史时间并非主要构成要素,因而沟口雄三在历史中寻找的由不同时代的不同“回应方式”构成的基体是不可能进入文化相对主义的视野的。

严格说来,沟口在方法论方面的确存在岸本指出的“本质主义”和小岛指出的“西欧价值观”的问题。前者表现在他认为历史事实可以接近和正确认知,后者表现为他在表述自己思想时缺少精良的工具。这使他的学术立场包含了内在的学理矛盾;再加上作为两代学人,沟口雄三面对的时代课题是旧汉学的“文化混淆”,而岸本美绪面对的却是“世界性对话”,上述种种情况掩盖了沟口思想中突破本质主义和西欧价值观的部分,更掩盖了他的相对主义历史眼光。沟口雄三的基体论如被简化为“文化本质主义”,将影响对他学术的准确理解——这无疑是学术界的一个损失。

假如岸本把她的“文化本质主义”加以明确界定,并对沟口学术立场的内在矛盾进行分析,她的书评会更有分量。问题不在于如何评价哪个人的学术,而在于我们必须避免以简单化的方式对待思想资源。事实上,在日本“反本质主义”的热门话题中,同样存在着本质主义的价值判断:用“新”“旧”来区分思想史问题的性质,把“在亚洲思考”简单指斥为“过时的话题”,以“相对主义”排斥“本质主义”中的有效成分等等,其实潜藏着与本质主义同样的思维定式——“多元”与“相对”远不像字典所示那么简单,把它变为学者的感觉,还需要相当艰苦的努力。

于是,我的另一个疑惑也似乎有了些头绪:沟口雄三主编这套丛书并且尽量把下一代与他方法不同的学者推向前台,用《在亚洲思考》的方式来探讨他在历史中寻找的基体,事实上是对他“多元化世界”设想的一个实践:他在《作为方法的中国》一文中提到了以中国为方法正是将中国相对化,以此充实对于其他世界的多元认识;在相对化原理之上,建立更高层次的世界图景。在《中国理气论的形成》和收入《中国视角》的《中国近世的思想世界》一文中,他强调元明清理气论相互间及朝鲜理观、日本天道和理各不相同的历史特质，提出以“外部视点”来观察中国思想的必要。《在亚洲思考》本身思考的不一致性，实践的恰恰是这样一个多元化的设想。

普遍性的载体是什么*

——三读《在亚洲思考》

普遍性是什么？它的对立概念是什么？假如我们不把普遍性“放之四海而皆准”地抽象成一个哲学命题，那么，它是否还能够独立存在？假如它不能不附丽于某种载体，那么，它的载体是什么？——当我随着《在亚洲思考》更深入地进入历史的时候，我发现它其实是一个逃不开躲不掉的具体“历史命题”。

《在亚洲思考》的最后三卷，系平石直昭责编的《近代化像》（总第五卷）、《世界像的形成》（总第七卷）和宫岛博史责编

* 原载《读书》1997 年第 3 期。

的《长期社会变动》（总第六卷）。[1] 这三卷的主题虽各不相同，却拥有一个共同的问题意识：近代（modernity）在亚洲具有怎样的形成过程，这是一个必须放在历史中加以讨论的个别性问题。但是，近代本身作为一个人类共通的历史命题，却又是无可回避的。

以研究朝鲜社会经济史见长的宫岛博史在为第六卷所写的序言中指出：在试图理解某一民族某一社会的文化特性和社会结构特征的时候，这种理解在何种程度上有效，是一个极难判断的问题。为了避免"理念先行"的历史研究，宫岛强调"长期社会变动"视角的意义。他认为，某一社会的结构特质和文化特性规定着该社会变动的方式，因而必须追究这一变动的长期性过程，地域研究所具有的上述社会文化前提才能够浮现出来。与此同时，他还解释了追究亚洲社会长期变动的另一个目的，即讨论"近代"这一时代在亚洲社会中占有什么样的位置。宫岛在此提出了一个大胆的看法：通常认为亚洲社会的近代化过程或殖民化过程伴随着巨大的历史断绝，因而导致了在欧洲寻找近代模式的努力。但是，在把亚洲社会的长期性变动引入视野的时候，则会遇到需要重新探讨的问题：与欧洲的邂逅或

[1] 此三卷均由东京大学出版会 1994 年出版。

殖民地化，究竟带来了什么样的变化，这种变化在社会中究竟具有什么样的比重？近代是否真正意味着亚洲社会与传统的决裂？他在自己的论文《东亚小农社会的形成》中指出，所谓传统只是世界史中向近代过渡阶段形成的产物，不是古已有之的东西；传统因近代而消亡也并非事实；东亚社会变动最大的分水岭，不是在前近代与近代之间，而是存在于小农社会形成亦即所谓“传统”形成前后的时期。

第六卷的论文讨论了中国生态问题、华侨移民网络与东南亚经济；朝鲜、日本的社会变动问题，南印度的小农社会，两次世界大战时期东亚地域社会等问题，在消解东方特殊论和西方普遍论方面，成功地呼应了宫岛博史定下的基调。

平石直昭在他所编辑的两卷中更简捷地处理了同样的问题。他在为第五卷所写的序言中说：由萨义德和库恩所代表的对于“东方主义”等的批判，作为方法论已得到公认，但这种对于西方价值标准普遍化的批判，反过来掩盖了西方近代所具有的积极意义。事实上，东西方文明相接触的时候，近代西方文明也被作为“解放的福音”所接受。在此意义上，亚洲从西方那里找到了超越彼此间特殊性的普遍性价值。对于这种普遍价值的无视，即对于历史采取的非历史态度。与此相关，对于西方标准的戒心,也带来了另一个极端态度,即对于“亚洲原理”的简单肯定。第七卷的序言则以一种近于悖论的方式曲折地传达出平石对于普遍性价值的理解:该卷题为《世界像的形成》(其含义为“亚洲的世界像”),旨在将“前近代的亚洲所产生的重要思想从思想史的问题意识出发加以整理”;但是,平石的序言却题为《日本思想史的构想》,只字不提“亚洲的世界像”是什么,却大谈他对于日本政治思想史整体构架的设想:他认为,日本历史上有四种重要的思想倾向相互对立渗透、融合分化,基于此种观点,可以描绘出相当统一的日本思想史图像;它们是:强调日本政治形态独特性的血统论“国体”思想;与其相对立的日本版天谴说“天道”思想;否定现世价值的普遍宗教思想;保障现世利益的各种咒术性教义。而日本近世思想史中的儒教,正是在这种种因素的关系之中试图确立自己的普遍性价值。平石申明,他出于这样的“作业假说”而将与其密切相关的研究亚洲他国思想的论文选入本卷。换言之,“世界像”命题在此被收入了“日本”的个别性视角。

在宫岛博史和平石直昭的序言当中,对于何谓普遍性、普遍性与个别性的关系问题并未加以严格界定。假如不把普遍性与个别性的关系真正导入历史研究领域,序言的建设性并不能够真正呈现出来;所幸的是他们选择的论文以各自不同的方式回应了他们提出的问题,尽管这些回应同样的歧义重重,但通读之下,围绕着普遍性问题的历史思考却把我们引向饶有兴味的方向。

第六集《长期社会变动》的开卷之作、川胜平太的《东亚经济圈的成立和展开——亚洲内部竞争的五百年》,正如其副题所示,把通称为“近代”的过程放在亚洲地域中重新考察。他首先对于把“近代经济体系”(自由贸易体系)作为人类历史上唯一的世界性经济社会体系的说法提出了质疑,强调与此同时还存在着“锁国体系”,它代表了另一类型的经济社会。川胜对“锁国”进行了再考察,指出它的核心是“自给自足”,与其说是日本的独创,不如说是对中国与朝贡制度互为表里的“海禁”的模仿;当德川日本完成了独立于中国文明海域圈的“脱亚”过程时,它也建立了日本式的“华夷”意识,完成了一个小型的“中华帝国”。在此意义上,中国、朝鲜也同样在相应阶段属于“锁国体系”。川胜进而把锁国体系与亚洲内部竞争联系起来考察,指出在锁国之前以元代为轴心,东亚社会完成了从政治中心社会向经济中心社会的转变,同时也形成了一个与欧亚大陆进行物产交流的体系;锁国和华夷秩序使得亚洲各国之间的经济竞争潜在化了，而开国之后，这种竞争表面化，带来了亚洲地域独自的市场圈和经济活力。他反对用西方列强支配的命题去论证近代亚洲历史，认为可以在亚洲寻求讨论近代问题的视点。这使人联想起滨下武志的地域体系论和朝贡体系论，在“地域意识”方面，这两位学者有相当近似的立场。他们都突破了以国家为单位纵向解释历史的框架，注意到了在共通的地域基础上研究经济网络的可能性。经济史研究在何种程度上能够为其他学科提供方法是个需要慎重对待的问题，因为并非所有学科的问题都可以直接用“地域网络”的方式去解决，但是在谈论“亚洲”乃至想从亚洲出发进行思考的时候，经济史学者却显然拥有优厚的资源，使亚洲视角具有充实内涵。在是否采用亚洲视角这一点上，本丛书的“代表选手”并非思想史研究者，而是经济史研究者；他们还利用自己的优厚资源提出了思想史学者并未注意的问题。如川胜就提出了西方历史实态进入东方后被建构为理论模式的问题。

川胜结合日本的“工业革命研究”的要害点指出：日本的经济史家作为模式沿用至今的英国工业革命，在英国经济史家中却并不具备足以成为模式的定义。他援引马赛阿斯《最初的工业革命》中的论点指出：试图说明所有历史现象而寻求一元论解释的本能根深蒂固,而以此方式说明工业革命却是不可能的。不存在唯一的绝对自变量,没有一种基本关系可以使变化的所有方面成为自己的从属变量。鉴于具体事实的多样性,英国的工业革命专家无法制定一个一元论模式,而日本的学者却把这个复杂历史过程硬塞进一个严格的逻辑定义之中。与此相关,支撑这一逻辑定义的理论也有自身的局限。因此,"这种对于英国工业革命的一元性理解和单纯化,只要走出日本学界便行不通了"。川胜这一批评具有深刻意义。何止工业革命,"西方""近代(现代)"等不都是在东方被建构起来的概念吗?川胜提出的质疑所暗含的方法论启示极其深刻:假如我们破除阅读历史时的单纯化和一元化习惯,不去寻找那种唯一的绝对自变量,不去从各种特殊性当中抽象出普遍性来,那么,复杂的历史过程呈现给我们的普遍性问题又是什么呢?

第五卷中的两篇论文几乎是正面验证了这个问题。它们是渡边浩的《"进步"与"中华"》与宫村治雄的《自由主义如何》。它们均出色地在对于历史个案的探讨中寻找普遍性问题。渡边论文讨论的是"进步史观"在日本以及中国的具体形态和它的历史上下文。他把西方的"进步"概念与"文明"结合起来进行了归纳,指出其特点有三:一、相信存在着不变的普遍性价值基准;二、信赖人类普遍具有的能力;三、知识增加、社会复杂化、生产的发展与人的向上(亦即“文明”)是同步进行的。在上述基础上,西方人的历史意识中形成了在同时性空间中为“现在”在时间序列中定位的优劣基准。但是,在19世纪末中国与日本接触进步史观的时候,其各自的历史准备具有与“进步”相通的侧面和不同的侧面。中国“一治一乱”的循环史观与不可逆的时间感觉相结合,构成循环与上升的历史观念,渡边注意到中国思想传统中有不少与西方“进步”观念貌合神离的要素:华夷意识起源于上古野蛮状态向文明状态演进的观念,因而“中华”生活样式被视为人类文明的普遍状态;这使它与“进步”史观不同,可以成为空间的分类基准,却无助于在时间上为“现在”定位;而朱子学、阳明学者鼓励个人修身、儒家之崇“文”等也不能简单对应于西方“进步观”的相应要素。德川日本的思想也同样复杂,围绕着历史方向的预测、为“现在”定位的方式等等,存在着多样的态度。荻生徂徕基本在儒学的框架之内认识这些问题,因而强调圣人之道具有普遍不变的有效性,反对文华奢侈,主张抑制商品经济;而海保青陵则认为世之奢侈化与智识的精密化是不可逆转的,尽管他同样对此持保留态度。而与此同时,江户孕育了“开放”的意识,它意味着繁华奢侈,由此催生了其后的“文明开化”观念。这种不同于西方进步观的“文明”观何以未停留在肤浅的时尚层面而成为当时知识人与政界的追求目标?何以日本人与其他非西方民族不同,如此不加抵抗地接受了西方模式的“文明开化”?渡边指出,这与日本从中国接受的“华夷”观念有关:从江户时代的日本开始,在世界各国的序列当中尽可能名列前茅的愿望代替了“进步”观念。就当时日本而言,“开化”意味着从“夷狄”向“中华”的转变,而当时的“中华”已经不是同时代中国,而是更为强盛的西洋。有了这样的前提,日本人眼中的西方不是真正的西方,而是参照儒学价值基准而理想化了的西方影像。因而,渡边意味深长地指出:所谓明治维新,是西方化的开始,也是江户以来中国化的完成。

渡边在论文中讨论了一些相当具体的问题,从语词的对译到中国、日本对“进步”这一历史时间轴的对应方式,他注意的是每一个个别事例的存在样态,而他关心的则在于历史过程是否有规律可言的问题。该论文最后结论是一个疑问:在思考历史进程的时候,是否存在一个万国通行的“天地间的道理”?如果存在,它又是什么?

宫村治雄的论文采用的是更为微观的视角,他讨论的是日本明治时期新闻记者陆羯南政治思想中关于自由主义的若干侧面,把羯南"持续的并且是复杂的思索作为一个典型事例,讨论产生于西方的'自由主义'在离开其大本营被接受的过程中,是如何被刻上独特性印记的"。值得注意的是,这里的"独特性"指的是羯南对于自由主义的独特理解,但同时又并不排斥自由主义来自西方这一事实。宫村与渡边一样,并不关心"话语权力"的问题,因而也不关心"特殊性"的价值;他在论文中着重探讨的是,同样存在于东西方的自由主义思想各自具有什么样的个别形态。该论文围绕羯南的政治思想与德国国法学、国家学和法国自由主义的异同点展开了论述,并且把这种关系放在更为复杂的明治时期思想史环境中加以定位,因此,自由主义这样一个概念,在宫村的视野里是有具体内涵的,它通过德国、法国、日本的相应学说、流派,以个别性形态呈现出来,而作者并未在强调个别性的同时忽略掉每个个别存在之间的重合与联系。正因为注意在各种关系当中为个别性对象定位,所以该论文既成功地避免了排他的"特殊主义"倾向(平心而论,在这套丛书中有相当一部分论文具有这种倾向),也以相当成熟的方式向人们业已适应的"对立统一"思维模式提出了挑战。

论文首先细致刻画了羯南与同时代的福泽谕吉、中江兆民等在自由主义视角方面的区别,接着便从三个问题领域入手分析陆羯南与法国(雷诺阿)、德国(布伦切利)的自由主义学说之间的复杂关系。这三个领域是:“国家”与“社会”的关系;“国家的权力构成”中的自由主义;“国际论”与“自由”的关系。在第一个领域里,宫村概括了布伦切利国家、社会观念中前者的“法的人格性”与后者的“多数个人的偶然结合”的基本点,和保罗相应观念中前者的“依靠权力的强制机关”与后者的“从自然到人为的多样性结合”的基本点。进而,他指出这两者的异同,并指出羯南的国家与社会观念明显区别于福泽和兆民将二者混为一体的观念,这来自他对于布伦切利和保罗学说的同时吸收;但与这两位欧洲思想家不同的是,羯南在日本现实中创造了自己的国家社会学说。例如他提出了社会作为“自由的培养基”的问题,把“致富的自由权利”和“言论出版集会自由”与“参政权利”同等对待,认识到日本尚未成熟的“社会”不得不依赖于干涉自己独立的“国家”的两难之境。由此又引发了他的另外两个问题领域:围绕“国家有机体论”,他与保罗有着根本性对立。他基于对日本“社会”脆弱性的认识,指出了政府之于议会、行政之于立法的优越性,并呼吁在政府与行政之中贯彻“立宪政体”的精神。而在“国际论”框架内,他处理的不是对外政策和外交，而是对于个人“特立”（个人特性的独立存在）的认识。他把这一原理推广至国家关系，从国家“特立”的角度批判了法国自由主义的殖民主义意识形态。

宫村的这篇论文，由于完全处理了个案问题，故较渡边论文更鲜明地显示了个别性研究的潜能。从上述概略介绍可看出，论文完全突破了川胜批评的日本学界建构理论模式然后将历史塞入其间的单纯化做法，展示了历史无法归纳的复杂特性。而同时，重要的是这种个别性研究中清晰地浮现出了普遍性问题，即近代东西方共同面临的自由主义各自以何种方式存在的问题，因而它破除了视陆羯南为国粹主义者的通说，把问题引向世界性普遍问题。在渡边与宫村的研究中，这种“以何种方式存在”的设问始终占有重要位置，这种设问本身就排除了普遍性抽象存在于个别性之外的可能，使它存活于历史之中。

于是，另一个疑问也油然而生：既然个别性可以通向普遍性，那么对于特殊性的强调与普遍性是什么关系？

第七卷里收入了韩国研究者金容沃的《朝鲜朱子学与近代》，该文的问题意识是破除近代性造成的二元对立观，建立东方的整体观念。它所质疑的对象是在日本思想史界划时代地重构了“近代性”观念的丸山真男。论文开头说:不具相对性的普遍性不可能存在,东方人所说的普遍性是“持续的”而非“超越的”。在此前提下,论文讨论了丸山思想史中“作为”的近代性框架,认为丸山因过于强调近代性的意义而标举“作为观”否定朱子学。金容沃进而又批评了朝鲜思想史中的相同倾向,指出所谓“实学”的二分法亦是一种由战后学者的“近代情结”所造成的虚构;他因而强调朝鲜思想史的主轴是在被“近代观”所否定了的朱子学框架内展开的。这篇论文的独到之处在于它不直接讨论来自西方的近代性问题,而是以朝鲜思想史的问题点与独特性批评日本思想史研究中的“近代主义”倾向及其给朝鲜思想史研究带来的影响。换言之,它批评的是在东方被重构的“近代”。这是丛书中思想理路最为复杂的一篇论文,它围绕近代性问题同时处理了朝鲜与日本、中国、西方三种历史文化的关系,将朝鲜与日本的历史和思想联系作为问题切入点,而将中国的朱子学作为话题,将“西方”(这是论文中最语焉不详的部分)作为拷问普遍性史学观的对象,而真正的效果却在于,它暗示了存在于东西方之间的紧张关系同样存在于亚洲内部。金容沃讨论的是文化特殊性问题,但这种文化特殊性针对的不是所谓“西方”,恰恰是同属于东方的日本(他在文中把韦伯的民主官僚制度论与朝鲜的四端七情论辩相提并论的方式很耐人寻味),它与上述渡边、宫村等人对个别性问题的追究具有不同方向性:他不承认东方重构的西方话语有其存在价值,不把这种东西方话语本身的差异作为研究对象,尽管主观上他想为"亚洲"创造一种"整体性"的方法论,但事实上他对于特殊性的强调却解构了他的这种整体意识。特殊性的排他性使其无法成为普遍性的载体,该文将普遍性"相对化"的可贵努力也终因这种内在矛盾无法深化。

平石直昭也很重视整体问题,他是位以建构理论框架为己任的学者,因而对特殊性问题没有太多的热情,对作为普遍性载体的个别性问题也不十分热衷,他真正关心的是那些超越了特殊性的"普遍性问题"。这使他的视点不同于渡边与宫村关注历史"不可归纳"部分的眼光,也不同于金容沃暗含内在紧张的问题意识。平石的历史目光并未遗漏普遍性的个别形态,但他的历史图像却是可以归纳的。丛书所收两篇他的论文都具有这样的特色,其一讨论近代日本的亚洲主义,其二讨论德川思想史中天与鬼神的问题,两篇论文均为他对于日本思想史整体性构想的实践。同样注意个别历史事件的实态,平石却不同于自觉在个别性中讨论普遍性问题的学者,他的结论清晰统一,带有追究规律的色彩,这显然源自对超越性普遍观念的重视,以及将个别性问题与特殊性问题等而视之的习惯。第七卷序言的悖论,显示出他对于普遍性和体系性的理论兴趣远远大于他对于个别事件的历史兴趣。作为丛书编者,平石这种复杂立场反倒使他同时兼容了渡边、宫村与金容沃代表的两种不同问题意识。与平石的问题意识比较接近的论文还有佐藤慎一的《近代中国的体制构想》(第五卷),该文挥洒自如地宏观把握了近代中国各派思想家对于专制与自由的理解;池田知久的《中国古代的天人相关论》、松本史朗的《佛教的批判性考察》(第七卷)亦体现了宏观把握历史的功力。限于篇幅和我本人的局限无法全部加以介绍,实为一件憾事。

《在亚洲思考》的丰富性远胜于我这几篇文字的主观臆断,而这套丛书正在走出学院大门进入日本社会。我在年初接到九州的福冈国际交流协会寄来的"亚洲学讲座"材料,得知他们今年的讲座以这套丛书为蓝本,并邀请丛书的几位主要作者面对市民讲解。亚洲问题在日本社会的位置,由此可见一斑。

在亚洲思考,其实是一个矛盾百出的视角:它既可以在浅层次上暗示两个多世纪以来的东西对立模式,也可以在深层意义上启示我们思考人类共有的问题;它既可以是验证外来理论的材料,也可以是产生本土思想的源泉。在亚洲思考不能提供任何自明的保证,问题只在于我们如何思考。亚洲把我们引向历史,引向个别,同时告诉我们,什么是普遍,什么是世界。我想,当亚洲不再与“西方”一样也是一个被符号化了的概念时,在亚洲思考便真正拥有了意义。

再生于现在的历史*

1995年,在全世界纪念反法西斯战争胜利50周年的时候,我观看了由法国电影导演克罗德·兰兹曼(Claude Lanzmann)拍摄于1985年的纪实影片*SHOAH*(《证词:犹太人大屠杀》)。在这部长达9个多小时的纪录影片中,没有一个纳粹屠杀犹太人的历史资料镜头,全部场景取自当年有关现场的遗迹,而在时隔近半个世纪之后,当年的风景在这里早已荡然无存:这部电影在20世纪80年代的场景之下进入了历史。而在影片中出场的被采访对象,绝大部分是当年大屠杀中的幸存者和目击者,他们在兰兹曼的诱导下,不仅在心理上,而且在肉体上也处于某种特定状态,在今天的场景之下"演出了"历史。利用电影

---

* 原载《读书》1997年第7期。

这一特殊的表现手段，兰兹曼出色地表达了他对于历史记忆的认识："回忆对我来说是可怕的东西。回忆是虚幻的。电影废除了过去与现在之间的所有距离。我使那个故事重新生存于现在。"（兰兹曼：《场所与语言》，日译载《现代思想》1995 年 7 月号，青土社。）

为了使"那个故事重新生存于现在"，兰兹曼使用了大量违反纪实电影拍摄规则的手段。比如，为了采访一位隐居于中东的幸存者，他把这位已经停业的理发师带到一个理发店，请他在为顾客理发的同时接受采访。在纳粹的集中营里，这位理发师当年被迫为大批即将被赶进瓦斯炉的犹太妇女儿童剪掉头发，其中包括他的乡亲。这些受害者在被哄骗说需要消毒而把全身脱光之后，在犹太人理发师快速剪掉她们的头发时充满疑虑，而知道内情的理发师却不敢回答她们的追问。其中一位理发师在人群中找到了自己的妻子和妹妹，他却不能告诉她们即将到来的命运，因为身后就是纳粹士兵。这种痛苦的经历，对于每一个劫后余生的幸存者来说，都是不能言说也不愿回忆的。然而兰兹曼所要做的，正是把这些难以形诸语言的经验公之于众，因而他长时间地把摄影机的镜头对准了这位理发师，一再追问道："当你最初看到那些赤裸着的女性和孩子们走进来的时候,你的第一印象是什么?”那位理发师拒绝回答这种情感性的问题,以知识性的态度讲述着纳粹剪掉受害者的头发运往德国的奇怪行径和为此而挑选犹太人理发师的经过;于是兰兹曼诱使他再次重复当年在集中营内所做过的理发动作:“你做了什么? 请再重复一次你所做的事情。”当那位理发师重复了当年他在犹太妇女头上剪发的动作时,这动作唤起了他的肉体记忆,在兰兹曼的诱导之下,感情的闸门在瞬间打开,把他带回当年。叙述不再是当事人冷静的回忆,而变成了历史的重演。在这样的场景中,动作与话语自然涌现,当事人从历史的证人变成了演员。理发师的叙述从前半部的冷静到后半部的激动形成鲜明的对照,这恰恰暗喻着从“证人”向“演员”的转化。在该影片中,类似的情况比比皆是。兰兹曼说,他不喜欢“对于影像和照片使用画外音加以解说”,正如他“不喜欢被制度化了的知识一样”,“离开画面的声音所强加给人的知识,并非是从画面中直接涌现出来的。我们没有权力对观众说明那些应由他们自己加以理解的东西”。(同上)在这部影片里,他反复使用了这种利用身体记忆使声音从画面中直接和自然涌现的手段,使历史走出遥远的回忆,来到我们身边。

在这部由采访镜头连缀而成的影片中,表层结构是循环和扩散的:它不提供一个整体性的统计、一条连续性的线索,每一个被采访者的证词都仅仅是一个个案,它们相对自足,与其他证词不构成直接的关联;历史叙事在每一个叙述者那里几乎都是从同一个起点开始的,集中营内的生活真相构成这部电影的主要话题,而每一个叙述者都在影片中反复出现,因此,起点与终点没有任何区别,影片结束时把人们又带回到了它的起点处。但是,围绕着纳粹的灭绝政策和犹太人的悲惨境遇,问题却向着完全不同的方向扩散而去:由于采访对象不仅是犹太人,还包括前纳粹军官、波兰当地居民、历史学家以及其他旁观者,他们对于同样的历史事件当然会提供不同的感受和信息,这使得历史真实显示了它的复数性和多层次性。这部纪实片能够提供丰富的有关纳粹德国屠杀犹太人的宝贵材料,完全归功于这种循环性扩散式结构。比如,犹太人提供了生命在死亡面前感到无助和恐惧时的具体样态,前纳粹士兵则提供了纳粹一整套杀人体系的"现代化特征",波兰居民提供了他们对于犹太人的同情和复杂的反犹太情结,而历史学家则指出:德国在迫害犹太人方面全部有历史上的先例可以依据,唯一的新创造是在"最终解决"这一名词之下所实行的灭绝政策……然而,提供丰富的第一手材料并不是这部影片的真正目的,在这种表面松散的结构之下,隐藏着兰兹曼始终一贯的问题意识,那就是表达人类对于寒冷和死亡的恐惧。他在对所有人的采访中围绕着这一“恐惧”反复追问同样的问题,以此形成了整个电影的内在统一。由于兰兹曼追问的是一种感觉而并非是抽象概念,他就必须能够启发对方肉体性的前语言状态。他几乎对每一个人都这样提问:“那一天的天气怎样?”“你听到了什么声音?”“地上有泥水么?”“脱光了衣服是不是很冷?”当被采访者想把问题引向抽象层面的时候,兰兹曼总是使用这样的提问把他们拉回到特定情境中来。兰兹曼力图通过这样的追问来展现一种历史的事实:欺骗、暴力、抵抗和死亡。然而,纳粹对犹太人的屠杀本身,作为一个政治事件,它涵盖的不仅仅是如此“感觉性”的部分。例如反犹的历史情结和犹太复国主义的暴力性质,在今天也仍然是一个困扰着人们的现实问题。当兰兹曼面对屠杀犹太人这一历史事件的时候,他也就不能不面对更为复杂的历史事实和它们所可能引发的一系列质问。因而,兰兹曼设计了影片在表层结构上的扩散和循环的特征,同时又为他所要表现的主题确定了明确统一的内在线索,作为电影艺术家,他通过电影手段表现了震撼人心的历史感觉。这部电影能够散而不乱,没有他的这种历史感觉是无法做到的。更重要的是,法国导演兰兹曼通过这部电影向整个人类呼唤着道德责任:那一段历史中发生了什么?揭示它的真相并不仅仅是德国人和犹太人的使命!

用纪实方式拍摄历史并不是新尝试,然而它潜在的可能性却远未被开掘。电影特定的表现手段最利于表现人类在前语言状态下对于世界的感知,它意味着什么呢?在文字记录下来的史料里,这种非语言的部分被过滤掉了,这不但使得后来者与历史资料之间有了距离,而且使得历史本身变得透明了。当历史变成了一种知识的时候,来自外部的评价便具有了相当的随意性,在此意义上,来自历史事件内部的当事人的叙述有着不可替代的价值。这种叙述更新了我们有关"历史是过去发生的事"的观念,使历史与现实发生了联系,它不再是知识,而是依然活着的事态:事实上,当每一个历史事件的经历者讲述他的经验的时候,正如兰兹曼的影片副标题所暗示的那样,他并非只是在陈述一件事,而是表演他的证词,并通过这证词来打动他的听众。影片中几乎所有被采访者都在极其困难的状态下心甘情愿地配合了兰兹曼的"暴力式"诱导,其原因就在于他们意识到兰兹曼的诱导和自己的陈述都并非是个人的行为,而是一种面向世界的证词,它能防止这一段历史消失。因此,来自历史内部的证词变成了一种现实世界的道德责任，它抹掉了历史与现实之间的鸿沟，也因而使历史变得不再透明，不再能随意加入“画外音”。

在 *SHOAH* 中，有一位反复出现的历史学家：美国佛蒙特大学教授拉乌尔·比尔巴格。他在影片中对于这一段历史材料进行了多方面解说。在阐明自己的立场时，他说：“我不能从大的问题设定开始我的工作。因为我害怕会做出内容贫乏的回答。我宁可选择拘泥于正确的事实和细节的道路。我整理事实，试图把它们归纳为一种形式、一种图像。即使不能用因果关系进行说明，至少也想要完美地把它记述下来。”这种历史研究的立场，与兰兹曼有相当一致之处，这就是，他们都从个案出发，追索某种特殊事件在历史中的意义，概括普遍性并不是他们的工作目标。据说金斯伯格当年也从一位电影理论家那里受到启发，承认微观视点的集合并不直接把人们导向宏观的问题，而是说这是两个在存在论上具有差异的层面。而另一方面，正如兰兹曼的电影所显示的那样，这种对于个案的追索只有在富有深度的历史感的基础上才是开放的。电影理论家和艺术家们借助于他们特有的表现手段，为历史学提供了富有刺激性的启示，使我们得以在更广阔的视域内考虑历史学与口述史学的关系。

在我几乎淡忘了这部影片的时候，一本偶然得到的小书又一次勾起了我在观看电影时纷纭的思绪，即钟少华先生在他所采访的18位当年留日者中整理出14位的谈话记录，出版的《早年留日者谈日本》。[1]

与兰兹曼影片中的出场人物一样，书中出场的人物也是来自“历史事件内部”的当事者，甚至时代也基本相同。“二战”这一世界性的共同经验，使我们有可能把兰兹曼的影片和这部口述历史著作放在一起考察。与前者不同的是，《早》书中的人物没有可能在摄影机前进入前语言状态从而“演出”历史，他们所使用的唯一工具仅仅是语词，而他们所谈及的问题也不是种族灭绝而是自己当年赴日的经历，所以，就问题的内在紧张度而言，书不能与电影相比。另一方面，在14位口述者中，有13位是早年留学赴日的专家学者，只有邓友梅一个是被骗去日本的童工。但就今天的社会位置来看，14位口述者均属于知识分子，尽管其中部分人也曾有过从政经历。不言而喻，这种相对统一的视角极大地局限了本书的视野，口述者所涉及的留日经验也因而有着相当的重复。同时，这些学术界老前辈的学术

[1] 此书由山东画报出版社1996年出版。

训练也难免使他们在自身的经验中掺杂进许多概念的成分,这就极大地排斥了口述者自身可能表达的某种前语言感觉。即使在这样的情况之下,这部“口述历史”仍然给我们提供了相对于历史文献的独特信息,那是一种来自“早年留日”这一历史事件内部的“证词”。

口述者中的大部分人出生于20世纪初,除了汤佩松于1914年赴日,其余的人均在30年代至40年代之间赴日。其中1931至1935年赴日者9人,1938至1944年赴日者4人。如果以1937年卢沟桥事变为界,那么,大部分人在中日战争全面爆发之前就已经在日本了。作为历史的见证者,他们中多数人在日本度过了两国关系和两国知识分子关系最微妙的时期;在20岁上下这一对于一生有着重要影响的阶段,这批志在报国的热血青年的留学经历无疑对于他们后来的人生道路有着决定性的影响。然而在我们能够读到的文字限度之内,并不能明确地说出战前赴日者与其后赴日者在对于日本的感觉上有着明显的差别。尽管在那个剧烈变动的时代里,时间段的差异本应具有极为强烈的影响,但除掉个人素质和所学专业的限制,可以说,留日的时间长度的确影响着这些早年留日者的日本观:长期的生活毕竟给了他们更多的现实感受。

书中除掉至今仍在日的李迺扬，有较长留日历史的共4位：柳步青（医学，留学时间1931至1946年）、朱绍文（经济，1934至1945年）、米国均（化工，1935至1942年）、贾克明（医学，1939至1945年），前3人跨越了战前与战后两个时代；这4位中只有朱绍文一人从事社会科学研究，并在战争时期坐过宪兵的牢房，在书中他的采访录也最为丰富。关于"为什么去日本"，他说原因有二："日本回来的老师对我们说，'中日问题，早晚要爆发，你们要长久打算，百年大计。你们要卧薪尝胆，到日本去'。"另一个原因则是日本的学费比国内的便宜。但是，当他考入东京第一高等学校，初次跨入校园，看到"朱舜水先生之墓"的墓碑时，却"忽然觉得这个地方并不见外，有了一种亲近的感觉。这个印象一辈子都很强烈，有一种崇敬的东方人的精神感觉。当时在上海读书学习，眼睛全盯着西方，崇洋媚外。毕业就只想进银行、海关、邮局这三个地方。现在我到了日本读书，金饭碗置之度外，只有追求真理"。像朱绍文这样抱着"不入虎穴，焉得虎子"志向的留学生，在战前从一高到东大的环境中，很容易把救国的决心转化为"追求人类学问"的动力。他说："我们在日本学到做学问的一个原则，就是要吸收全人类文化的精华。在日本明治天皇的五条誓言里有一条是'广求知识于世界’。”“那五条对中国现在还是有借鉴作用。这是一个民族富强壮大的根源之一。”

与郭沫若等人在东京结成创造社的大正末期相比，这批留日者所面对的社会氛围有所不同，这就是他们赶上了马克思主义在日本的传播和无产阶级文化运动的退潮。就明治以来的日本而言，这个产生于20年代前期的广泛的思想运动有着特殊的历史意义：它第一次使日本知识分子产生了国际主义的世界感觉，因而郁达夫就曾在《文艺战线》（日本无产阶级文学刊物）1927年6月号上发表《诉诸日本无产阶级文艺界同志》，希望彼此间有“密切的提携，强烈的互助”。然而在本书的口述者们30年代赴日之时，适逢日本马克思主义者由于各种原因“转向”，作为一个运动，它正在销声匿迹——1933年，日本共产党两巨头佐野学、锅山贞亲在狱中发表《告共同被告同志书》表明了他们的转向；1934年，日本无产阶级作家同盟（纳普）发表《纳普解体声明》；在日本法西斯主义逐步升级的30年代，具有国际主义立场的日本马克思主义者和无产阶级社会文化运动被镇压是一个客观上的原因，而他们激进的立场不见容于30年代日本知识界也是一个潜在的转向缘由。在这种情况下，日本的自由主义者在30年代中期取代了马克思主义者成为反法西斯主义和反国家主义的主力。在朱绍文的回忆中提及的东京大学经济学部教授河合荣治郎，就曾在他赴日留学的1934年发表《混沌的思想界》(《中央公论》昭和九年二月号)，从自由主义的立场出发对于法西斯主义的抬头提出了警告。在这样的情势之下，抱着“卧薪尝胆”的动机赴日的这一代人不可能得到20年代那样与日本知识分子广泛和深切交往的动力，尽管他们对日本产生了“亲近感”，但是却不曾与日本知识阶层共有过那个时代的课题——战争的全球化给知识分子带来的两难之境。

在书中唯一专攻历史的学者是在1940至1942年留日的汪向荣。他先后在东京学习和在京都帝国大学就读，正好赶上了日本知识界讨论战争与近代性关系的时期。文中提到的竹内好所在的中国文学研究会，曾于1942年1月发表《大东亚战争与吾等的决意》，对太平洋战争的爆发表示了无保留的支持；而汪就读的京都帝大所造就的京都学派，于1942年至1943年分三次在《中央公论》发表《世界史的立场与日本》座谈会记录；1942年九、十月号的《文学界》杂志也连载了该杂志主持召开的座谈会《近代的超克》的全文。后两个座谈会的内容均于1943年出版了单行本，《世界史的立场与日本》发行量为一万五千部,影响范围极其可观。在战后日本知识界反省战争立场的时候,这两个座谈会甚至被认为是煽动一代青年走向战场的罪魁祸首。但是,在汪向荣的回忆里,对于这些重大的事件只字未提,只是提到了战争时期斯文会成员以考证语词的方式反战,并且提到竹内好等人虽参加了战争却是反战的等极其表面的现象。至于朱绍文这位几乎完整地经历了战争全过程中日本生活的见证人,在他的回忆中,也只有关于战争背景下日本知识分子艰难处境的描述,而没有触及日本知识分子在这次战争中独特的精神状态。

本书名为《早年留日者谈日本》,而作者在《后记》中又明确地表示了自己所做的工作是"主题访问"。在1934至1945年这一段历史时期内,对日本社会来说,最重大最根本的事件就是战争,谈日本的口述历史不正面涉及战争,换言之,叙述者眼中最重要的主题并不是日本社会和日本知识界在战争中的状况——这意味着什么?

在被采访的十四人中,几乎大部分人都谈到了"到书店看书"和东京的神田、神保町书店街。朱绍文说他"利用神保町这个天然大书库来学习";钟敬文说他中饭只吃一碗荞麦面,为的是"在旧书店里能够多买一本书";米国均"常去高原寺一带旧书店”；贾克明“常在星期天逛神田街的书店”；汪向荣则用了很大的篇幅描写他和实藤惠秀在旧书店搜寻旧书……而与此相关，几乎所有人都谈到了他们在学校的苦读，以及中国留学生在那个艰苦年代中优异的学习成绩。“求学”是本书明确的主题，所有的回忆都围绕着这个主题展开。尽管是在中日交恶的特定时期，叙述者仍然很少涉及日本知识界的特定反应，而是异口同声地强调日本人的学习精神、认真精神值得中国人学习，并认为这是日本民族能够强盛起来的原因。

不能不说，早年留日的前辈并非在谈日本，他们是在谈自己，谈那一代中国人。

在书中肖向前的谈话里，有这样的话：“中日之间有恩怨情绪，这是难以简单摘开的。”就赴日求学的动机看，像朱绍文那样从一开始就自觉地“卧薪尝胆”的人其实是少数，书中大部分人是因各种原因“不得不走”；但是，当他们一旦进入了日本社会，他们却比任何时候都更强烈地意识到，自己是一个中国人。正像朱绍文说的那样：“你们日本人教我们爱国，我不能爱你们的国，我当然要爱中国。”在长短不一的留学经历中，爱国意识成为求知的动力，也同时成为了解日本社会和日本人的阻碍。在这些进入日本最高学府并取得优异成绩的中国学子的话语中，我们几乎看不清楚在那个时代里日本知识分子的痛苦、迷茫与挫折；而从他们强烈表现出的作为日本社会“局外人”特有的冷漠中，我们却可以清晰地看到那一代中国青年“抱了要救中国的念头才去日本学习”的动因。汪向荣叹道“我们对日本太不了解”，可谓一语破的。而“太不了解”并非始自今日，实在源自当初。

我于是联想到了兰兹曼的影片。作为一个法国知识分子，他跑遍世界各地寻找二战中幸存的犹太人和其他证人，却不是为了法国。影片的开头，引用了《圣经·旧约全书》中《以赛亚书》第56章中的一句话：“我必赐他们永远的名。”兰兹曼所表现的对于历史的道德勇气是值得深思的。

1995年兰兹曼访问日本，与著名的学者和文化人加藤周一在电视节目中对谈。当他强调战争有正义与非正义之分并追问日本人的态度的时候，加藤回答说，中国人记住南京大屠杀，日本人记住广岛，这不就行了么？《早》书在这一点上绝妙地回答了加藤的想法。从批评今天的留日者一心打工或抄来抄去一本本出书，到反思七八十年代极左思想干扰正常学术交流；从感叹中国“真正日本学问没有学到手”，到警惕“今后中日关系不容乐观”，本书作者与被采访者关心的是今天的现实问题，而且是中国的现实问题。我们只有沿着书中的这种忧患意识才能进入那段历史。这同时意味着,哪怕到了今天,中日两国知识分子仍然不能站在一起,共同面对二战这一历史中最沉重的部分,并给它以“永远的名”。于是,有一些历史真实会悄然逝去,而我们将永远失掉可能认识那真实的机会。

论坛的形成*

在20世纪二三十年代，日本的有些评论家注意到了一个重要的文化现象，即日本的文坛乃至论坛的存在方式问题。如大宅壮一（1900—1970，评论家）在1926年发表过《文坛行帮的解体期》，并在其后的几年之内陆续发表了他的多篇文坛论，形成了“文坛”这一视角；中井正一（1900—1952，美学、哲学家）在1932年发表过《坛的解体》；等等。在这些文章当中，他们敏锐地抓住了一个为知识分子视而不见的潜在问题：人们不假思索地使用的文坛的“坛”，究竟意味着什么？

“坛”的形成，要有一个先决条件，就是大众传媒的产生和成型，因此，这只能是近代以后的事；在大宅壮一等提出文坛解

---

* 原载《读书》1997年第12期。

体的问题时,正逢日本文学界在明治以来形成的以自然主义文学为主流的既成文学作家遇到无产阶级文学乃至新兴艺术派挑战,文坛面临着不得不开放、重新组合力量对比关系的时期;与此同时,也恰恰是日本的资本主义社会形态初具规模的时期。用丸山真男的话说,这时(亦即20年代初期)区别于“国家”的“社会”意识才得以成长。而日本知识分子的论坛意识,也只有在此时才能获得自觉。大宅壮一指出,日本的文坛一直保持着封建手工业者所特有的垄断市场、以“专业”和“业余”的区分来防止外来者入侵以及师徒制度等等要素,这种行业帮会式的文坛形态在文坛内部的堕落与来自外部的新兴作家和大众传媒的冲击下不得不面临解体。中井正一则指出,在各种“坛”的论争背后,潜藏着的是“经济的不安”,亦即对于社会经济制度的依赖。无论是大宅还是中井,他们最后的结论都是:日本的文坛与论坛与其说是个人自由的发言空间,毋宁说是一个个组织严整的社会集团。

文坛当然是比较独特的一个领域,但是日本的评论家在20世纪上半叶所进行的这种反省,却完全可以推及更广意义上的论坛。论坛是一种独特的知识场域,它是那些敢于走出象牙塔以知性介入现实的知识分子的精神家园,是批评精神和思考习惯得以生长的土壤,也是智慧不受现代学科分化限制而得以成熟的广域空间。我们常常说的“知识界”,其实就是以论坛作为自己的活动空间的。应该说,从论坛的形态便可以看出一个时代知识分子的精神状况,以及那个时代的思想水准。尽管日本的报刊中不乏“论坛”栏目,但那不过是大众传媒的一个点缀而已,所以日本的知识分子至今仍对自己没有一个可以称之为论坛的公共领域深感遗憾(尽管在战后的一段时期内,他们在共同的危机意识之下曾经拥有过类似的话语空间),在丸山真男出版文集的 1995 年,还有人慨叹像他这样有可能促使论坛形成的人实在太少。

在我的阅读当中,日本的论坛形态问题一直是观察日本知识分子的一个视角:而它同时又促使我以同样的视角来阅读中国的知识界。因此,当我刚刚接触到今年创刊的《学术思想评论》(半年刊)[1]的时候,论坛这一视角便立刻浮现出来。这恐怕首先与它的名字有关——学术、思想、评论——这三个在 90 年代被规范化的大趋势拆开来归入三个不同范畴的语词,在此堂而皇之地联袂登场;而按照中文的习惯,显然“学术”与“思想”同为限定“评论”之词,它们既是评论的对象,也是评论

[1] 《学术思想评论》(第一辑),赵汀阳、贺照田主编,辽宁大学出版社,1997 年。

的根基。在众多的同人刊物与非同人刊物之中,这本杂志先以它的名称为自己确定了一个独特的位置:论坛。

在中国的知识传统中:论坛是一条绵延相续的线索,很难真正消失。中国的知识分子不必像日本同行那样为没有真正的论坛而忧虑,是因为中国的知识分子至今仍保有危机意识和知识上的紧张感。然而,在大众传媒盛况空前的时代里,论坛其实又是一种非常容易平庸化的空间,日本报刊上经常出现的平庸论坛之所以为一些知识分子视而不见,就是由于它们缺少必要的危机意识和思考张力。问题在我们也是一样,要使论坛真正具有思考的质量和影响力,对于论坛的设计至关重要。《学术思想评论》的《前言》写道:“我们希望通过《学术思想评论》实现一种关涉现实的思维方式,要求在思想学术讨论中能使人们看到一些试图解决问题的做法,而不仅仅是一些对事情的看法,或者说,要多一些思考,少一些表态。”“我们想展示的不是‘如此多’的意见,而是值得多方努力的问题”,从而为该杂志所试图塑造的论坛空间确立了一个明确的边界——它不是指向一次元的现实问题,而是指向思维世界中的“现实问题”,并由此而介入一次元的现实。在90年代以来中国学人对于“学术化”的追求之后,这种对于二次元乃至更高次元问题意识的探讨才有可能超越那种朴素直观的现实感觉,这种转变需要的不是知识的积累而是知识立场的改变。在90年代的中国学术界,这种从朴素的一次元现实感觉向高次元现实感觉的转变即使没有完成,至少已初具规模,《学术思想评论》的出现就是一个标志。而这样的杂志,也预示着中国知识界的论坛将会有更广阔的前景。

第一期上开辟了众多的专栏:《学术现象论析》《学者访谈》《阐释与分析》《学科与学术史》等等;最引人注目的却是《专题》栏内的两个专题讨论:一、不含规范的道德是否可能;二、从创作批评实际提炼诗学问题。前一个专题是由哲学、伦理学、法学和宗教研究者讨论的,后一个专题由当今活跃于诗坛的诗人和诗评家讨论。赵汀阳的《不含规范的伦理学》作为引起第一个专题讨论的中心论文,尖锐地对伦理学所依据的规范进行了质疑;从伦理学、法学的角度看,这篇论文本身固然存在许多可以商榷的地方,尤其是它对于建构一种不依赖规范的新伦理学的设想,尚且需要更充分的论证和修正。它实际上也因此而引起了这个专题其他讨论者的质疑与批评,例如梁治平的《〈不含规范的伦理学〉一文中的两个悖论》相当准确地抓住了作者在论述过程中一方面拒斥规范一方面又采用普适主义的规范立场，将规范与法律绝对对立造成对法律和社会生活的简单化理解等要害问题——应该说，如果单纯作为一篇伦理学论文来看，这篇论文未必如作者所期待的那样能够达到“思想不是为了说样样都不好，而是要说出好的，并且说出怎么去做它”（43 页）的效果，反倒是它引起的争论与质疑加深了人们对伦理学现状的认识；然而，如果放弃从伦理学专业的角度对它进行讨论的想法，那么，这篇论文的另一种潜在的生产性便会浮现出来，那就是当它指出“规范主义的思想方式是坏的和浅薄的，它不能用来思考价值问题”（63 页）的时候，它所隐含的批判精神已经远远超过了伦理学范畴，而对于当今知识界具有真正的建设性意义。

不言而喻，无规范状态和对于规范的提倡基本发生在同一代人身上，但是这二者相继发生在不同的历史时期内因而具有内在的连续性和并存状态。对于中国当今最活跃的一代学人来说，60 年代后期至 90 年代初期的经历带来了一种特别的精神构造，它促成了在缺乏规范的知识与社会环境中形成的学术训练与建立规范的努力之间的距离感。不仅是伦理学所依据的社会和道德规范，在几乎所有领域内，我们都可以发现这种距离的存在。急于消灭这种距离，造成了许多负面的后果，最主要的一个后果便是赵汀阳所批评的“规范主义的思想方式”。对此，同一专题中所发表的周国平《伦理学和价值层次》一文有更深入的阐发：“否认规范的存在是无效的，反对规范主义则是很有意义的。规范主义的特点在于把规范本身奉为绝对价值，而拒绝追问它的价值根据。”（80页）环顾我们身边，这样的例子不胜枚举，许多伪学术和伪命题之所以能借着“规范”之名盛行，仰仗于对规范不加追问的习惯。在我看来，赵文最精彩的地方并不在于他试图建立一种不含规范的伦理学，而恰恰在于他出色地进行了他可能最不想进行的“批评家”的工作，尖锐地指出了“规范主义是一种隐蔽的专制主义，是民间的和文化的专制主义，它只容许特定的生活风格和文化观念，它试图剥夺特定规范之外的自由”。（55页）这种批评在当今的中国社会与学界，绝不是学究式的“表态”，它在客观上代表了一种对各个层面盲目追求“规范”而不问其价值根据这一时尚的冷静反省的态度，并在一定程度上暗示了打破这种“时尚”的方向。

其实，促使我注意到赵文这一建设性意义的并不是它本身，而是紧接其后的第二组笔谈：《从创作批评实际提炼诗学问题》。在这个专题里，主要发言者是一些最不规范的人——诗人。耐人寻味的是，我们的一向清高而不屑使用俗众思维的

“缪斯”，在这本杂志里面向我们共同的生存处境开放了他们的世界，以真诚的合作精神面向诗界以外的读者。正像西川在《生存处境与写作处境》中所说：“诗歌的问题已经不能仅仅以诗歌的方式来解决，因为诗歌是文化的一角，它牵扯到我们时代精神的方方面面。”（187 页）而诗人进入《学术思想评论》这个论坛，在这个特定空间里发表他们对于时代精神的思考，这本身就意味着这个论坛具有一种向规范质疑的勇气和对“特定规范之外自由”的尊重。我这里所说的规范是被简化了的“学术规范”，是我们一谈到学术就必然会产生的那种“客观”“科学”“精确”等等联想；对这些抽象词汇的绝对化恰恰是规范主义所带来的盲点之一，它很容易导致学术灵魂的萎缩。

西川在他的文章中对当代诗人的使命进行了说明：“诗人与批评家至迟到 90 年代，实现了角色互换（注：西川的意思是，诗人曾被视为世界的立法者和时代的代言人，中国诗人在本世纪一段时期内也以此自居，而在 80 年代后期诗歌转向个人写作之后，立法者与代言人的角色主要由批评家扮演，哪怕大部分批评家都很浅薄）。诗人们并没有从此放弃社会批评，但他们走向更深层次，对于历史、现实、文化乃至经济作出内在的反应，试图从灵魂的角度来诠释时代生活与个人的存在、处境，而批评家们越来越倾向于把人当成一种群体现象。”(194页)这种对诗人的定位引申为对于知识的界定:“知识是沉思的助手,如果它仅仅是它,它便是死的,但如果它进入生命,进入灵魂,那么它便能够结出硕果。”(188页)于是,在知识进入生命进入灵魂这一意义上,西川强调语言的有限性以及20世纪语言哲学拥有一些学术智慧却丧失了人的智慧,并进而批评中国的知识界正在丧失知识分子,丧失知识分子的思想能力。

西川的论文也利用了为当今的学界所共有的西方思想资源,而不仅仅是文学资源。实际上,这一组文章中涉及不少现代西方的哲学家和思想家,比如维特根斯坦、德里达、福柯等等,但是他们使用这些资源的方式却显然与第一个专题不同,西川的一段话可谓道出其中奥秘:“人类精神正在被细致地划分成条条块块,某些区域在不为人知的情况下成了禁区和废墟。这时,拔掉界牌,使禁区和废墟上焕发生命的工作就需要诗人的参与,因为诗歌,说到底,与人类幸福有关。”(190页)西川甚至因此断言诗人与文学家的“伪哲学”比黑格尔那样的“真正哲学”更真诚,因为它面对的是人类自相矛盾的混沌尴尬的生存状态而不是逻辑上的首尾一致。

作为自己亦从事创作的诗人,西川提出的是构成现代学术核心的理性与逻辑方法的边界问题。他很清楚地表述了语言的有限性和语言的语言化过程。前者指的是语言无法陈述整个世界这一事实,后者指的是同一语言表达方式因使用者使用过程(亦即语言化)的不同而具有不同的意义。这种宝贵的语言感受力同样表现在其他人的文章中,例如程光炜的《九十年代诗歌:另一意义的命名》讨论的是中国诗歌对于语言现实(而非观念现实)所包含的可能性的追求,并提示了不同语言现实意味着的不同作者—读者关系;肖开愚的《九十年代诗歌:抱负、特征和资料》对于中国诗人阅读和借鉴西方诗歌的"不及物"状态进行了精当的分析,而欧阳江河的《当代诗的升华及其限度》更是一篇集中讨论语词的出色论文。在文中有这样一段分析:"我们往往是从反词去理解词,例如,从短暂去理解长久,从幽暗去理解光明,从邪恶去理解善,从灾难去理解幸福。词与反词在经验领域的对立并非绝对的,它们含有两相比较、量和程度的可变性、有可能调解和相互转换等等异质成分。但在一个将经验成分悉数过滤的类型化语境中,对立则是孤零零的、针锋相对的,我想这已经不是词与词或词与物的对立,而是意义、价值判断之间的二元对立。在这种类型化的语境中从事写作,诗人完全可能以'反对什么'来界定自我,而无须对'反对’本身所包含的精神立场、经验成分、变异因素等作出批评性的深刻思考,因为‘类型化的语境’已经将这一切过滤掉了,只留下孤零零的反对。”(241 页)

在欧阳江河的讨论中,类型化语境的弊端在于无须证伪地自动获得意义和价值而不必经由自我分析。他对于语词的讨论也正从这里展开。他指出:“关键在于诗人应该对写作过程中的反词立场是否类型化保持足够的警惕,因为反词立场往往是与写作中的身份确认问题联系在一起的。”他敏锐地指出身份确认类型化的要害在于无助于理解真正的个人写作:“比如说,一个具有本土派身份的中国诗人在确立反词立场时,似乎不得不以‘世界诗’为敌。但所谓的世界诗只是一个假想敌,从中发展出来的反词立场反过来证明了‘本土派诗人’身份的不纯。”“问题在于为词的意义公设(Meaning Postulates)寻找不可通约、不可公度的反词。”(248—249 页)在欧阳江河对于反词的强调中,他注意到了诗歌作为一种个人行为与公共写作之间的关系,这便是他所强调的“文本内部的对应语境”,亦即消解了类型化语义对立之后的语词的意义公设与不可通约性之间的紧张关系。

诗人们把语言现实和观念现实加以区分的方法论是否能

超出诗歌讨论、适用于其他领域又当别论，但有一点是可以确定的，那就是西川和欧阳江河等诗人关注的问题不能仅仅看作诗歌界内部的事情，它甚至是对于西方20世纪语言学的回应。更重要的是，这些90年代诗人作为中国的知识分子，与其他领域的知识分子面对的是同样的知识处境，也面对着同样的困境。事实上，类型化的反词立场普遍存在于当今人文、社会科学研究当中，它不仅体现为空洞的二元对立思维方式，更以隐蔽的形态左右着人们的思考。例如欧阳江河指出的“假想敌”问题，其实是当今学界对待西方资源时的一个通病，而西川所提出的“拔掉界牌”的问题，其实也正是当今跨学科研究以及对于现代知识制度进行反省的学者的课题。当我把这两个主题的论文连起来阅读的时候，我在完全不可通约的写作方式中读出了真正可以通约的问题，它存在于赵汀阳对于规范的质疑和诗人对于语词边界的探讨之中，存在于学者和诗人共同拥有的对于人类生存方式的关切之中。而在这些可通约的前提之下，他们各自以自己的方式、针对各自的问题所回答的，其实又是一个共同面对的大问题：在现代分工日益精细、知识与理性日益暴露其局限性的今天，知识分子究竟该如何为自己、为自己的知识、为自己的工作定位？

在该杂志中所载的美国学者伯恩斯坦的《实用主义的复兴》正是在这一意义上对现代—后现代之争给出了自己的看法:“实用主义者把我们的集体看作这样一个场所:我们不得不在其中生活而又找不到绝对标准。或按 H.艾伦特曾说的,不得不在其中‘思考而又找不到参照系’。”“我们必须学会在不仅不存在绝对标准,而且存在着不可消除的模糊性、偶然性和双重性的条件下生活,但我们又必须时刻采取负责任的立场,维护并坚持这些立场。尽管我们可以放弃对不可错的理性的要求,我们却不可以放弃对制定合理的区分的要求。”“由于我们的肯定不依赖于不变的基础,并且又不是没有理由的‘决定’,它们就必不可少地应该通过阐述、争辩和公开讨论来确定。”(403—404 页)

这的确是一种为知识分子定位的方式。在没有绝对标准的状态下思考并且负责任地面对生活中的一切变动和不确定,而不是简单地否定掉和破坏掉一切。正如同肖开愚在强调“中年写作”的时候所说的那样:“停留在青春期的愿望、愤怒和清新,停留在不及物状态,文学作品不可能获得真正的重要性。”(226 页)诗歌写作如此,整个知识界又何尝不是如此?在《学术思想评论》的阐述、争辩和公开讨论中,我依稀看到一幅知识分子跨越专业藩篱而进行深层合作的动人图景：缺少这种合作，我们如何面对当今“思考而又找不到参照系”的复杂世界？我们又如何勇敢地面对自己的迷惑？

于是，我不能不回到本文的开头，回到日本批评家对于“坛”的反省。在知识制度日益趋向专家式严密分工的日本，论坛的形成也日益困难，这极大地妨碍了他们在一个更广阔的知识空间内面对人类生存的基本问题，从而进行不同专业甚至学院式知识分子和评论家之间的对话，于是那些最重大的问题被专业化分割之后消解掉了。同时，封闭的行帮式组织形式也妨碍着真正意义上的自由知识空间的形成。而对于今天的中国知识界来说，论坛的建设也日益成为一个迫切的问题。“阐述、争辩和公开讨论”成为一种学术习惯，不同领域的知识分子以自己的专业方式讨论共同的问题，需要开放的公共空间而不是封闭狭小的学术圈子为它提供条件。这个公共空间就是论坛，尤其是学术思想论坛。《读书》已经提供了这样的空间，而《学术思想评论》以它对于学术思想的关注和尖锐的批评意识，也正在形成这样的空间。作为一个读者，我并不认为这本杂志的创刊号十全十美，它所发的文章也有良莠不齐之嫌；但是它所显示的“思考实际存在的问题”的反省精神、可贵的跨领域知识纬度，以及公开讨论的气度，尤其是它揭示问题的实在状态而不是简单给出解决方案的知识立场，是一般同人杂志所难以具备的宝贵品质。我期待着继续阅读它今后的每一期，同时，我祝愿在我们的知识界形成成熟的论坛，形成以二次元的方式介入现实的学术思想，形成面对真正问题而不是空洞语词的知识氛围，也形成超越规范主义与类型化反词立场的真正个性化工作方式。

翻译的思想*

友人从东京寄来一本书,书名叫作《翻译的思想》。该书是日本岩波书店出版的《日本近代思想大系》中的一本,与那些讨论开国、天皇制、宪法、法与秩序的分册并列在一起,由加藤周一、丸山真男编辑、校注,而丸山真男是日本当代最杰出的政治思想史学者。

我于是便有了一点联想,觉得翻译与思想搭上界,与当今的中国学术习惯有些出入;而进一步再想,便越觉得这里面大有文章。翻译的思想,暗示了某种为我们所陌生的名义。

在这本书里,收入了日本明治维新之后的一些重要翻译文献,比如《万国公法》《美国独立宣言》《社会平权论》《非开化

---

* 原载 1997 年 7 月 9 日《中华读书报》。

论》等等。它们的译者大部分是明治时代著名的思想家,如福泽谕吉、中江兆民等等。在书的后半部分,收入了当代日本思想史研究者的题解,如丸山真男对《美国独立宣言》的注解,不如说是他对于福泽谕吉的读解;宫村治雄的《非开化论》题解,也不如说是一篇中江兆民研究,而加藤周一所写作的那一篇总括性的"解说"《明治时期的翻译》,则触及三个极其重大的问题:为什么要翻译?翻译什么?如何翻译?

详尽地介绍这本有趣的书的工作只能留待其他机会,本文仅仅想向关心翻译的学者们传达一点我自己的感触,这感触是由加藤周一的《解说》中的三个问题引起的。有趣的是,这三个问题并不起源于明治维新之后,而必须追溯到它之前的江户时代——在那时,日本还不是个门户开放的近代国家,但是这三个问题不但业已存在,而且是严格意义上的"思想"问题。

把翻译与思想联系在一起从而使得翻译成为思想问题的,是江户时代的著名儒学家荻生徂徕(1666—1728)。他在相当一部分学术生涯中,讨论的是翻译问题,是如何阅读来自中国的儒家经典,以及翻译方法的局限性;可以说,在日本历史上把翻译问题从简单的工具层面提高为文化冲突和文化转型层面来认识的,当首推荻生徂徕。

与我们现代人不同,荻生徂徕生活的那个时代里首当其冲的并不是民族国家问题,所以在他考虑翻译时,他的思想并非仅仅在这个框架兜圈子,因而更加具有弹性;再加上徂徕推崇“古学”,以极其厚古薄今的态度对抗当时日本的朱子学,因此当他把目光转向中国古代的先王之道的时候,他便面临着极复杂的问题:第一是他作为日本人来阅读中国的三代圣贤,第二是他作为近世日本人阅读中国的三代圣贤,同时,他又明确地以阅读中国的古代圣贤作为攻击日本朱子学的武器。在这样一个复杂的上下文中,荻生徂徕的翻译论获得了重要的位置——它不能不成为思想的载体。

荻生徂徕以一种非常有技巧性的方式对他的论敌进行攻击:他论述他的论敌是如何的“读不懂”古文。日本人自有一套历史悠久的阅读中国古文的方式,谓之“训读”;简言之,他们可以面对相同的汉字符号,不使用日语符号就读出一套日语的语音和语序来。这种典型的偷梁换柱之法给了日本人很大的方便,使得他们经过一番必要的技术训练之后就毫不见外地把四书五经当成自己的经典。荻生徂徕瓦解了这种训读,他指出,训读是一种最不地道的翻译,因为它非中非日,要想真的翻译,就得把中文典籍译成当时的日语口语,而训读制造出的骑墙假象,并不能保障日本人真正贴近中国的原典,在此,徂徕强烈表现了他的"他者意识",就是说,他通过对训读的瓦解试图实现的,是日本民族作为语言共同体的真正独立。

假如荻生徂徕的翻译论仅仅如此,那么他充其量不过是个先行的民族主义者。但是,他的卓越之处却远远超过了近代民族国家观念的局限。当他教诲弟子认真学习翻译的时候,他自己却对翻译的局限性有着清醒的认识。他说,诗书礼乐本非日本所有,如用对待日语的态度对待它,便不免会使它走味,因而据说徂徕自己的汉籍阅读既非日译又非训读,而是非常独特的"看书法"。这本是他为了抵制训读的"读"而发明的不出声的"看"(揣摩)古汉语典籍的方法,因为他试图以此消解训读发出日语读音所带来的汉籍日本化的幻觉并确保阅读的准确性;而这种基于个人悟性的技术在徂徕的学说中也因此被提高到了思想的高度。他说,他自己依靠长年的积累,终于能够全身心地融入古文之中,从而与古人朝夕相处,"别觉有一种气象,来接吾心者","此非耳根口业所能辨,心目双照始得窥其境界,故译语之力,终有所不及者"。于是,徂徕便巧妙地在他所倡言的翻译论中加入了一个双向的流运过程:一方面通过真正的汉籍日译使得日本人区别中国与日本的文化差异,另一方面又通过消解翻译而进入圣人的语境。在徂徕眼里,“耳口二者,皆不得力,唯一双眼,合三千世界人,总莫有殊”,他要通过“看”,消解在异文化之间存在的不可译的鸿沟,真正与圣人之道相接——这消解不是无条件的,而是以“圣人之道”的普遍性为前提的,日本近代之后学习西方的精神结构,与此不无关系。

荻生徂徕的翻译论是否直接影响了近代以后的日本翻译家又当别论,但是,在日本的风土上产生出的这种双向的翻译思想,的确在近代国民国家形成之后也一脉相传。在这本《翻译的思想》中,我就感觉到了这种与徂徕翻译思想的根本联系。比如,书中收有一篇饶有兴味的资料,是明治时期的首任文部大臣森有礼(1847—1889)的“反翻译主义”的理论,这是他在美国任外交官时期用英文写给耶鲁大学语言学教授维托尼的一封信,信中提出废除日语而使用以他的方案改造过的英语。在森有礼的主张里,暗含着徂徕跨越翻译的障碍与圣人之道相接的努力,尽管他并未获得包括维托尼教授在内的相关人士的支持,但作为日本近代教育制度的创始者,森有礼的思想对于其后日本教育思想的影响是毋庸讳言的。当然,徂徕的另一面思想,即废除训读式的骑墙态度而建立真正的日语翻译,在明治时期的思想家之中,却一直是一个主要的努力方向。这两个方面的同时共存，构成了翻译在日本的复杂文化内涵。直到日本战败之后，日语的可能性问题，翻译的功能问题，依旧是日本思想界的一个重要的话题，这并不是偶然的。

在我们中文的语境里，也有过一个翻译的全盛时代，在那个时代里，翻译是外来思想的有效传达手段，并对中国的思想界有重要影响，这是不言而喻的。但是，仔细想想，何以康有为、梁启超力主由日文转译西方而并不在意日文的“过滤”？中国的思想界在世纪之交何以反过来大量“进口”日本人为翻译西书而取自中国古代典籍的词汇而不是自己来直接创造？这并不仅仅是因为日本“广求知识于寰宇”（梁启超语），也不仅仅是因为当时的中国人急于向世界学习，而是因为翻译从近代开始，基本上是工具层面的事情。我说“基本上”，是因为从严复到章太炎再到鲁迅，翻译和语言问题是一条与思想密切相关的线索，而不仅仅是工具；然而在中国的语境里，翻译即使与思想相关，它也是单向的，那就是如何把外来的变为自己的。因此，翻译问题不可能具有在日语语境中的那种因双向流动而产生的巨大思想潜能。于是我们不免会联想到，何以日本至今仍是“翻译天国”而中国学界的翻译变成了副业，何以翻译在日本是思想史学者关注的问题而在中国只会引起技术层面的争论？

我不认为翻译须得奉行徂徕之道,更何况中国永远不会变成日本;我感触到的只是,翻译其实不仅仅是技术上的事情,它本身就是一种思想资源。换一个角度看看翻译,也许可以发现它所隐藏的真正问题在哪里。

反复读库恩*

书也如同人一样，并非每一本书都会使得你想和它交往一生。很多书读过便了，放下它，便像放下了你的昨天，它或许是你明天的养料，但你不会再念念不忘地想着它。

然而有些书，却是不可能放下的，哪怕作者本人都放下它乃至否定了它，而你，却总会在某个时候想起它，再去找它，读它，与它对话，赋予它新的活力——于是，它便又一次成为你精神世界里的一个契机，一个促使你生长也和你一道生长的伙伴。这样的书，我才称它为良师益友。恰如茫茫人海里吸引你目光的人不会太多一样，这种经得起反复阅读的书，也不那么多。我想，不是好书太少，而是我们的生命太有限，如同只有把

---

* 原载《方法》1997 年第 11 期。

人类抽象地当成朋友,我们才能具体地去爱其中的一部分一样。

在我反复阅读的书中,库恩的《科学革命的结构》是重要的一本。或许正因为我的专业离科学最远,我才可以毫无顾虑地读它;而或许正因为我毫无顾虑地读它,我才能够摆脱专家特有的束缚而自由地与它对话。读这本书,我从未采取过原教旨式的态度,也就是说,我几乎不曾考虑过库恩写作的动机和语境;而且实话实说,我在自己的阅读中造出来的那个拟想作者,与现实中的那位不断耕耘却从不曾把握自己学说命运的智者也没有什么大的瓜葛。

第一次读这本书,是在很多年以前它刚刚开始风靡中国学术界的时候。那时,我以东方人阅读西方著作最典型的方式读它——记住了它的结论,而忽略了它提问的特定土壤,更忽略了它所由产生的创造性过程。记得日本的思想史家丸山真男引用一位在日的欧洲知识分子的话分析过这种情况,他说,东方人常常在应用西方理论的时候比西方人更理论化,这是因为西方的理论不是在东方的土壤中产生出来的,它在被吸收的时候,其产生的结论比其所由产生的缘由更受到重视,而东方人对于西方语境的陌生,便由理论的推导加以弥补。我想,当年

“范式”满天飞的时候，怕是也应了丸山真男的这段说法。

总之当我第一次读库恩的时候，他在我眼里仅仅是个革命家。一个以科学革命取代常规科学、一个以建立新的范式为己任的革命家。于是，我在这条单纯的线索上记住和理解《科学革命的结构》的一部分关键词——范式（在本书中它被译为规范）、解难题、常规科学、科学革命。

那以后，我几乎忘记了库恩。但是，在其后庞杂的阅读和思考中，我在不知不觉当中其实接近了他，或者说，为再一次的阅读提供了基础。一年以前，为了给自己的研究寻找合适的方法，我试图求助于库恩，于是，我不无沮丧地发现他的这些关键词绝不是可以包治百病的狗皮膏药。假如说这种沮丧本身是一种使我得以成熟的契机的话，那么，更重要的收获却在于，在又一次的阅读当中，我与一个迥然不同的库恩相遇了。

那不是一位单纯的革命家，而是一个对于革命和常规有着非凡理解的智者。在他对于科学史的思考里，我看到的是对于科学史的富有弹性的态度，而不仅仅是一种建立在逻辑表述之上的科学史整体构图。换句话说，假如库恩把他那一整套关于科学史演进方式的解说作为硬件留给了我们的话，真正具有生命力的，却是在这一硬件之中进行运作的那些“软件”。

于是,吸引我的不再是库恩的那些最打动中国社会科学界学人的理论本身,而是他——我所建构的这位拟想作者在阐述这些理论时的方式。

当库恩阐述他的科学革命理论的时候,我开始注意到他在常规科学和科学革命之间建立的那种巧妙的联系。比如,他不仅关心"科学革命是如何开始的",而且认为"我们还必须问,科学革命怎样结束"。由此引发的"革命是无形的"的讨论,才是"科学革命",也才是库恩精神的生命力所在。在《革命是无形的》这一章里,库恩举了一个耐人寻味的例子:当牛顿阐述他自己的动力学概念的时候,他利用了科学家对于伽利略的信任,称伽利略已经发现了引力产生一种运动,与时间的平方成正比。"但是,伽利略并没有说过这样的事情。"由此,牛顿掩盖了他所进行的革命,而库恩要说的则是,科学革命在结束之后总会掩盖它的痕迹,以改写教科书的方式重新建构科学史。于是,库恩紧接着在下一章《革命的解决》里这样论述他的问题:"新规范是从旧规范中产生的,他们通常混合着传统规范以前用过的许多概念上和操作上的语汇和注解。但是,他们很少以完全是传统的方式用这些借来的因素。在新规范的范围以内,老的术语、概念和实验同其他东西开始了新的关系。"所以,竞争着的规范（也就是“范式”）之间的不可比较不仅仅是由于其各自依据的标准的不可比性，也不仅仅是由于不同范式的支持者是在不同的世界中从事他们的工作，更因为竞争着的不同范式之间存在着这种由于“旧瓶装新酒”所引起的“误解”，如同爱因斯坦广义相对论所受到的嘲笑在于他使用的“空间”定义已经不再具有传统定义的“平直、均匀”等特性却“弯曲”了那样。

在库恩的这种阐释当中，我感觉到了一种新的可能性。从“革命”的角度看，“无形的革命”把我们引向了对于“累积起来的传统”的重新阐释，而从常规科学的角度来看，教科书的修改科学史、掩盖革命的特殊功能也被揭示了出来。于是，我们得到的与其说是革命与常规之间的对立图式，不如说，革命对于常规的依存性、误解和范式之间的对立所包含的认识论的契机，才是科学革命最引人深思的地方。

我想，接受库恩有形的科学革命论不是件艰难的事情，但是，接受他关于“革命是无形的”这一思想却不那么容易。而库恩精神真正的原创性，恰恰在于他这种“无形的”革命精神。我甚至觉得，库恩本人其实也使用了他的“无形革命”的技巧，从而使得革命从一种否定性的力量变成了进入传统的独特角度。

正是在这一意义上,库恩才具有丰富性。

科学革命不能照搬挪用,对于我们这些人文科学的研究者来说,哪怕是借用"范式",也需要很多的改造和限定。但是,一种原创性的思想最可贵的地方在于它的方式而不在于它的结论,当我阅读库恩的时候,一种对于历史的新的感觉油然而生,它不是科学革命也不是常规科学,它超出了简单的二元对立而具有了新的内涵。我想,那是库恩在他对革命的论述方式中留给我们的一笔遗产,它告诉我,在连续与非连续性的历史眼光之外,还可以存在第三种关注的方式。在范式与范式之间,存在的并不是均质的真空地带,在不可理解和无可理喻的同时,还存在着误解这一重要的纽带。

我并不打算"读懂库恩",亦即我不想在科学史和科学哲学的脉络中阅读库恩,因为我并不想也没有能力越俎代庖地去做一个科学史和科学哲学的研究者;然而我会反复读库恩,因为我知道库恩的放射性能量并未随同他的辞世一起消失,他所提供的精神营养是跨越学科界限而为全人类共同拥有的。所有的精神财富都能够生长,库恩也是一样——只要你能够反复地读他。

读《洗澡》*

一

《洗澡》[1]初看起来平白易懂，没有难解之处，但是，与《干校六记》一样，它也是一部经得起反复细读的作品，换句话说，这部篇幅并不算长的长篇小说所容纳的内涵相当丰富，仔细阅读有助于我们理解这一点。

《洗澡》的背景是解放初的北京，一个叫作"文学研究社"的大院子。书中最完整的故事只有许彦成与姚宓的恋爱经过。由于这一爱情构成了对许、杜夫妻关系的威胁，它不能不躲躲闪闪遮人耳目，所以书中也只有这个故事最富有戏剧性。小说

* 原载《文学评论》1990年第3期。

[1] 杨绛:《洗澡》,生活·读书·新知三联书店,1988年12月出版。

共分三部，许、姚的爱情故事出现在第一、二部与《尾声》中，是书中唯一相对连贯的线索。因此，如果从故事的角度去阅读《洗澡》，说它是一部爱情小说不能算不正确。

但是，如果改变一下这种传统的阅读方式，放弃寻找故事的意图，我们或许更能够接近作者的结构意识，从而发现那些貌似陪衬的东西其实却是小说的主体。

在放弃了寻找故事的企图之后，我们遇到的第一个问题就是：第一部的前两章写的不是故事发生地北京，而是新中国成立前夕的上海；出场人物不是真心相爱的许彦成与姚宓，而是面和心不和的余楠与宛英。既然北京的故事与上海并不相干，而且余楠夫妇的离心离德在其后的情节发展中并不起决定性作用，叙述者为什么非让我们从上海起步，在了解了余楠那段令人作呕的罗曼史之后才跟着他一同来到北京呢？

尽管小说的主人公不一定最先出场，但先出场的人物却会给读者以最深刻的印象。这是因为阅读只能依照从前往后的顺序进行，读者会不自觉地把最先读到的场景和人物作为依据而定下自己的阅读基调。小说开篇看上去在结构上有些游离的两章，其实正是起的这个作用。尽管后来由于姚宓等人的出场使我们的阅读基调发生了某种变化，但叙述者却在一开场就暗示我们，他要讲述的并不是一个美好的故事。

这两章里，叙述者淋漓尽致地描述了余楠为人的各个侧面：他在婚姻生活中的卑鄙——使唤奴隶般地使唤宛英，同时又追求别的女人，最终为胡小姐所弃，却又咬定说是因为自己不肯抛弃宛英；他极端的自私——即使与胡小姐相恋，他也不肯“撒漫使钱”，一毛不拔到当胡小姐索取结婚信物时竟拿与宛英结婚时别人送的田黄图章来充数的地步；他野心勃勃——他的学问毫无根底，只是写文章手快，会利用时机，因而当了主编，结交三朋四友，抬高自己身价。在读过这两章之后，读者实际上已经步入一个肮脏、猥琐、充满倾轧与欺骗的世界，在这里人际关系就是利害关系，连最能体现人情的夫妻或恋人之情，都赤裸裸地只剩下利益权衡。余楠这个无赖是个忠实的向导，他把读者从上海领到北京，无非是让读者在进入文学研究社之前有一个心理准备，以免对那里的乌七八糟大惊小怪。

姚家母女与许彦成却没有能力完成这样的任务。他们的世界与余楠的世界格格不入。因此，在获得了前两章提供的阅读基调之后，当姚家母女与许彦成在第三章露面时，我们并没能在众多的人物中一下子就注意到他们。甚至直到第五章结束，敏感的读者才能读出一点有关他们这个世界的暗示。这是由于我们很难从一个世界进入另一个世界，尤其是当两个世界互不和谐的时候。跟在余楠的身后，我们比较容易认出施妮娜、江滔滔和姜敏等人，甚至也比较容易原谅朱千里的昏愦轻薄与杜丽琳的庸俗肤浅；而对于姚宓与许彦成，我们却是一步一步逐渐接近的。直到第一部最后一章，姚、许第二次在藏书室里共同理书的时候，我们才发现在余楠们的世界之外存在着另一个世界，那里有真诚，有自尊，有坦诚的爱。而同时，由于我们在藏书室里分享了姚、许不愿余楠、施妮娜乃至杜丽琳知道的秘密，我们开始从余楠的身后跨了出来，走进了姚宓们的世界。

但是，作者却并不情愿我们这样做。尽管小说中最感人的就是姚、许那场毫无结果的爱情，尽管依照传统阅读方法只能把爱情作为故事的主干，但从作者的结构意识看，姚、许的世界并不是作者想要突出表现的内容，换句话说，作者并不希望读者与姚宓和许彦成认同。姚家母女、许彦成、罗厚等人的存在，姚、许爱情的萌发与升华（其实，至少就许彦成而言，是否升华还是个疑问），仅仅是作品情节的组成部分之一，他们为余楠们提供了一个生存方式的参照系，他们与余楠们合起来才能构成作品的主体。因此，我们必须注意到，小说对姚、许的恋爱描写得非常节制，姚、许之间的交流与许、杜之间的龃龉所占篇幅几乎相等，并且许彦成对姚宓的爱简直是在杜丽琳的启发下萌生，并在杜丽琳的监督乃至保护下滋长的。而在姚、许的爱情从萌发到生长再到成熟（或曰失败）的过程中，穿插了大量彼此间没有直接关联的情节，比如许老太太及小丽的出场、余楠家宴的闹剧、分组的波折、姜敏封锁资料的失败、罗厚偷搬图书、“汝南文”批判姚宓草稿、余楠任外文组组长而许彦成遭到排挤，以及形形色色的洗澡姿态等等。由于杜丽琳“会做人”，姚、许的爱情只是他们两人的秘密，杜丽琳直到第二部结束才成为并不知情的知情者，因此恋爱的情节并未与其他情节发生联系从而被极大地限制了它可能延伸的范围，这样，我们可以说，《洗澡》是由一系列彼此间并不直接相连的情节而结构起来的，它们之间的逻辑联系不是以姚、许的爱情为基础，这场爱情虽然占去比别的情节更多的篇幅，但在结构上却是封闭的，这证明作者仅仅把爱情这个情节放在与其他情节相并列的位置上，并不让它起更大的作用。第二部写了姚、许二人的百般不如意，小说的这种结构方式表明，这不如意并不仅仅源自他们不能光明正大地相爱，而首先是因为他们置身于一群惹不起、躲不开的小人之中。那场徒劳的爱情仅仅增加了他们这种不如意的强度而已。由于恋爱的情节在结构上被处理成封闭状态，姚宓与许彦成也就处于与其他人物相平行的位置上，虽然他们引起了我们极大的好感，有经验的读者却不会追随他们去阅读小说。

然而追随正面人物却是读者在阅读过程中难以违拗的心理定式，况且姚宓与许彦成的故事又是最吸引人的故事。为此，叙述者又利用他的特权，进一步把我们从姚宓们的身边赶了回来。《洗澡》的叙述者是一个全知全能的叙述者，他向我们指点每一个人物的隐秘、阴私，随时钻进人物内心去揭示他们的心理活动。但是，任何一位细心的读者都会发现，在对主要人物这一层面的叙述中，叙述者曾有过几次缄默，他拒绝直接向我们提供任何信息，以致一直紧随他并信赖他的读者突然感到被抛弃。这几次缄默均发生在对姚、许的叙述方面。

叙述者的第一次缄默发生在描述姚宓与许彦成的外貌时。他曾在余楠、施妮娜、姜敏等人出场时直接介绍他们的长相与气质，使我们在距离上接近了这几个人；但是到描绘姚宓时，叙述者却一言不发，让我们不得不借助作品中人物的眼睛去看姚宓。第一部第四章里，余楠在会场上寻找据说“最标致”的姚小姐而不见，于是我们也没见到姚宓；第七章里，我们先是通过杜丽琳充满妒意的女性目光看到姚宓只是“五官端正”，又接着通过许彦成的男性目光看到姚宓的清秀甜美。第二部第十三章里，我们又通过心怀鬼胎的余楠的目光看到姚宓的端庄。姚宓的外表是书中人物里被描写得最多最细致的，但由于叙述者的缄默，读者失掉了最权威的评价而不得不依靠书中人物。这实际上就使得我们在无形中接近了姚宓以外的人。对许彦成的描写则更少，我们只在第一部第四章里通过余楠的眼睛看到他“不中不西，随随便便”的装束，关于他的相貌我们一概不知。比起余楠、施妮娜等人，许彦成的外表形象显得很模糊。

叙述者的第二次缄默发生在第二部第十七章里。这一章写的是许、姚在姚宓的书房深谈，从而使两人的爱情升华为更深刻的友谊。深谈之前，他们在通信中对自己的感情进行了充满理性的审视，姚宓以极强的道德力量压抑了自己的爱以成全许、杜的现存婚姻。这次深谈是两人表白心迹后第一次见面，也是全书中这两个主人公仅有的一次推心置腹的谈话。不幸得很，关于这场谈话我们和杜丽琳一样一无所知，因为我们和她一样被关在姚宓书房的门外。

叙述者的第三次缄默发生在第三部。这一部写的是老先生们“洗澡”。叙述者向我们详细地描述了丁宝桂、朱千里、杜丽琳、余楠洗澡的经过，每人都用了一章或两章的篇幅。但对于许彦成的洗澡过程，叙述者仅用了六十几个字就一笔带过。他讲了些什么，怎么讲的，叙述者没说，其他人物也没告诉我们。至于姚宓，在第三部中我们对她所知甚少。第六章里许彦成在会场上看到她与年轻人一起坐在后排，第十二章里姜敏对她旁敲侧击，而叙述者对她几乎什么都没说。

叙述者的这三次缄默，使我们与姚、许之间产生了距离。余楠们的事情对我们来说不是秘密，而姚、许的某些事情乃至心理我们却并不了解。在主要人物的层次上，只有她和他之间有着某种使我们感兴趣的秘密，这秘密的存在证明我们不可能完全进入他们的世界。实际上，每当我们试图这样做的时候，叙述者就用他的缄默把我们拉回来。于是，作为读者，我们只好采取"局外人"的立场。用一个起源于戏剧理论的术语来说，这部作品产生了"间离效果"，我们不愿与余楠们认同而又不能与姚宓们认同，其结果，就使我们把注意力平均分配到我们喜欢与讨厌的人物身上，从而避免了因为过分执着于姚、许的命运而忽略了其他人的命运。

杨绛先生曾写过一篇《论萨克雷〈名利场〉》（载《春泥集》，上海文艺出版社 1979 年版），认为《名利场》里并不讲究结构。

“他写的不是一桩故事,也不是一个人的事,而是一幅社会的全景,不能要求像《汤姆·琼斯》那样的结构。”(61页)这分析其实也适用于《洗澡》。严格说来,《洗澡》不是不讲究结构,而是蓄意打破了结构的整一性。由此,《洗澡》扩大了它的容量,推出了知识分子的群像。与《名利场》不同的是,《洗澡》的主人公里有着作者所偏爱的形象,对这些形象,叙述者的刻画与作者的评价间并不存在《名利场》中的那种差异。因此为了防止读者对这些形象聚焦,叙述者的缄默起到了重要的作用。

杨绛先生认为《名利场》不讲究结构是因为萨克雷刻意追求真实,其实这也正是她写作《洗澡》时的原则。[1] 因此,借用杨绛评《名利场》作者意图的话很能说明《洗澡》的作者意图:“他说:我要故事在结束时叫每个人都不满意、不快活——我们对于自己故事以及一切故事都应当这样感觉。他要我们正视真实的情况而感到不满,这样来启人深思、促人改善。”(64页)

二

《洗澡》貌似松散的结构之中,其实贯穿着一条非常紧密的

[1] 参见《杨绛谈〈洗澡〉的写作》,《当代文学研究资料与信息》1989年第10期。

逻辑线索。不过,这条线索不是借助于情节间的因果关系而展现的,而是借助于三部的三个标题,使小说的主题一步步深化,使一些表面上没有直接联系的情节结合成一个整体。耐人寻味的是,小说正文写得相当直白,根本找不到隐喻或者象征,而三个标题却有两个取自《诗经》,一个取自《孟子》,它们自身的语境与小说正文并没有直接的联系。于是,在标题与正文之间出现了一种文体上的脱节,这种脱节暗示着作品的读解存在着两个层次:第一个层次在正文之中,第二个层次在正文之外。读者必须通过读解标题来完成语境的转换,使这两个层次发生关系,从而探寻小说的真意所在。

第一部题为《采葑采菲》,这是《邶风 · 谷风》中的一句。《谷风》是一首弃妇诗,以一位不见容于丈夫被逐出夫家的妇人的口吻,抒发了她对那个另求新欢的薄情郎君的幽怨之情。在诗的第一节里,这位弃妇在抱怨了丈夫动辄发怒后吟道:“采葑采菲,无以下体。德音莫违,及尔同死。”译成现代汉语就是:“采摘葑菲的叶子,你却忘了它们的根。道德与恩意不容违反,我和你至死不离。”葑指蔓菁,亦称大头菜,菲即萝卜。这两种植物根叶均可食用,但味道以根部为佳。弃妇以葑菲之叶喻貌,以根喻德,讽喻那位有眼无珠的丈夫只重相貌而追求别的女郎，看不到女人最重要的价值在她的德性。

从《谷风》的上下文看，“采葑采菲”至少可以引申为如下两点：一、葑菲最有价值的部分是被土掩埋着的，人的价值也同样深藏其内而不一定形诸其表，非有识之士而不得见。二、采集者占有选择的主动权，葑菲处于被选择的地位。当采集者不识葑菲的真正价值时，他会去挑选徒有其表的叶子而冷落深藏于地下的根茎。

第二部题为《如匪浣衣》，语出《邶风·柏舟》。这首诗以一个洁身自好的女子口吻，描写了她因不随俗屈志而不见容于群小的痛苦处境。这女子似乎没有丈夫，或者即使有，也与《谷风》中的丈夫一样并不与她同道。不过与《谷风》中的女主人公不同，她虽然屡屡失意并孤军奋战，却强调自己与环境的格格不入，并不想与那些她所憎恨的“群小”言归于好。所以，同是面对不被理解的痛苦，《谷风》的女主人公期望丈夫回心转意，而《柏舟》的女主人公却把期望寄托于自身。诗的最后四句是：“心之忧矣，如匪浣衣。静言思之，不能奋飞。”意为“心上的悒郁如同没洗的脏衣污垢难除，仔细想来，我无法展翅奋飞”。

《柏舟》中这个近似屈原的抒情主人公形象，使我们较易把握“如匪浣衣”的内涵：由于身处群小之中，主人公无法施展自己的抱负，因而悒郁不得志。

第三部题为《沧浪之水清兮》，这个句子源自一首古歌，我们可在两处古代典籍中找到它的用例：最早引用这首古歌的是《孟子·离娄上》，其后《楚辞·渔父》也引用了它。

《离娄上》是孟子论说天下为政之道的语录，共二十八章。这首古歌被引用于第八章，全章如下：

> 孟子曰：“不仁者可与言哉？安其危而利其菑，乐其所以亡者。不仁而可与言，则何亡国败家之有？有孺子歌曰：‘沧浪之水清兮，可以濯我缨；沧浪之水浊兮，可以濯我足。’孔子曰：‘小子听之！清斯濯缨，浊斯濯足矣，自取之也。’夫人必自侮，然后人侮之，家必自毁，而后人毁之；国必自伐，而后人伐之。太甲曰：‘天作孽，犹可违，自作孽，不可活。’此之谓也。”

沧浪，水名；缨，古代帽子的系带。孟子引用这首孺子歌，来说明福祸皆由人之自取的道理。水清时可以洗帽带，水浊时可以洗脚，人是有选择余地的。如果在该选择的时候不选择，或者一意孤行地用清水洗脚用浊水洗帽带，那么招来灾祸也是活该倒霉，谁也拯救不了。

《渔父》记载了一篇传说。屈原被放逐之后，形容枯槁，在江边谓一打鱼的男子曰："举世皆浊我独清，众人皆醉我独醒，是以见放。"而这位渔翁却劝他：圣人的本领就在于能顺应时势，你为什么不同流合污呢？屈原听后不以为然，表示宁可投身湘流葬于鱼腹也不玷污自己的清白，渔翁知道劝说无效，遂拍着船板高歌而去，他唱的也是这首孺子歌。不过，此时这首歌的含义已不是强调洗缨还是洗足的能动性选择，重点在于洗缨洗足的被动性适应。渔父想以这首歌表达的生活态度简言之就是："识时务者为俊杰。"

"沧浪之水清兮"由于有了这双重解释，它的含义遂变得比前两个标题更为丰富。在这个句子的语境中至少包含有两层意思：一是否定性的，强调因不仁而导致的自作自受；一是无可奈何的肯定，强调人不应与他无法与之抗衡的力量相抗衡。小说标题是否采用了这双重解释，要看第三部的内容是否包括了这两层意思。

在对这三个标题的语境进行了粗略的考察之后，下一步要做的工作就是完成标题的语境向正文语境的转换。换言之，小说所提供的背景材料与《谷风》《柏舟》《离娄上》《渔父》所提供的背景材料完全不同,我们必须找出它们潜在的同一性。

在第一部《采葑采菲》中,叙述者描述了两对失德的夫妻。第一对是余楠与宛英。他们的关系颇似《谷风》中的那对夫妇。所不同的只是余楠想弃宛英而求胡小姐,却终因“拳头捏得紧”而为胡小姐所弃。余楠与宛英的隔膜是一种道德上的隔膜,是一个卑劣的小人与一个淳朴的弱者之间的隔膜。第二对是许彦成与杜丽琳,在他们这里,杜是“采集者”而许是“葑菲”。他们之间的隔膜是一种人性层次上的隔膜。余楠与许彦成都曾对妻子不忠,并且都不向妻子隐瞒这一点,但他们的不忠却有本质上的差异:余楠是坦然的不忠而许彦成却为这不忠折磨自己也折磨姚宓(他在游香山问题上的出尔反尔最突出地体现了这一点)。这中间的区别就是人格的区别。如果从人格的角度考察余楠与许彦成的婚外恋,我们就不难发现,他们各自的恋爱均已超出感情领域而进入道德范畴,这就是小说将爱情故事处理成封闭结构的原因所在:作者要描述的不是爱情本身,而是爱情对人格的考验,因此,只有人格而不是爱情能够与其他情节相通。第一部虽然使用相当篇幅描写了夫妻失德,尤其描写了许彦成夫妇从喜剧般的求爱开始的无爱的婚姻,从而暗示了许彦成与姚宓相互倾慕的可能性，但是“采葑采菲”却并不能直接转换为两对夫妻的离心离德。故事开始时余楠的婚外恋早已结束，第一部中许彦成的婚外恋尚未开始，两对夫妇的关系均十分稳定，并不存在“采集者”的选择问题。因此，“采葑采菲”所暗示的那种有眼无珠的选择必须在两对夫妇之外去寻找。

第一部中与两对夫妇关系的线索并行的，是另一条比较松散的线索，即余楠、施妮娜与傅今私人关系的形成与稳固，以及余楠、施妮娜等人排挤姚宓和许彦成的开始。第四章和第五章的两次会议上，我们看到余楠与施妮娜非常活跃（由于第四章前半部分仍采用余楠的视角；第五章才发生转换，在客观上就强调了余楠的存在）；第十一章里写了余楠“睦邻”，以巴结傅今并在客观上形成了余楠与施妮娜的联盟。第十章里我们得知为借“巴尔扎克的《红与黑》”大闹图书室的施妮娜竟当了图书室副主任；第十二章里，我们又听到余楠将任正主任的消息。第一部结束时，我们看到全书最丑恶的两个人物已经开始在行政权力方面扩大自己的实力。而这还只是个开头，在第二部第十六章里，这一对宝贝又分任了外文组的正副组长。他们所以会这样青云直上，是因为余楠以自己的逢迎讨得了傅今的欢心,施妮娜凭借自己与傅今夫人江滔滔近乎同性恋的友谊使傅今视为左膀右臂。傅今这个人物并未像余、施那样被漫画化,他的揽权与自私均被刻画得很有分寸,并且他并非总是为余楠们撑腰。正因为如此,他不仅在许、姚之上,而且在余、施之上,扮演了一个采集者的角色。可惜,他的选择并不成功,他选择了余楠等人花枝招展的叶子,忽略了姚宓等人充实的根基。正如宛英所叹的那样:“为什么姚小姐不当主任呢?……难道她还得让这个施妮娜来管她吗?”(76页)

在这里,我们找到了“采葑采菲”与第一部的连接点:由于个人品德才智没有受到应有的重视,群小利用当权者的私心掌握了权利,而贤士因不善逢迎受到冷落。第一部在写了两对夫妇婚姻生活不美满的同时,也描写了文学研究社任人唯亲的风气,从而暗示了许彦成与姚宓今后的坎坷。

完成了“采葑采菲”的语境转换之后,我们就比较容易找到“如匪浣衣”在第二部中的含义了。余楠、施妮娜的联盟在第二部中又吸收了姜敏,并且开始对姚宓进攻。第一个回合是姜敏占有资料,由于许彦成的对策,她没能达到目的;第二个回合是姜敏试图制造姚宓的桃色新闻,因杜丽琳出面解围只好不了了之。第三个回合是“汝南文”批判姚宓的草稿,因宛英釜底抽薪也只能作罢。与此同时,许彦成与姚宓不如意的爱情也萌发乃至收场,这爱情使他们在忍受来自外部的干扰时还必须忍受内心的自我折磨。姚宓、许彦成乃至罗厚在第二部中的心境,正是《柏舟》中女主人公的心境,他们的忧郁发源于对势利小人所造成的排挤的无法摆脱,以及对自身道德谴责的无法摆脱。值得注意的是,由于杜丽琳在第二部中被明确地排斥于余、施联盟之外(如第二章中没能参加有关分组的"秘密会议"的,不仅有姚、许,也有她;第十六章的人事变动中,她与许彦成一同遭到排挤),她实际上在爱情以外的一切方面都是许彦成的同盟军,在对待丈夫的私情方面,她虽然看管不怠,却慎重而有节制,这样,许、姚爱情所带来的烦恼就极容易转化为道德上的自我谴责。这种道德谴责终于导致了那场书房里的深谈,从而使他们初步摆脱了内心的困扰,而外部的困扰却并非他们自身的力量所能克服的,他们所能采取的态度仅如许彦成所说:"只要别跟他们争就完了。咱们只管种植自己的园地。"(200 页)但不争并不意味着能够摆脱,他们毕竟受到了牵制:"自从'汝南文'的批评文章出现后,姚宓不复勤奋工作,尽管她读书还很用功。"(189 页)因此,不管他们自身修养多高,也必然会出现"心之忧矣,如匪浣衣"的境况。这种无可奈何的烦恼,恰是第二部标题与正文的连接点。

第三部《沧浪之水清兮》才进入小说的正题。小说的结构与视角在这一部均发生了变化,从而在技巧方面印证了作者在前言中所讲的“写知识分子改造,就得写出他们改造以前的面貌,否则从何改起呢?凭什么要改呢?改了没有呢?”这一写作主旨。从结构上看,第一、二部中贯穿下来的情节线索在这一部戛然而止,所有可供发展的情节均在第二部末尾收束:许、姚的恋爱故事;余楠谋取行政职位等等。这种结构上的脱节使前两部的内容具有了自足性,从而使第三部确如金克木先生所言:“好像是待割而未割去的尾巴。”(见《读书》1989 年 5 期所载《百无一用是书生》)作者为什么要用这种脱节的方式来结构作品呢?我认为,这种结构方式能够达到一个独特的艺术效果,就是使第三部的内容从第一、二部的情节发展线索上游离出来,用以强调它的“脱节”。事实上,我们在第三部中所读到的“洗澡”过程,正是这样一场与现实生活相脱节的运动,它除掉使各种知识分子“洗伤了元气”(285 页),并没有改变任何现实。所以,第三部最末一章最后一行文字是:“洗澡已经完了,运动渐渐静止。一切又回复正常。”(286 页)生活并未回到它的起点,但《尾声》直接与第二部末尾相续的结构明确告诉我们,一切都没有改变。

但是作者告诉我们的并不止于这些。从第三部一开始,读者就会发现视角发生了变化,前两部中的某些人物(如外文组包括姚宓在内的年轻人)在这一部中被抽象为一个整体——革命群众。如同电影中聚焦于近镜头而将远镜头的景物模糊化一样,叙述者大大缩小了他全知视角的范围,从而将镜头仅仅对准几个人物。视角的这种变化为前景上的几位"老先生"创造了一个作为"对立面"的背景,它的神秘与抽象产生了强大的压抑感,迫使每一个老先生不能不设法与其认同;同时,由于这个"革命群众"的群体被置于全知视角之外,它实际上已成为一种静态的存在,从而使前景上人物所有行为的动态性得到了最大限度的强调。

第三部的前景人物是丁宝桂、朱千里、余楠、杜丽琳、许彦成,但真正描写的"浴客"却是前四个人而不是许彦成。这四个人品行与修养不同,检讨的方式与内容也不同,但有一点是相同的,这就是他们均在洗澡时丧失了自尊与自爱,希图以"揭脓疮"或自打嘴巴的方式讨取作为政治压力符号的"革命群众"的欢心。对许彦成洗澡的描写虽只有六十几个字,却点出了他与他们的不同:他不打底稿也不结巴,说明他不像丁宝桂那么胆小和杜丽琳那么如临大敌;他没说自己是洋奴,说明他不像朱千里般扮小丑,也不像余楠般无限上纲。他"做完大家就拍手通过了",说明他的自尊也获得了"革命群众"的尊重。(281页)

在前面分析"沧浪之水清兮"的语境时,我曾涉及它所具有的咎由自取与顺应时势这样两层意思。从第三部的正文当中,我们可发现这两层意思均得到了转换,但是重点在前者。丁宝桂、朱千里、杜丽琳在洗澡过程中不同程度地扮演了小丑的角色:丁宝桂不自觉地变成看人脸色的孩子,朱千里演了出闹剧,杜丽琳违心地换了身她最讨厌的打扮;他们不自重就不会赢得别人尊重。而余楠,尽管他在这场与现实生活脱节的运动中学会了如何把自己的丑恶变为谋取私利的资本,但他那十场"洗澡"也毕竟使他如"打伤的癞皮狗,趴在屋檐底下舔伤口"(285页)。除余楠外,作者对其他三人均有同情,但作品仍然暗示,在道德修养及人性深度的层次上,他们所蒙受的耻辱不能归咎于人,只能归咎于自己。许彦成作为一种参照,所起的就是这种作用。

第三部虽然没有写许彦成洗澡的经过,但却几次写到许彦成对这次运动的看法与心态。在他与杜丽琳的几次交谈中,我们得知他认为这次运动不能解决实际问题，只是“白糟蹋了水”，因为“谁都相信自己是好人”（267 页），谁也不想触及灵魂。但是许彦成并不反对知识分子的思想改造，他只是认为这种改造不应采取运动的形式。认为归认为，许彦成毕竟无力与这场运动相对抗，何况他也不像三闾大夫那样坚信自己清白高尚。无形中他采取了渔父的态度，做了识时务的俊杰。不过他并没有随波逐流，因为在这种人格受到考验的时刻，他并没有放弃人的尊严。

不妨把“采葑采菲”“如匪浣衣”“沧浪之水清兮”这三个标题连起来看，那么，从中可以发现一条逻辑性很强的线索，这就是知识分子的人格修养。无论在日常的生活中还是在非常的运动中，这都是一个迫切需要解决的问题，但小说的结尾告诉我们，无论在日常的生活中还是在非常的运动中，它都没有得到解决。借助于三个标题，小说貌似脱节的情节找到了内在的统一性，深化了这个极为深刻的主题。

三

任何一个时代的读者都会掌握一定的阅读成规。这些成规是由那个时代的意识形态乃至文学范式所直接塑造的。所谓成规，当然是指某种约定俗成的东西，它可以是某些艺术上的特定表现手法，也可以是某种对于社会、人生问题的固定看法。能够作为成规的东西，不需阐释就会得到理解。成规可以随历史发展而变化，这使我们今天阅读《诗经》时不得不借助于一定的说明当时成规（也包括语言成规）的工具书；成规也会因文化的不同而有很大区别，这使我们在阅读乔伊斯、福克纳或夏目漱石、川端康成时难免作出“中国式”的阐释。但是文学作品与读者交流，在很大程度上必须依赖这些成规，否则它不会被人接受。同时，一部作品如果仅仅体现了当时的成规而没有任何逸脱的倾向，我们又会认为它毫无新意。因此，研究作品时找出它在哪些方面突破了当时的成规，就成了一件有意义的工作。

《洗澡》出版于 1988 年底，新时期文学已有了十余年历史。在这十多年的文学史里，写知识分子的作品并不少，但是从知识分子的角度写知识分子的作品，却似乎并不多见。我这样说绝非暗示别的作家不是知识分子，而是因为绝大部分新时期作家的活动范围已经远远超过了知识分子群体这一狭窄的领域。作家这种经历上的特点使他们难免在描写知识分子的时候把视角放在知识分子群体之外，更多地注意知识分子的社会地位以及知识分子与其他阶层的关系。不能否认，新时期文学中有关知识分子作品的写作成规，一部分正是由这样的作家塑造出来的。新时期读者对于知识分子形象的把握，大概说来应始于宗璞的《我是谁》、《三生石》，戴厚英的《人啊，人！》，谌容的《人到中年》。这几部作品勾勒出70年代末到80年代初知识分子形象的轮廓，这就是刚直不阿、任劳任怨但又备受摧残而又无力保护自己。新时期文学从一开始就为知识分子的形象注入浓烈的悲剧色彩，经历过"文化大革命"的读者几乎毫不费力地接受了这一阅读成规，并对知识分子寄予了深厚的同情（当然，大部分作品中都有作为反面形象的知识分子，但由于作家通过叙述者使他们变为陪衬，读者也往往对其忽略不计）。这一阅读成规在王蒙、张洁、张贤亮作品的读解中也同样发挥效用，只是在遇到更年轻的作家如张辛欣、张承志、刘索拉等人的作品时受到了挑战。但是年轻一代的作家由于自身经历的限制很难有兴趣去寻找他们同代人中的知识分子群体，所以他们从未刻画过年轻知识分子的心态，他们笔下的知识分子形象往往是一代青年的符号。近年来又出现了一批被称为"留学生文学"或"边缘人文学"的作品，作者多为留学生，不过质量与题材的限制还不足以使这些作品为读者塑造一个能够取代现有阅读成规的新成规。

《洗澡》在这种情况下问世，读者当然会依靠已有的阅读成规去阅读它。但是，与新时期文学中已有作品大相径庭的是，这部小说虽也描写了知识分子中正直的人不如意的生活，却没有任何悲剧色彩。已有的阅读成规使读者习惯于把视角定在正面的知识分子形象上，至少不会给反面形象分配太多的注意力，因而才能对正面人物的悲剧命运寄予更多的同情，而《洗澡》使我们部分地改变了这种习惯。可以说，《洗澡》是新时期文学中首次正面描写知识分子丑恶的作品（如果不算杨绛本人的《倒影集》中的部分作品）。而且由于故事基本上在文学研究社这个封闭的大院子里展开，知识分子群体的轮廓更加鲜明，对其丑恶的描写也更尖锐。

《洗澡》的背景是“三反”“五反”，第三部中老先生们挨整的经历，比起日后的“文革”来，真可谓小巫见大巫了。尽管如此，我们读过的描写“文革”时知识分子经历的作品太多了，阅读成规使我们不自觉地要去同情《洗澡》中的知识分子。可是这同情却像打了个空拳，没有碰到对象，就连不得志的许彦成与姚宓也顶多向我们表示了一点寂寞，并没有碰到比余楠们更坏的命运。《洗澡》在对余楠、施妮娜等人的刻画上有失尖刻，对姚宓的描写过于理想化，但是，它通篇的结构却使这一切都趋向于一种古典式的幽默。具体说来，小说的结构特征是使每一个情节都处于相对封闭的位置，通篇没有一个基础情节，这就使人物间的矛盾冲突不能不在激化之前得到解决。余楠和施妮娜乃至姜敏曾对姚宓搞过好几次阴谋，但无一例外地自讨没趣；姚、许的爱情纠葛本应为余、施等人提供最好的把柄，但杜丽琳的性格特征又避免了这种冲突的可能性。这样，小说获得了平静的基调，作者的不平正隐藏在这平静之后，因此，冷嘲热讽才能够转化为一种幽默。

那么，《洗澡》为什么要如此结构情节，以避免人物间的冲突白热化呢？在小说的尾声里或许可以找到一点端倪：当姚宓面临重新分配工作，害怕再与余楠、施妮娜一起工作时，小说写道："姚太太说，哪里都是一样，'莫安排'。"（290 页）虽然书中对姚太太这个人物着墨不多，但全书中只有她清醒地看到正直的知识分子能够做什么与不能做什么。"莫安排"这三个字很有深意，表面看去，这是一种洁身自好与世无争的道德意识，但实际上，它表达的是姚太太对于知识分子群体的悲观估价，因为心灵丑恶的人不止余楠或施妮娜，躲开了他们却躲不开别人，所以这躲避本身没有意义。出于同样的理由，作者的结构意识中也透露出鲜明的“莫安排”的色彩，小说之所以避免人物间的激烈冲突，是因为作者并不看重它，至少这种冲突的激化无助于解决任何问题。所以，与《三生石》《人啊，人!》等作品不同的是，《洗澡》要告诉读者的是一个无法改变、无法“安排”的现实。从这一点上看，《洗澡》所描绘的一切要比《三生石》等作品所描绘的更为可怕。

因此，在阅读《洗澡》时，我们感受到的不是同情或悲愤，而是一种冷静的幽默。这种感情使《洗澡》明显地区别于其他作品而独具特色。但有必要指出的是，《洗澡》并未为读者提供新的成规，它之所以显得新鲜，是因为它向我们展示了某些已被我们淡忘了的古典规范。我们完全可以在《儒林外史》中找到余楠的小气、欺骗行径或施妮娜的不懂装懂，也可以从《儒林外史》对“士”这个阶层的悲观估价中得到某些启示。甚至在《儒林外史》那种一环套一环的结构方式中，我们也可以为《洗澡》找到阅读的依据。事实上，《洗澡》经过了新时期文学中业已形成的有关知识分子作品的写作成规，没有去展示知识分子在政治风波中所遭遇到的不公正乃至不幸；它再现的是古典的写作成规，以一个真正文人的眼光看到了文人的堕落。

不过，《洗澡》并非《儒林外史》的翻版。在这部小说相当古典的情趣当中,有着一种《儒林外史》所没有的极为现代的精神,这就是人在并不自由的环境中的自我选择问题。“沧浪之水清兮”所提供的正是这样一种境界,这是一种完全属于现代人的境界,许彦成在恋爱与洗澡两个问题上的两次选择是对这种境界的最好说明。在这个意义上,许彦成这个人物比姚宓丰满得多,也深刻得多。许彦成身上所体现的不是那种书生气十足的道德准则,而是业已成熟了的人生智慧,这智慧使他在顺随时势的同时保全了自己的人格。许彦成这个人物,或许是《洗澡》为当代读者提供的最有价值的形象,而《洗澡》这部重现了古典写作成规的作品,也就此找到了与现代读者的连接点。

语词，不只是语词*

《在语词的密林里》[1]不是那种沉甸甸不让人透气的学术著作，却轻得有分量。它点到为止地奉献给读者二百零一条有关语词的随感，不着痕迹地把人从语词的符号层面引入语境，点明语词所表现的社会文化心态，让人领悟到语词所具备的丰富内涵。语词的密林当然不止二百零一棵树，不过，你一棵一棵看过去，总能领悟出点什么。透过那枝枝叶叶棵棵蔓蔓，语词的密林向你展示的，将是一个完整的文化体系。

从呱呱落地伊始，语词便进入人的生活。婴儿在用皮肤感觉的同时，就通过语词接受了爱抚的信息。我们已经淡忘了生

---

* 原载《读书》1992 年第 11 期。

[1] 尘元：《在语词的密林里》，生活·读书·新知三联书店，1991 年。

命之初那牙牙学语的岁月，但我们生命的第一步，的确就在语词的陪伴下迈出。人类创造、发展着语词，语词又反过来塑造着人类。如同空气，如同水，我们时常忽视了语词本身。当我们把语词当作工具交际、沟通、读书、写作时，我们究竟身处语词的密林之中，还是在它之外？

对这个问题，或许我们并不比结绳记事的祖先更自觉。最容易被忽略的，往往就是那些最为普遍、最为自然的事情。既然我们从一岁半开始直到今天从未闭过嘴，既然我们从小学一年级的“一个字写一行”到以后的填表格、写情书再到用方块字换饭吃或者为方块字砸了饭碗，我们几乎每天都要和它打交道，那么，语词对于绝大多数不以它为研究对象的人来说，实在只能是一种抽象符号，尽管我们用它表述事物、传达信息，但是我们习惯于将语言符号与它的语境相分离，以至于当我们面对客观事物时，竟不免忽略了语词的存在，忘记了我们是在用被语词塑造过的眼光看它，是在通过语词认识它——对于相同的事物，操不同语言、具有不同文化背景的人会有完全不同的感觉乃至判断，这种事例比比皆是。中国人自称学者，一般不会引起反感，这常常是对于职业的称呼；而日本人如自称学者，定会引人侧目而视，因为它意味着自吹自擂；中国人对于人造之物,一概坦然地冠以“假”字,如“假山”“假花”“假牙”;日本人却把它写成“筑山”“造花”“义齿”——因为中日两种文化对于真假的价值观有极大的不同。对于相同事物,不同的语言体系会有不同的语词,相反,不同语言体系中相同的词汇,往往可以指称不同的事物。中文的“干净”“清洁”主要指卫生状况,它们源于纺织行业术语;而日文中这两个词除此之外还用于人格评价,“干净”一词同时含有“美丽”之意。相同词汇指称不同事物,因为在各自的语言体系中,它们的语境大不相同。而使用不同语言的人,在无意识中是严格遵守语言符号的语境所规定的界限的。我们很少会感觉到兵马俑展厅外排列的大量复制品有什么不自然,至多,或许有人挑剔地认为复制品不够精美乱真;这与我们使用“假山”“假花”等词时的心态一脉相承;而在语词中避免使用“假”字的日本人,却对充斥旅游景点的大量复制品感到惊讶。这样的例子不胜枚举。而只有当我们把语词放到语境中加以考察时,这些例子所包含的深层意义才会显现出来。

我想该打住这离题万里的铺陈,回到正题上来了。当我打开《在语词的密林里》并一口气读完时,我脑海中浮现的正是上面那些感慨。听说书中前一百条在《读书》上连载时大受好评,以致作者欲搁笔而不能,这是个意味深长的现象。这本小书不乏机智、幽默、犀利和广博的知识,读者从中见仁见智,不可一概而论;但我想有一点共通之处恐怕是难以否认的:这本书把语词本身放在语境中解释,使得语言符号与它所指称的事物及其意义发生了必然的联系,如同推开一扇窗,让人耳目一新。这本书告诉人们:语词背后隐藏着那么多东西,当你明白语词并不仅仅是字典和语法书上那种孤立于社会生活之外的抽象符号时,你才算真正进入了语词的密林。这是此书的独到之处,姑且允许我武断地推论,这也正是它吸引读者的根本原因。

书中所辑语词大致可分为四类(我的分类粗之又粗,恳请作者海涵):一、释义。这类语词有外来语,有新产生的词,作者对其含义进行解释,帮助读者了解。这类随感很有知识性,尤其是解释语词发展演变过程的,很能让孤陋寡闻如我者长见识。比如一八〇条"Ω"、一七七条"崩克"、一四七条"马杀鸡"、一六四条"阳春党"等等均属此列。二、正讹。对目前由于各种原因被生造滥用的语词进行分析。作者并不板起面孔训人,只在轻描淡写之间,便点出谬误之所在。这类随感,我最欣赏四〇条"意识"、一四九条"情结"、一八八条"似懂似不懂"、一九八条"你家文",还有那个也曾使我在某菜市场徘徊良久百思不得其解的“拼搏”(一三七条)。三、语词鉴赏。作者在书中加入二百二十五幅图片,并附索引于书后。虽谦称插图的作用在于掩盖文章的单薄,其实对插图的钟爱并不亚于正文本身。《后记》中作者强调他希望插图能引起读者“浑然一体”的美的享受,此说不容忽视。作者对语词的敏感不仅限于语言方面,而且包括审美直觉。从这些图片中获得的审美感受,与他从汉字的形、音、义中获得的美感是相辅相成的。如四七条“不诗”、一百条“图像诗”(这一条作者有保留态度)、一〇六条“香榭丽榭”、一七〇条“翡冷翠”、一一〇条“请读我唇”等是其中出色的例子。四、语境分析。这一部分所占比重最大,并且对前三类有不同程度的影响,因此可代表全书风格。像二十二条“官场用语”、五十九条“西西”、六十四条“以文养文”、七十条“后门”、九十五条“对缝”,是显而易见地分析语词所由产生的社会语境,而诸如“迷你”(七十四条)、“绿色”(七十六条)、“自我贬低”(一〇七条)、“卌”(一一四条)等则重在分析语词的文化内涵。至于对“反思”(一八五条)、“国际女郎”(一八九条)、“新潮”(一九六条)等词的语境分析,侧重点是它的时代感觉。

这本随感集,作者谦称它是些无足轻重的小草;草也罢树也罢,我相信它的内容确如作者所言,是无人知道而又顽强生长的。说它们无人知道,是因为我们已然习惯的思维定式里并没有语词的位置。正如我们品评咖啡或茶的味道时从不考虑水的存在一样,那种拧开龙头就能来的东西天经地义地引不起我们的兴趣。我们认识事物时经常产生一个幻觉,似乎事物与它的抽象符号并无紧密的联系。当我们在一种文化中被教养成人时,我们与这种文化是通过什么关联在一起的?换言之,当文化通过无数细枝末节渗入我们的意识、潜意识以至我们无论走到哪里都只能是个中国人时,文化通过什么塑造了我们?我的回答是:语词。

作为符号的语词早已在语法书籍和辞典、在我们没完没了的废话和印成铅字的纸页中找到了位置;然而作为文化载体的语词有时真像孤魂野鬼,在我们目光所及之外的区域游荡。旧时中国人有文字崇拜的心理,写了字的纸不能乱扔,甚至有的村落专门组织人收集有字的纸页集中烧掉。《在语词的密林里》一一四条也谈到倒挂的福字或“文革”中倒写某人姓名的做法体现着语言拜物教。说来难以置信,我们竟通过这种扭曲的方式接近语词这一文化载体,而很少想到正面叩响它的大门。但语词并不在乎这一切,它仍在“顽强地生长”。当宏观眼光抽象思辨成为时尚,“意识”这个词风靡一时,造就了一大批才人学士(见四〇条“意识”);当香港乃至广东的南风北渐之时,演员曲罢会平添港味,来一句“但愿你死欢”(五十九条“西西”)。至于新导入的大量科技术语、外来语,都在无形中塑造着一代人独有的心态与风尚。一个时代结束,一批语词逐渐消亡;一个时代开始,又将催生新的语词。如果我们试图深入一种文化,哪怕它是生养了我们的母体文化,我们又怎么能忽略作为文化载体的语词呢?

乔姆斯基的转换生成语法为语言学之外的领域提供了非常有益的启发,他的语言学由此走出了经典的符号领域;结构主义、符号学还有叙事学乃至种种昙花一现或不那么昙花一现的文本研究方法,都从不同角度不同程度地把语词请进了自己的领域。语言学越来越带有人文色彩,语词越来越深入更广阔的研究领域,成为研究者观察、思考的依据。这种倾向不仅仅表现在理论架构之中,也同样突出地表现在不同学科的具体研究之中。我所见的最出色的例子是本尼迪克特的《菊花与剑》,或许因为文化人类学最容易采用语词分析的方法,这本问世很早的名著就成功地分析了日语的语词,从中推论日本人人际关系特点。在其他学科这样的例子也不鲜见。日本研究中国思想史的专家沟口雄三先生研究中国古代“公”“私”观念时:立论的基点就是对于中文“公”“私”和日文“公”字的字义的考索,他得出的有关中国古代社会结构特点以及思想史意义上天道观演变的精彩结论,涉及的是非常重要的社会问题,而他的研究也是从语词分析入手的。作者在《后记》中引用一海外学者的话说:中国的语言环境好到不能再好,语词的丰富简直无与伦比。不过我想,或许就因为“好到不能再好”,似乎非大家不敢对它开刀。钱钟书先生的《管锥编》,是大家驾驭语词的绝好范例,时人无法效颦,却也并非无事可做。至少,当我们认识到语词不止是语词时,会促使我们换一种眼光来重新审视那些似乎是天经地义的事情。

《在语词的密林里》有这样一段文字:

> 这种“以(什么)干(什么)”的语词结构,在汉语里屡见不鲜。例如“以心比心”(或“将心比心”),两个都是心,但又不完全是一个人的心;“以牙还牙”,两个都是牙,但前一牙是我的牙,后一牙则是敌人的牙。还有常见的“以毒攻毒”——两毒都毒,但属于不同主子的毒。……(六十四条“以文养文”)

当我说语词不只是语词时,套用的正是这个路数:前一个语词是作为文化载体,与语境无法分割的语词;后一个语词是我们通常所习惯的抽象符号,是冰山浮出水面那一部分。当我们从后者转向前者,从符号层面进入语境之时,不仅对于语词,对于事物的感觉也会有所变化——至少,我们得承认不同的文化有不同的语境,它们制约着人们对客观事物的认识;了解了语词的符号层面还不算完,不进入语境,不了解语词的文化意义就会“误读”。误读又不是个语言问题,它是个文化现象,不仅不同语种、不同社会的人们之间会有误读,同一语种、同一社会的人们之间也会误读。扪心自问,就算能准确地读、写,我们是否已了解了自己的母语?就算了解了母语,在交流时是否人人都具备进入语境的诚意?在各种场合下,断章取义、差强人意之类的“误读”实在是太多了,虽然不能将原因全部归之于割裂了语言符号与语境的联系,但有时似乎也真该想想:是否只要生为中国人,就真的懂了中文?假如并不懂得中文,是否真的懂得中国的事情?

期待与期待的落空*

中央电视台曾经播出过一部电视译制片《恶魔杰克》,这是一部情节恐怖曲折的侦探凶杀片。数名妓女一个接一个地被惨无人道地残害,而凶手却一直逍遥法外,探长艾博莱隐为侦破此案进行了反复调查,他甚至为此请来女王的御医威廉爵士充当顾问,从医学角度分析犯人作案的动机。在前后四集的电视片中,艾博莱隐先后对若干个对象发生怀疑:女王的心理顾问、预言家利兹,名演员曼斯菲尔德,威廉爵士的女婿、外科医生艾克兰,以及负责验尸的李威林医生等。艾博莱隐运用自己的智慧推理得出的结论,只不过是凶手不止一人,而且拥有一辆马车以及这辆马车是不受任何检查的皇家马车等等。关于

---

* 原载《文艺争鸣》1990年第6期。

凶手到底是谁,探长与观众同样一无所知,这就使探长艾博莱隐的破案作风与大侦探波罗那先知先觉式的推理风格迥然不同。这部电视剧演到最后一集的最后一刻,凶手才终于被机智的探长设下的圈套所俘获,而出人意料的是,凶手不是嫌疑犯中的任何一个人,却偏偏是那位威严而渊博的皇家御医威廉爵士。

于是,我们发现上当了。在全部剧情进展过程中,编剧都在利用各种暗示来转移观众的视线,利用障眼法来麻痹观众的警觉,一次又一次地让我们钻进他设下的圈套。影片首先暗示利兹的预言荒诞,不排除他作案的可能;接下来,演员曼斯菲尔德荒唐的夜生活以及几个细节,使我们几乎确认凶手就是他;李威林医生一夜两次验尸,除了他是凶手似乎没有更好的解释;而艾克兰谈起凶杀案时那闪烁不定的眼神,实在让人难以把他排除在凶手之外……唯有威廉爵士,我们对他一百个放心,因为他是探长的医学顾问,而且每次出场都在室内,最后一次露面时还宣布他因病被严加看管,除会客之外不能起床。谁会相信一个德高望重而又行动不便的老人会是恶魔杰克呢?

于是,观众上当了,准确地说,我上当了。

我之所以上当,是因为我过分地相信并依靠了我已经熟悉了的电影结构程式,从而确信每一个细节所暗示的意义都是解答悬案的最可靠凭据;同时,我相信并且依靠作者,没有充分意识到作者有权利也有理由随时背叛自己的读者(观众)。像《恶魔杰克》这样的侦探、推理影片并不少,这一类作品的共同特点是使观众在几个可疑的对象之间犹疑不定,而结果往往出人意料,凶手是被人忽略了的某个对象。但《恶魔杰克》却是一个极端的例外,它的全部摄影手段都被调动起来渲染犯罪的恐怖气氛和那几位无辜的嫌疑犯之可疑。而真正的罪犯却被为数不多的几个镜头巧妙地庇护起来,编剧力图告诉观众的是,任何人都有可能犯罪,而威廉却不可能。

我相信,上当者绝不止我一个。因为编剧所利用的是绝大多数观众都会具有的鉴赏逻辑——影片细节乃至情节所提供的暗示是最可靠的判断依据。而观众之所以相信这些暗示,是因为他们确信作者与他们之间有一种契约关系,这种契约关系是在不断地积累阅读或观影经验的过程中形成的,它的核心就是作者对读者(观众)的忠诚以及由此而来的后者对前者的信任。

迄今为止的大部分作品——包括推理作品——的作者都不曾背叛自己的读者(观众)。从柯南·道尔到阿加莎·克里斯蒂，到森村诚一以及其他人，在他们的推理作品中情节与细节所暗示的意义是由作品主人公（通常是侦探）与读者或观众分享的。至多，主人公超人的智慧使他们比读者更准确、迅速地识破个中奥妙，使他们在宣布结局时令读者折服，并且，为了使读者不能过早识破天机而放弃读完作品的想法，作者施放一些烟幕也在情理之中。但是不管怎么说，作者必须为读者（观众）提供某些可靠的东西，从而使他们与后者之间的契约关系得以增进。在那些非推理性作品当中，直到现实主义的鼎盛时期为止，作者都是读者心目中的上帝，即使在左拉、福楼拜这样一些被认为是自然主义作家的作品中，叙事者也依然得到读者的信赖。至少，在人们非难叙事者的时候，也会将他与作者加以区别。

在这样一种根深蒂固的写作与阅读传统的支配之下，人们往往会忽略另外一种可能性，即作者（而不仅仅是叙事者）对于读者的背叛。而随着现代派文学的出现与繁荣，这种背叛越来越多，也越来越严重。首先作品的叙事者表现出了其不可靠的一面，这表现为为数众多的作品不提供确定的故事而使作品情节似真似假亦真亦假，也表现为叙事者本身在道德水准上的低下，以至读者开始怀疑是否应该接受他的话。而作者表现出其不可靠性则更令人生畏，当他把作品写得让人难以读懂的时候，读者会怀疑他与人交流的诚意，而当他设下圈套让读者去钻的时候，上当之余，读者难免会重新思考自己与作者间那种已然形成的契约关系是否还继续存在。无论就哪一个方面看，詹姆斯·乔伊斯都是个背叛读者的集大成者，但是他所取得的成就不能不使人思考这种背叛的意义，从而对作者—读者这一关系链进行某种修正。

我想暂时回到本文开头所提到的《恶魔杰克》的问题上去。这部电视剧的独特之处就在于它所提供的大量细节与情节和影片的结局毫无关系。侦探艾博莱隐所进行的推理，只在几个关键之处是准确的，即凶手是在一处不易为人所知的地方作案；凶手不止一个人；从两处作案的连续时间判断凶手不可能步行；由这样几点，他判断出凶手有一辆标有皇家标志的马车。但是，关于凶手是谁的猜测，他的推论从一开始就是错的。所以，当最后抓住真正凶手时，艾博莱隐所表现出的盛怒不仅是由于他要替无辜的死者复仇，而且也因为他至此才发现自己上了威廉的当。

与福尔摩斯、波罗乃至神探亨特百发百中的推理不同，艾博莱隐的推理大部分没有用处。或许有些观众会觉得这位侦探过于窝囊，殊不知这正是编剧为迷惑观众而作出的牺牲。正因为观众已习惯于依赖未卜先知的神探，编者才故意让艾博莱隐在复杂的案情面前一次又一次误入歧途。当然，艾博莱隐仍然是杰出的，因为他在推理屡屡失误的情况下还是巧妙地捉到了凶手。不过与此相比，他更为成功的作用却是利用观众对他的依赖而始终把观众围困在错误的判断之中。

可以说，错误判断是这部电视剧的生命力所在。而侦探艾博莱隐这个人物，仅仅是把观众引入错误判断的重要环节之一。影片中利用摄影手段所展示给观众的大量与结局无关的细节和情节，具有非常强烈的暗示作用，它们一步步地巩固着读者的错误判断。

由于艾博莱隐的诱导与细节、情节的设计，影片的结局之出人意料便远远超出其他同类作品，而观众与编剧间的契约关系也彻底崩溃，《恶魔杰克》在与观众开了个大大的玩笑之后宣布，谁要是相信了那些与结局无关的细节:谁就是个大傻瓜。

由是，在观看这部电视剧时，我们面对着的是一种与过去有所不同的作者—读者关系，一种以对方为对手(而非同盟者)的竞赛关系。作者不再忠诚可靠，他已经背叛了读者并且处处与读者作对，他所提供的假情报使读者陷入错误判断而不能自拔。在这场作者—读者的竞赛之中，因为读者往往不能摆脱既定鉴赏方式而盲目轻信作者，他便经常处于毫无设防的劣势，因而极少有获胜的可能；而作者一方，因为巧妙地利用了读者不设防的心理，反倒容易做手脚而大获全胜。

在明确了作者与读者间这样一种新的关系之后，我想进一步探讨一下这种关系会带来什么样的效果，以及它对于创作与欣赏的意义。

在阅读（或观影）行为开始之后，读者很快会产生一种期待的心情。这是一种希望故事和人物命运向某一特定方向发展的特殊心理状态，是任何一个哪怕没有经验的读者都可以体验到的特定心理。我五岁的女儿在观看潮剧《谢瑶环》时，因为谢瑶环含冤而死而在台下放声大哭，这是因为人物命运没有像她所期待的那样去发展。可以说，这是一种最原始、最简单的期待形态。而在较为成熟、较有经验的读者那里，期待的内涵要复杂与微妙得多。一个有经验的读者应该能够迅速地从作品的结构关系中辨认出作品情节的大致进展方向，并且能够有效地排除次要的因素而把注意力集中在作品的主干上。一个出色的读者应该在阅读结束之前就做到这一点，因而可以说观看电影比阅读小说更能够考验读者在这方面的能力。在完成上述这一切的同时，读者便会形成自己的期待，这种期待随着情节的进展而不断得到修正，不断变得清晰、完整。他会一边阅读一边设想下一个可能出现的情节、人物或者事件乃至某种特定情绪，甚至会跳过情节的进程而预先设想结局。而当阅读接近尾声时，读者会不断地将自己的期待与作品所提供的实际情况加以比较，并在这种比较中获得审美感受。

但是，无论读者怎样有经验和敏感，阅读行为都必须以作品本文作为存在前提，都必须在本文的限定之下进行。如果不是这样，读者就不复是读者，而变成作者了。因此，读者的期待虽然常常呈现为一种极具创造性的心理活动，但仍然是明确指向作品本文的。说到底，读者的期待是对本文的期待，用萨特的话说，“阅读是受引导的创作”。那么，在读者的期待当中，我们看到的实际上是读者与作者、阅读与作品本文的联系点。

接受美学的核心人物赫伯特·耀斯提出过著名的“期待地平线”的概念，这实际上是从接受美学的角度为作品本文寻找到一个衡量标准。期待地平线是读者根据已有文学作品的艺术水准而确定的衡量作品的基准，一部作品如果不能超过已有水平而维持现有的基准，该期待地平线维持不变；如果作品达不到已有水平，期待地平线出现反面失望，如果作品超过现有水平达到创新，期待地平线出现正面失望。期待地平线的正面失望是对作品的最高评价。

在本文中我所力图探讨的，仅仅是期待地平线正面失望的情况。为了理解的方便，姑且称之为“期待落空”。

一般说来，读者的期待来源于两个方面：他的生活经验与对于已有阅读成规的把握。一个五岁的孩子只会期待“好人不死”，而一个有相当阅历的成年人则会期待某些表层意义之下的深层内涵；一个只阅读通俗小说的读者在阅读严肃文学或现代派作品时可能会因不了解后者的阅读成规而对其大加指责，而一个受过多方面阅读训练的读者却可以具备相当程度的包容能力与评价能力。总之，生活经验与阅读成规决定着读者期待的层次、范围以及具体指向，在不同的读者那里，这一切是截然不同的。

同时，读者的期待在内容上也可以大致分为两个方面：对于作品细部的期待与对于作品整体的期待。这两个方面有机相连，前者往往是后者的组成部分。比如在前面所举《恶魔杰克》这一例子中，观众在几个被怀疑的对象依次出场后就会分别产生自己的期待：有人会怀疑曼斯菲尔德，有人会怀疑李威林，不一而足。在这种对于细部期待的同时，观众还有一种对于作品整体的期待,那就是期待这部影片能够像已有成规那样用所提供的若干精彩的细节来进行推理,一步步解开悬案。

初看起来,阅读时的期待心理与日常生活中的期待心理没什么大的不同,它们都是好奇心的一种表现;但是这两种期待的指向却根本不同:日常生活中的期待渴望得到满足,满足之后会获得快感;而阅读时的期待却不应该得到满足,一旦满足之后读者就会感到无聊。比如,我们期待着曼斯菲尔德是凶手,如果他果真是凶手,影片没有提供未被我们识破的关节,我们在得意之余就会叹一声"没意思"。新奇和意外永远是审美情感的组成部分,美感不是来自期待的满足,而是源于期待的落空。

在意识到读者期待心理的这一特性之后,作者当然会在期待的落空方面挖空心思做文章。当然,诚如耀斯将期待地平线的失望分为正面失望与反面失望,期待的落空所要求作品的,不是哗众取宠而是真正的创新。应该说,《恶魔杰克》在创新方面是比较成功的,因为迄今为止还没有见过哪个编者敢于运用如此大量的情节和细节来专门迷惑观众,以使他们陷在错误判断中不能自拔;而且我们也极少见到同类作品中出现过这种处理真正凶手的方式——不提供任何可供推理的线索,而是把谜底突如其来地揭开。但是《恶魔杰克》这样结构之所以富有新意,是由于它一方面用大量的错误塑造了一个更富有血肉的更接近观众的侦探形象,从而衬托出他最终侦破此案的艰难与可敬;另一方面,威廉爵士之所以直到最后一刻才被揭穿,不仅是因为他的社会地位保障了他不受怀疑,而且由于对于伟大人物的敬畏之情是连艾博莱隐这样杰出的侦探都不能够克服的障碍。这种心理上的障碍要比来自女王的压力更为可怕,《恶魔杰克》成功地揭示了这一点,这就使得它在结构情节方面的创新有效地区别于哗众取宠,并且使观众在期待落空之后感到回味无穷。

《恶魔杰克》打破了已有成规,这主要依赖于它摧毁了作者与观众间的契约关系,作者故意将观众引入歧途。而由于该剧立意新颖,作者的这种背叛却得到了观众的赏识。因为该剧主题的展示与结构之新奇,完全依赖于作者的背叛,依赖于对作者不设防的观众心理。因而在观影之后,观众在受骗上当之余才可能受到某种启迪。

造成期待落空的创作手段当然是多种多样的,以至我们无法用排列的方式去网罗它们。大到整体构想,小到一个细节,作品本文可以在极为宽广的领域取得期待落空的效果。同时,并非只有情节曲折的作品才会引起读者的期待,任何以创新为艺术追求的本文都与读者的期待有着不解之缘。对于作者来说,最可贵的是具备打破已有成规的意识,为此,克服思维上、更重要的是克服感觉上的惰性非常必要。我们常常可以读到那些平庸之作,它们有时平庸到不足以形成期待的地步;这些作品即使达到期待地平线,也不可能给读者留下深刻印象,因为它们只不过又一次重复了已有成规。造成期待落空而不是产生期待地平线的反面失望,要求作者的感觉与思维方式有超乎一般人的独到之处,而成规,无论多么出色的成规,都是这种创新的死敌。文坛上经常会出现一股又一股"热",其下场全部是由热而冷而被遗忘。一个创新的成果命定会引来一大批模仿者,尽管后者会对前者提供某些补充,但成规若不被打破,便只能等待死亡。

在作者面对打破成规这一难题的时候,读者所面临的又是什么呢?在接受美学已变得不再陌生的今天,读者是否也有必要重新考虑一下自己在阅读活动中所扮演的角色呢?

从《恶魔杰克》所体现的作者—读者关系链的变化中,我们至少可以吸取这样一个经验:为了使读者的期待落空,作者可以采取背叛读者的行为,那么,读者也可以采取相应的对策,把自己进一步从作者的约束之下解脱出来,从而使阅读活动变得更加主动、更加独立。比如,我们是否可以在开始阅读的时候设想自己正面对一个由作者设下的圈套?是否在跟随叙事者走入本文时有意识地把他看作一个参照系,而不像已经习惯的那样,认为他是一个忠实的向导、立刻就与他的眼光认同?

当然,阅读是以文本为前提的,因而,我们不可能排除掉某些心理定式。比如,我们习惯于屈从第一印象。《骆驼祥子》中的祥子给我们的第一印象是淳厚、健壮的,即使读到他在精神与肉体上都堕落了的时候,这第一印象也依旧挥之不去;《红楼梦》拍成电视剧后总难免有人说长道短,那是因为原作给我们的第一印象在作祟。在创作时,作者往往会在人物第一次出场时费尽心思,就因为他知道第一印象在读者那里起着决定性作用。又比如,我们太容易与本文认同,太愿意介入情节与人物命运,太容易发生"移情"。在阅读沈从文作品时,我们会将整个身心投入那翠绿的、带有原始野性的湘西土地中去,而阅读萧乾的时候,我们会为他笔下哀婉的故事感动不已。正因为如此,作者会巧妙地利用读者的这种特点,用逼真细致的描写吸引读者手不释卷。再比如,我们希望扬善惩恶,希望大团圆,这又使得作者在结构作品时不能不把这一切考虑在内……对于这一切心理定式,不可能排除也没有必要硬加排除,因为那样会使阅读过程变得不自然以至于索然寡味;但是,作为一个自觉的读者,我们毕竟需要某些方面加以调整和改善,因为重新设计作者—读者关系的时期似乎已经临近。

毋庸置疑,作为读者,我们需要期待与期待的落空,因而我们需要本文。直至今日,在大部分场合,我们仍然是作者的忠实追随者。但与此同时,另一种本能正在受到培养(准确地说,是一批类似于《恶魔杰克》这样的作品在培养着我们),这是一种怀疑作者、怀疑叙事者的本能。这种本能使阅读产生了距离感,从而使读者更具有旁观者的特性,大大减少了介入的冲动。实际上,布莱希特早就试图用他的戏剧理论引导观众这样做,不过,要使这种冷静的鉴赏方式形成一种本能、一种心理定式,需要有一大批具备相应素质的作品以及一个艰难的适应过程,当然,也需要一批肯牺牲某种快感的有经验的读者。

在此我必须提醒一句:有朝一日,作者对读者的背叛也会变为一种成规,它有赖于创新去打破。至于读者,在他变得更为独立、自觉、老练之时,他的期待地平线也将上升到新的水平。在那时,作者与读者间将会结成新的关系,创作与阅读将会出现新的局面。

文学批评的立足点*

一部作品是否“有用”，与这部作品的“好”“坏”，是截然不同的两回事。

作品有用与否，是在它与社会的关系中确定的。换言之，作品是否有用，就看它是否深刻地表现了社会科学其他范畴的研究对象。例如，我们可以从作品中看到某种道德形态、某种历史现象、某种文化特征、某种心理素质……在一些特殊的历史条件下，一部“有用”的文学作品所能起到的巨大作用甚至是难以估量的。诸如斯托夫人的《汤姆叔叔的小屋》在美国黑人独立运动中所起的作用或者雨果的《悲惨世界》所引起的对于犯人刑满释放后安置问题的社会关注，都是世所公认的事实。

---

* 原载《文艺争鸣》1987 年第 1 期。

因此,在文学批评中,历来就存在着评价作品是否有用的方法,例如作品的道德批评、社会学批评、“思想史”方法、文学心理学方法等等。这些被韦勒克和沃伦在《文学理论》中归之为“文学的外部研究”的方法尽管千差万别,在最终一点上却是一致的,它们都研究一部作品是否“有用”。

而一部作品是否“好”,则完全是另外一回事。这取决于作品的内在构成。好作品的内在构成是完美的。由于作品体裁不同,这种内在构成的标准亦不同,不过归根结底,一部作品的好与坏完全取决于它自身,而不必借助于其他学科的价值判断。判别作品好坏的文学批评主要是形式主义批评方法,即《文学理论》中所说的“文学的内部研究”。

对于这两大类文学批评,国内的学人似乎更倾向于也更习惯于前者,即评价作品是否有用的方法。诚然,一部作品既可以是有用的又可以同时是好的,但在我们的批评家那里,这两者却结合得不那么天衣无缝。“有用”被放在显著的位置,而“好”则不那么受人重视。就是说,作品几乎都是依赖其他学科的价值判断进行评价,它本身的价值判断却受到忽略。即便顾及了作品的好坏,也往往只是用诸如“艺术性很高”“感人的魅力”之类含混的字眼儿搪塞过去。这种情况是如此的司空见惯，以致一些被公认为最有才华的评论家对一流作品和末流作品一视同仁地拍手叫好，对此，我们是否有理由感到一点不安呢？

恩格斯曾经对巴尔扎克的小说给以高度评价，因为这位革命导师从中“甚至在经济细节方面（如革命以后动产和不动产的重新分配）所学到的东西，也要比从当时所有职业的历史学家、经济学家和统计学家那里学到的全部东西还要多”；著名的美国文化人类学家本尼迪克特的《菊花与剑》是一部研究日本民族文化的文化人类学名著，书中引用了许多日本文学作品来证明自己的论点。语言学、心理学、历史学以及其他各个学科的学者援引文学作品为例的情况，也是屡见不鲜的。如果我们将文学批评的立足点与之相混淆，狗尾续貂之举在所难免。文学批评应该寻找自己的立足点。近年来各学科间的相互渗透，为文学批评的发展提供了宽广的背景，尤其是被禁锢多年的“文学是人学”命题的重新讨论、对民族文化的重新审视，给批评界带来了勃勃的生机。在被称之为“方法年”的 1985 年，人们把目光转向了研究和批评的方法问题。但遗憾的是，这场颇具规模的讨论并未取得令人满意的成果。这是一场就方法论方法的讨论，它并未能够顺理成章地引出文学批评的立足点问题。人们仍然盲从于自己的习惯——既然文学必须“有用”，批评也就必须立足于功利性的眼光：作品要么反映了特定的文化-心理结构，要么反映了具体的社会历史内容；要么塑造了典型性格，要么表现了时代气氛。服务于这种批评眼光，近几十年来国外的各种形式主义批评理论与流派被赋予了中国作风和中国气派：结构主义变成了一种分析方法，它作为一种思想方式对于存在主义哲学的挑战性却几乎被忽略不计（恰恰是这一点，使得结构主义文学批评在跨过一段长长的空白区域进入今日中国批评界时遭到了深刻的误解，它的长处被视为弱点，而它的导致自己走向后结构主义的致命弱点却被发挥得淋漓尽致）；新批评派一连串核心概念很少被提及，而它最为可贵的艺术感受能力却被斥为神秘主义；叙述学只是作为一个词语点缀于字里行间，它的方法几乎从未受到过重视……

笔者完全无意在此贬低同行们的努力，恰恰相反，在对于新方法的探索上，辛勤的探索者在艰苦的条件下所表现出的惊人的创造能力是令人折服的。这里要郑重指出的是，在欧美风行几十年而不衰的形式主义批评方法，自有它产生的文化背景，换言之，形式主义批评方法是以人为主体的文化充分发展之后的合乎逻辑的产物。我们输入了形式主义文学批评，为它换上了一个全新的文化背景，在这个背景之下，形式主义的文学批评之“为我所用”，自然也就是顺理成章的了。

形式主义—结构主义运动也好，新批评派的批评活动也好，符号学、叙述学的方法也好，这形形色色的流派和方法有一个共同的特点，就是把文学作品本文作为一个独立的自足体，不依靠任何外部条件，而仅仅从作品本文出发来分析和评价。显而易见，这个大前提就决定了它们不可能以作品所反映的社会历史内容为自己的分析对象。以此为由来责备它们缺乏历史感或肤浅片面，无异于责怪音乐家不会跳芭蕾或雕塑家不会写小说。世界上没有“全面”的理论，片面与独特从来就是孪生兄弟。而形式主义的文学批评提供给我们的，恰恰是这样一种片面的独特。

作为一种文学的“内部研究”，形式主义文学批评所贡献的，绝不仅仅是评论作品的方法。比如说，如果我们尝试用结构主义的方法去分析一部作品的社会意义，固然会使人觉得耳目一新，然而细细想来，终究又有非驴非马之嫌。因为说到底，形式主义的文学批评标示着研究视点的转移，代表着研究对象的变化，它的方法仅仅服务于它的目的。而这个目的就是判别作品的好与坏。恰恰是这一点，为文学的外部研究所无法企及,也与文学的外部研究易于与之混淆的其他学科对作品的研究判然有别。并且,由于形式主义文学批评试图将对作品的鉴赏理性化,并且为直觉把握作品寻找到了一条较好的科学表述的途径,它就比任何批评方法都更加切近于作品本身。在这一方面,新批评尤胜一筹。

新批评派的始祖被公认为是艾略特和瑞恰兹,它没有完整而系统的理论体系(尽管《文学理论》被视为新批评派的理论总结),而只是拥有几个重要的批评概念,如矛盾语、结构—肌理、反讽、张力、姿势等等。然而正是这些概念取代了印象主义的直觉批评,将艺术感觉形诸一套理性的表述,从而摆脱了印象式批评的局限。新批评派造就出了一批具有优秀艺术感觉的批评家,他们有能力通过对于自己艺术感觉的分析来确定一部作品的艺术价值。而且,新批评派显然已经突破了俄国形式主义的纯形式研究,为自己的批评对象找到了特定的文化背景,读者更易于接受和理解。与结构主义文学批评相比,新批评的技巧分析指向了前者无能为力之处——作品使人愉悦但难以言传的层面,或曰美感层面。这一层面"不能被结构"的特性,使得新批评极为重视读者的感觉经验,从而不像俄国形式主义和结构主义文学批评那样将注意力全部倾注到文学语言上，表现出一种开放性。读一读新批评的重要批评家的评论，例如布鲁克斯的《诡论语言》、艾略特的《批评的功能》以及燕卜荪的评论，我们就可以发现，他们都致力发掘作品技巧所引起的美感效果，力图将最难以明晰化的审美感受在技巧分析中固定下来。新批评尽管未取得十全十美的成功，却终究表述出了其他形式主义文学批评无法表述的东西。

以鲁迅的作品为例。他的小说却几乎不流露他在杂文中所表达的那种道德义愤与教诲的热情。而且，由于鲁迅感触的精细和他所采取的写实的模式，很容易招致粗心的读者对他的误解。美国学者帕特里克·哈南利用新批评派的一个基本概念——反讽（译者译为反语），对鲁迅小说的主要技巧进行了分析，较成功地揭示了鲁迅小说艺术的魅力所在。[1]

按照哈南的分析，鲁迅小说主要的技巧即使用反语。它的作用是"产生一种与艺术家表面上作出的努力完全相反的结果"。哈南准确地抓住了鲁迅小说的描写与读者的体验之间特定的距离，认为这种距离使作品具有任何直接的象征叙述所绝不可能具有的力量。他将反语分为情境性反语、描述性反语以

---

[1]　[美]哈南：《鲁迅小说的技巧》，译文载《国外鲁迅研究论集》，北京大学出版社，1981年，第293—333页。

及并列性反语,《孔乙己》《阿Q正传》《明天》《风波》等使用了描述性反语,《药》和《明天》的主要结构使用了并列性反语,而在《端午节》之后,鲁迅在第二本小说集中对心理刻画表现出更大兴趣,从而大量运用性格反语,即情境性反语的主要手段。“伴随着这种技巧的使用,对小说手段的纯粹性,尤其是对使用时间的限制,就要求得越来越高了。”

哈南从具体分析中得出了这样的结论:鲁迅所以使用讽刺的模式,在于它能满足道德判断的需要;而对于充满了道德义愤、教诲热情与个人良知的鲁迅来说,反语和讽刺的模式所要求的超然态度是最有效的艺术手段。

哈南并非新批评派的批评家,他只是借用了新批评派的方法(新批评日趋衰落之时,反倒在它以外的批评家那里焕发了光彩)。我们从中可以看出,比起印象式批评来,新批评的方法更富有理性,因而也更少神秘性。

这里,我们必须回到本文开始时提出的问题上去。什么是艺术作品的好与坏?这个问题所牵涉到的美学方面的诸种解释,不是本文所要探讨的内容,在此所要提及的,仅仅是美的非功利性问题。诚然,一部优秀的文艺作品并不排斥功利性的效果——《红楼梦》可作为封建社会的百科全书来读,《安娜·卡列尼娜》亦充满着对俄国上流社会的揭露与批判。但我们不能因此而说这些作品“好”(意即说它们具有高度的美学价值);这些属于作品思想深度方面的因素绝不能作为艺术评判的标准。《红楼梦》和《安娜·卡列尼娜》杰出的美学价值,显然在于它们非功利性的方面,即作品本身的构成方式。一部作品可以具有不同方面的因素——社会历史内容、思想政治倾向、知识、道德教诲、感情内容、作品的形式构成等等,这些因素大致分为两个层面:凭理性去认知的层面和凭直感去把握的层面(当然,这样区分仅仅是为了分析的方便,在作品中,这两个层面实际上相当复杂地结合在一起)。前一个层面可以依靠逻辑分析的方法相当清楚地加以把握,而后一个层面则要通过直感去体察,这就是由情感和形式所构成的美感的层面。作品最动人之处往往是最不容易用语言表述清楚的,这一点恐怕具备一定修养的读者都有体会。正因为如此,美学史上关于美感问题的争论一直是众说纷纭。从表现论、快乐论到游戏说以至于现象学美学,种种美学理论的建树都是以作品的这一美感层面为基础的。正是这一美感的层面,使得作品理性认知的层面得以区别于非艺术的文献而成为文学作品的有机构成部分;正是这一美感的层面,使人们在把握了理性认识的层面之后还会有

“言有尽而意无穷”之感。印象主义的批评曾经尝试着用直觉来表述直觉,即不是去解释作品的美感层面,而是去描述它。无疑,这对于提高读者的鉴赏能力颇有助益,从勃兰兑斯那才华横溢的著作中,我们可以充分领略到印象主义批评的这一特点。但是,如果要解释作品的美感层面,印象主义批评显然捉襟见肘,它的描述性语言无力讲清作品的美是怎样构成的。即使是试图以科学方法去研究作品形式构成的结构主义文学理论,也因为美感层面的这种难以认知的特性而使自身暗含着对本文科学的否定,以至最终走向后结构主义。

20世纪是一个科学的时代,在分析哲学的影响下,传统的文学批评方法受到了怀疑,而现代的文艺学正在日益使自己走向精确。新批评也不可能选择另外的道路。新批评依赖艺术直感,却避免去描述它;与印象主义批评相反,新批评注重解释性,这便赋予它以现代诗学的色彩。和印象主义批评相比,新批评清晰、准确,对于艺术直感的剖析较为客观。正像新批评重要人物W.K.温萨特所指出的:“重要的是要看到:在分析这些例子的过程中,不但一定会把明晰的东西解释清楚,而且会把隐含的东西明晰化,或者把结构上和形式上的东西解释清楚,把诗的统一的表层下的真理透显出来。"[1]把艺术直感作为批评的出发点,将理性的分析方法作为批评的手段,这就迫使新批评必须找到一个合适的角度将这二者协调起来。它找到了,而且取得了很大成功,这个角度就是作品的技巧分析。

尽管新批评派最后走向了僵化和教条(理论一旦"制度化"就将失去它的生命),但它的最有才能的批评家们所做的贡献是功不可没的。"在最优秀的新批评文章中,'形式主义'这一名词的一切叫人看不起的陪音都听不见了,批评家既发掘出诗在较广的上下文中的意义,又从不忽视它在形式上的细节。"[2]就是说,新批评派的主将们在技巧分析的原点上结合了道德评价与美学评价,从而使自己的批评表现出相当大的开放性。由此,艺术直感具备了社会历史的内涵,技巧就不仅仅是封闭的形式了。

我们不应该一般地反对文学作品的思想、道德乃至社会学批评,但是如果我们把目光转向文学作品本体,那就不能不承认,上述那些方法都将显得无能为力,因为它们所要达到的目的要求它们放弃对作品技巧的分析,不能否认,每一部作品都

---

[1] 转引自[美]沃·利茨《"新批评派"的衰落》,《外国文艺》,1981年第五期,第259页。

[2] 利茨语,转引自《结构主义:莫斯科—布拉格—巴黎》一书。

有它的技巧,技巧不仅是方法,也是作者文化素养、心理气质、他所处时代的时代情绪以及社会历史风貌的直接凝聚。《鲁滨逊漂流记》以平易晓畅的散文口语代替了中世纪修辞学所要求的繁文缛节,这既是作品本体的一个变化,又暗含着时代的更替;卡夫卡《变形记》所采用的耸人听闻的荒诞派手法,实在是表现现代人孤独与恐惧的最有力的艺术手段。我们不应该像新批评派后来那些缺少才能的评论家们那样孤立地去研究作品的技巧,有才能的评论家应该从技巧中看到道德、文化,乃至社会与历史。但是我们绝不能因此而放弃技巧,放弃技巧就等于放弃了作品的艺术构成,就容易使文学批评失掉它自身的价值判断。

诚然,新批评有它的弱点。在它最孚众望的时候,便隐含了使自己衰落的危机。然而,新批评毕竟给了我们一个重要的启示:文学批评要有自己的立足点,这个立足点就是艺术感受。而技巧分析,则是表述艺术感受的最佳角度。由于这一点,新批评本身虽然衰落了,它却为后人留下了一笔丰厚的遗产,以至被称为"英语世界对文学理论的重要贡献"[1]。席勒说过:

[1] 参见戴维·罗比《英美新批评》,载《西方现代文学理论概述与比较》,湖南文艺出版社,1986年,第67页。

“在极度的愚蠢和最高的知性之间存在某种相似之处：即两者都只寻求实在，并对单纯的外观毫不介意。”“轻视外观也就是轻视一切美的艺术，艺术的本质就是外观。有时候知性在追求实在中竟达到这样不能容忍的地步，以致对全部具有美的外观的艺术作出轻蔑的判断，因为它只是外观而已。”[1]无论如何，对于我们的批评家来说，极度的愚蠢和最高的知性同样的不是一个美称，一个只会社会学批评而将三流作品捧为文坛奇葩的批评家不免令有修养的读者泄气。没有鉴赏力和感受力是批评家的大忌。当艺术不再充当附庸的时候，它必将呼唤具有自主意识的批评，而文学批评，只有当它找到了属于它自己的艺术感受的立足点之时，它才具有独立存在的意义。

文学批评与文学理论或美学不同，它具有强烈的实践性，必须直接面对作品。文学作品的审美特性决定了文学批评必须以艺术感受力作为自己的立足点。显而易见，用抽象的“美”“崇高”之类的词句去解释作品只能证明批评者缺乏艺术感受力，把社会、历史概念作为批评的出发点亦容易使文学批评不再成为它自己。无论使用何种批评方法，立足点只能是艺术感

[1]　[德]席勒：《美育书简》第26封信，中国文联出版公司，1984年，第133—134页。

受。有了这个立足点,批评才能自觉。许多非新批评派的批评家巧妙地将新批评的概念或其他形式主义批评方法与道德批评结合起来,写出了很有价值的评论,即是一个明证。不过这里要强调一句,形式主义文学批评在他们那里绝非简单套用的方法(这种套用在国内批评界正在形成一种趋势,这是应予以注意的),而是被作为批评的出发点。

第三种文学?*

——从日本的向田邦子说起

中国读者可能从未听说过向田邦子其人其作。我们的翻译家有充分的理由忽略她:作为当代日本大众文学作家,向田显然不合中国言必称紫式部、芭蕉、漱石的研究者的胃口;而向田作品中相当成熟的纯文学素质,又使它很难投合被港台言情剧塑造出来的中国大众文学趣味。在纯文学与大众文学分庭抗礼的中国文坛,在文人心态仍使多数知识人不愿向大众认同的中国社会,向田邦子没有立足之地。

而在日本文坛上,她却大红大紫。

向田邦子 20 世纪 60 年代初开始执笔,到 1981 年因飞机

---

* 原载《读书》1993 年 6 期。

失事遇难前，她曾写下近千部电视剧与十余本随笔、小说集。她造就了一大批“向田迷”，至今仍热度不减。

同是大众文学作家，或许人们很容易联想到王朔，可实际上他们绝不相像。王朔试图消灭文人趣味，向田则使雅俗合流；王朔创造意识形态，向田创造日本式感觉；王朔用嬉皮笑脸掩盖转型期中国社会的内在紧张，向田用怀旧情思沟通着新旧两个时代。说到底，王朔是中国的产物，而向田邦子属于日本。

当然不能说大众社会日趋成熟的日本提供了正在转型的中国社会明天的模式，更不能简单套用日本大众文学的趣味，但是，如果我们有朝一日不能不承认在纯文学与大众文学之间还存在着第三种尚未命名的文学形态，那么，向田邦子作为这种文学的代表，是值得注意的。

向田的小说充分体现了在一个没有崇高、没有英雄因而也无悲剧可言的凡庸的世界里，普通现代人徒劳的挣扎。向田笔下的人物全是市井庶民，而且相当一部分是战前或战争中那一代人，向田描写的是他们感情世界中最隐秘的部分，人物的所有悲欢离合都成为一种自我嘲弄，越是挣扎，越是恐惧，越是百般努力想要逃脱，离那个宿命般的结局就越近。《花的名字》是向田邦子写于80年代的短篇小说。女主人公常子因父亲风流过人并对母亲不忠,所以下决心把终身托付给脑袋里只有数学和经济学原理的松男。婚后,松男为了不辜负常子,开始跟着她学习花道的常识,记住花的名字;又练习辨别鱼的味道,区分狗的种类,识别领带的颜色,掌握各种场合的客套话。终于有一天,常子已没什么可以传授了。同时,依靠妻子教授的知识博得了上司欢心的丈夫,在外面有了女人。但是,当常子知道了这一切时,已经是婚后第25年,丈夫已与偷情的女人分了手。那女人的名字叫"槖吾子",菊科草本植物的名字。当初,松男从常子那儿记住了这种花的名字。因了这名字,他才喜欢那女人么?

"25年来,女人的标准没有变化,男人的尺度却变大了。"

比之昆德拉的《玩笑》、川端康成的《雪国》,向田的作品在主题上很接近它们,重大的差异在于:向田作品表现人生的无常与徒劳,却不表现对于无常与徒劳的绝望。向田笔下平易近人的市民趣味,使她的作品始终贯彻着由宽容理解而来的人类爱。这种爱使向田作品具备了昆德拉与川端作品中没有的温暖,尤其在电视剧本中,这种色调更为突出。在她的笔下,平凡的男女之间有平凡的感情纠葛,他们的幸福与无奈相伴,真诚与狡黠结合,但是作家用一种超越了道德层面的智者目光注视着他们时，这些在无常的人生中挣扎的弱者却唤起了我们自身的共鸣。

这就是向田作品特有的平民性。

一般而言，大众文学必须满足读者的两个基本需求：劝善惩恶与大团圆。这两个基本需求决定了大众文学须以解决人物矛盾为结构作品的基本线索。纯文学较早突破了这种结构模式，越来越彻底地消解着解决人物矛盾的可能性。向田邦子为大众写的小说乃至电视剧本，却采取了这种纯文学的眼光，她固执地不再应和人们劝善惩恶与大团圆的审美定势，倾尽全力挖掘人性深处微妙的感觉，无论那种感觉是善是恶，它都是人性的一部分。《花的名字》等作品正体现了她的这一特色，显示着向田邦子宽容地接受了人性的全部内涵。

自然，向田邦子并非总是温暖的，她也有阴暗的时候。她的小说《疑心》，标题取自扑克牌的一种玩法，方法是猜测对方报出的牌是否真实，以识破对方的谎言为胜。盐泽与其父和堂弟的关系也如同这种扑克游戏，在相互猜测中失去了彼此的信任和内心的安宁。向田邦子在这类小说中暴露了她人类爱的基本支点：既然人并非是一种高尚的动物，那么在劝善惩恶中寻找生存意义将是徒劳的。向田在此基点上所展示的对于人性的宽容与理解,显示的正是一个现代人成熟的智慧。

或许正因为如此,由她的13篇作品结集而成的《感忆的扑克牌》,使向田邦子在日本文坛上获得了殊荣。著名作家水上勉在为新潮文库版的《感忆的扑克牌》所写的后记《向田的技巧》一文中这样写道:"有人因为向田的小说获得了直木奖,就说向田的小说不是纯文学。我反问道:那么是娱乐小说吗?那人哑口无言。……因为向田描绘的世界超出了任何一种既定范围,它当然是难于归类的。对于一个将才能倾注于自己独特的'人生剪影'的孤独的画家来说,冠以某某派的名称是没有意义的。"

有意无意之间,水上勉坚持了一种传统的价值观:纯文学是文学中最有价值的部分。

何谓"纯文学"?依照日本《广辞苑》第四版的定义:"相对于大众文学、指向纯粹艺术的文艺作品,特别是小说。"

大众文学的定义则是:"相对于纯文学、具有大众性的通俗性文学,指推理小说、武侠小说、家庭小说、幽默小说等等。"

从这两条定义看来,向田小说及其他创作似应归入大众文学的范畴,说它"不是纯文学"并没有什么错误。且不说她的大量电视剧本,在她的小说随笔散文中也没有丝毫唯美主义的倾向，洋溢着的是浓郁的平民市井色彩。她的小说几乎都可归入家庭小说一类，她的电视剧更是名副其实的“吃饭连续剧”，因为大量场景是家庭内的饭厅。在她的为数不少的随笔中不乏机智与幽默，但显然也与传统纯文学所必不可少的超凡脱俗的气质无缘。

向田邦子不同于芥川龙之介、夏目漱石、川端康成，她是个平易近人的作家，她的特点正在于她属于每一个普通的日本人。

水上勉终究不敢将向田邦子划入纯文学作家的圈子，因为她不是。

但他也不甘称她为大众文学作家。的确，在通俗性之外，向田有她不通俗的一面，在平易之下，掩藏着深刻。

一个最简单可靠的证据是，日本知识分子很喜爱向田邦子。一般而言，一个国家的知识分子往往代表“不通俗”的一面。在这一点上，向田邦子的命运可比中国的王朔好得多。

向田邦子这不通俗的一面，正是水上勉所指出的她那独特的“人生剪影”。向田通俗，却不媚俗，她所捕捉到的人类感情世界中微妙的部分，只有超越了道德层次的善恶好坏才能看得见摸得着，只有超越了古典的审美理想和现代的俗世规范才能深入进去。也正是在这一意义上,向田的世界如水上勉所言,是“难于归类的”。

其实,水上勉面对的是一个极重要的文化现象:他不能为向田作品归类,说明一种新的文学种类已经出现。

向田邦子创作中比重最大的是电视剧本,她的剧本虽常有出人意料的转折或引人入胜的细节,却不以情节取胜。向田的电视剧魅力在于唤起了人们的味觉、嗅觉、听觉、触觉,从而重新塑造了视觉——依靠这种种感觉,向田记录、挽留了逝去的昭和时代。

向田是1980年直木文学奖的获得者。直木奖在设立的当初,出发点在于鼓励大众文学的创作。当时雅与俗的界限还很分明,纯文学的芥川奖与直木奖的分工也很明确。但近十几年来日本的纯文学与大众文学界限越来越模糊,这两种奖的区别也越来越含混。直木奖评委们在评奖时曾只字不提向田邦子的电视剧创作,说明他们有意无视向田通俗文学的成就,这显然不仅出于体裁的考虑,也是一种观念的变化:评委们在向大众文学要求娱乐以外的审美因素。这种因素带有纯文学特点,但却因作品的通俗性而具备相异于纯文学“指向纯粹艺术”的目标。无论向田邦子的创作还是直木奖评委的观念,显然都已突破了《广辞苑》的那两条定义的局限，显示出一种雅俗真正合流的趋势。

这种雅俗合流产生的文学是否应单独成为一种文类并不重要，重要的是“向田邦子热”的旷日持久标志着雅俗分庭抗礼局面的结束。介于雅与俗之间的文学成为文坛的主流，意味着知识与教养不再为少数人垄断，意味着知识分子平民化与大众知识化的成功进展。

在明治维新之后，日本也曾经历了一个知识启蒙的过程。这个启蒙过程与中国近代以来的文化启蒙运动有本质性差异，其重点在于教育而不在于意识形态，因而偏重于知识与学问；但日本知识分子毕竟曾经占据过历史舞台的中心位置。当战后日本的大众社会真正成长起来之时，日本知识分子也曾面临一个重新寻找位置的问题。在这个过程中，他们定也体会过中国知识分子今天正在体会的失落感，也有过对于自身软弱所感到的无可奈何吧。

但是，日本的文学艺术和知识学问所具有的非意识形态的性质，却无形中缓解了知识分子与大众社会的紧张关系，为二者的真正融合提供了基础。不能说今天的日本知识分子已消灭了心理上的优越感，但与中国的知识人相比，他们显然越来越漠视知识分子这一个层次的存在价值,而分化为各种职业人。换言之,他们正在与大众成为一体,如同纯文学与大众文学合流一样。

这种合流带来了价值观的变动。最典型的莫过于人们对文库本出版物看法的变化。文库本是一种廉价的普及型小开本读物,仅有A6(64K)开本大小,可以装在衣袋里,随走随读。文库本是在昭和二年由岩波书店率先推出的,其用意在于推出古典名著的"民众版";在当时,它只意味着将名著从特权阶级那里解放出来;而今天,文库本已成为一种衡量标准,用来检验出版物的生命力:一部作品是否能传诸后世,要看它有没有能力挤进文库本的行列。翻翻岩波文库1991年的解说目录,里面几乎都是哲学、政治、经济、法律、文学方面的经典著作;讲谈社则在其他文库本系列之外还专门出版学术文库系列,专门印行有影响的学术专著。

没有不变的社会,也没有不变的观念。

在大众独领风骚的时代,人和知识都得重新定位。对知识人来说,这也许有些残酷。

直木三十五的好友菊池宽曾这样评价他:"因偶然执笔于大众文学全盛的时代,直木被称为大众文学家,但他的本领却是一个了不起的历史小说家。”

直木执笔于大正末期与昭和初年，那时的大众文学尚与纯文学分庭抗礼；菊池宽虽致力培育大众文学事业，却在那时就已面临今天水上勉所面临的困惑。历史走到今天，菊池宽的纯文学优越感已失去意义，向田邦子们正理直气壮地创造出一种不必归入《广辞苑》那两个词条的“第三种文学”。

或许文学的辉煌与知识人的辉煌都已属于过去，但更重要的是，文学与人都必须面对今天。日本如此，中国也如此。正是在这个意义上，我们也该留意“向田文学”。

东方女性的文化立场*

——论向田邦子

向田邦子1929年(昭和四年)生于东京一个公司职员家庭,父亲靠个人奋斗从某保险公司的课长晋升为分公司负责人乃至总公司的部长,母亲是出身市民家庭的主妇。可以说,向田邦子是在昭和前期的市民文化中长大成人的。1950年向田毕业于东京实践女子专门学校国语科,此后做了8年电影杂志编辑后成为专业作家。50年代末她开始写作广播剧本,按播出回数计算,前后共写作超过一万回以上的脚本,但大部分未保留下来;60年代中期正式开始独立写作电视剧本,并在70年代成为畅销的电视剧作家。她一生所写电视剧近千部,深受观

---

* 原载《学人》第五辑。

众喜爱。但使向田真正成名的是她70年代后期创作的小说与随笔,这些精美之作显示了她创作成熟期的到来。1980年,向田仅以3篇短篇小说荣获第83届直木文学奖。1981年(昭和五十六年)8月,正当创作鼎盛期的向田邦子在赴台湾旅行途中因飞机失事不幸遇难。

向田邦子逝世十余年了,但她仍未被日本人遗忘。她的生前好友与合作者久世光彦这样写道:

> 每年一到她忌辰的8月,必定会有某家杂志刊出《向田邦子特集》。要是逝世一周年纪念或二周年纪念之类的倒也罢了,每年都有这样的特集。就连三岛由纪夫也不曾有过这样的待遇。恐怕编辑部是因为销路好才出这样的特集吧!这可是件了不得的事。[1]

如何解释这一旷日持久的"向田邦子热"呢?表面看来,向田是位大众文学作家,但她平易却不平庸,通俗却不媚俗,这使她的文学兼具了纯文学的特质,契合了昭和后期社会转型时期

[1] [日]久世光彦:《不曾触摸:与向田邦子相处的20年》,讲谈社,1992年9月第一版,85页。

日本人的审美需求。[1] 不过，仅仅用这一特点解释“向田邦子热”是不够的。向田邦子的文学不仅突破了纯文学与众文学的界限，而且似乎也突破了我们所习惯的思维定式，以至用任何一种既定的范畴或流派为向田文学定位时总会遗漏点什么。日本作家水上勉在为向田的短篇小说集《感忆的扑克牌》所写的后记中明确地指出了向田文学的这种独特性：

> 读了这本《感忆的扑克牌》，读者如何看待向田文学完全是个人自由。把向田文学归入哪一种文学行列中去也是自由的。但平心而论，要为向田文学划一条边界线是困难的。因为向田所描绘的世界跨越了任何一种区别，在确定它的种类时的确令人困惑。对于一个将才能倾注于自己独特的“人生剪影”的孤独的画家来说，冠以某某派的名称是没有意义的。[2]

对研究者来说，接近这个难于归类的文学世界和这位孤独

[1] 我曾在另一篇文章中专门讨论过向田文学这种特质，并初步探讨了它与现代社会需求的关系。参见前文《第三种文学？——从日本的向田邦子说起》。

[2] [日]水上勉：《向田的技巧》，见《感忆的扑克牌》，新潮文库，1989 年 4 月第 27 次印刷，第 225 页。

的作家的确是件困难的工作。为了尽可能准确揭示向田文学的全部内涵,显然必须使用多个视角,以消除单一视角的盲点;同时,由于这位孑然一身、始终与世人保持距离的作家个人经历鲜为人知,因此,诠释她作品的论据几乎全部来自她作品的本文。

出于上述考虑,作为向田邦子系列研究的第一篇论文,本文选择了女性批评的视角。尽管向田邦子绝非通常意义上的女权主义作家,但在一切不确定之中首先可以确定的是:她,是个具备了女性自觉的女人。

一、伍尔芙的启示

如同东方的近代化是受西方文明冲击而产生的一样,女权主义与女性主义同样是来自西方的馈赠。尽管女性受到歧视是一个几乎遍及全球的问题,但来自西方的女权主义与女性主义却有其独自的历史语境,东方的姐妹们无法简单挪用。尽管 feminism 一词在日文中被用外来语的形式固定下来了,它的语境却必须转换,因为日本女性所面对的传统和现实与西方女性所面对的并不相同。在这样一个前提下,当我使用女性批评这一来自西方的视角时,这种语境转换可以最大限度地避免误读。

1981年7月,继《感忆的扑克牌》系列小说发表之后,向田邦子又开始继续在《小说新潮》上发表第二组短篇小说《男时女时》。由于8月飞机失事,这一组小说只写出四篇。后来新潮社又收集发表在其他杂志上的21篇随笔,辑成向田的最后一本作品集,书名仍为《男时女时》。

"男时女时"一词意为"走运与不走运"。走运,日语叫作"男时",不走运叫作"女时"。与日语中将"男"的语源释为"能承受力气活"、将"女"释为"身体柔韧"的情况结合起来看,这种用性别来表示运气的说法显然与对两性生理差别的认识有关。"男时女时"一词表现出的性别歧视意识是显而易见的。向田邦子选择它做自己的系列小说标题出于何意?[1]

从已发表的四篇小说无法直接判断它们与标题的关系。这四篇小说均表现了人生中不能事先预料的逆转,揭示了人面对这种逆转时的复杂心态,在这点上它们可以归入"走运不走运"标题之下。但四篇小说均未涉及"男时女时"的社会语境,

[1] "男时女时"属于已经失去生命力的语词,今天的日本人已很少使用。向田邦子有意在她作品中保存了一大批昭和前期使用的语言,她认为这些词随着社会变化而消亡很可惜。"男时女时"显然也是其中之一。这组词语音富于顿挫,简洁洗练,适于做标题使用,但它所包含的社会语境却不能避而不见。

即性别与运气的关系。幸而在随笔部分可以找到一些线索,说明向田选用这一题目时并非对这一词语的语源熟视无睹。

在《日本的女人》一文中,向田把西方女性与日本女性在饭店点菜时的态度做了鲜明的对照:在某饭店下榻的美国人模样的旅游团,聚集了30人左右的中老年女性,在餐厅里逐一向侍者报出自己早餐所需鸡蛋的做法:荷包蛋、煎蛋卷、煮鸡蛋,甚至连煮鸡蛋的时间都明确加以规定。似乎没有人说"给我和邻座一样的"之类的话。各种鸡蛋端上桌之后,有两位老妇人把盘子退给侍者,拒绝道:"这不是我订的菜!"

旁观这一切的向田邦子回想自己幼年时与母亲、祖母在外面吃饭的情景:母亲总是力图使大家吃同样的东西以减少店员的忙碌;在点了鳗鱼盖浇饭后店员错上了更高级的双层鳗鱼盒饭时,母亲与祖母虽然不宽裕,仍决定将错就错并补交多出的金额,理由是:"吵闹起来多丢人!"

向田比较了这两种截然相反的态度,评论道:

西欧的女性就是叫一个菜,也毫不含糊地拿出自己的主见……我一方面觉得必须向她们学习,同时,我自己可做不到。

我私心里以为，充其量不过一顿饭，吃煮鸡蛋也好，吃煎蛋卷也好，进了肚子还不都是鸡蛋？在摩洛哥，我就是因为侍者上错了菜而又未加拒绝，才有幸尝到从未吃过的像葱一样的奇妙的凉拌菜。

对于母亲和祖母点菜时怕丢人的想法，向田邦子把它进一步归纳为日本女性的生活态度：

在人前进食的那一份羞怯。因在家吃饭可以更省钱所带来的那一份心虚。进一步说，还有生为女人所带来的那一份局促。……更夸张一点，这可否称之为生之敬畏？

在主张妇女解放的人们看来，这怕是遗臭万年的举动吧，可我并不讨厌日本女人的这些特点。我在想，要是女人的生存权利与主张都在这样的基点上绽开灿烂之花，那该多好呵！[1]

在这里，向田邦子显然涉及了东方女性如何解放自身这一

[1] ［日］向田邦子：《男时女时》，新潮文库，1992年6月第28次印刷，第150—151页。

女权主义的核心问题。她一方面肯定了西方女性那种具有强烈排他性的自我意识是“正确的”“出色的”，另一方面，她也清醒地意识到这种自我意识是西方文化孕育的结果，东方女性照搬挪用未必会有相同效果，因为东方女性有着母亲与祖母的传统。她显然认为东方女性的自我应该在传统基础上寻求，而且该有与西方女性不同的特点。在这一意义上，上述引文中“我”点菜的态度很耐人寻味。“我”也像母亲一样未拒绝自己没点的菜，但其中的文化含义已大不相同：“我”不是因为怕丢人而未向侍者抗议（当然不能说完全没有这方面的心理因素），而是因为发现上来的菜自己从未吃过。类似的情况在向田其他随笔中也曾屡屡出现。[1] 这种极富弹性的态度源于探求未知世界的渴望，这种渴望促使“我”超越了表面层次的自我尊严而贪婪地扑向广大的未知世界。向田文学充满智慧的包容力，正由她这种超越能力支撑。

通常，人们总是从与男性世界相敌对的角度去理解女权主义和女性文学，这是一种狭隘的看法。“女权主义的愤怒”的确

[1] 如《白色的画》叙述了作者“为看 A 而出发，却不知为什么看了 B 归来”的几次体验；《总统》叙述她在泰国被理发师差强人意地理了与泰国王妃同样的发型后却体验到一个民族有引以为荣的象征是可羡慕的事。两篇随笔均收入《灵长类人科动物图鉴》，文艺春秋文库本，1988 年 11 月第七次印刷。

是女性文学的重要内容,但远不是全部内容。在重视人际关系和谐的东方文化背景下,尤其在强调集团利益、重视对他人的体贴关怀的日本文化中,完全有可能培育出另外一种女性文学,它同样有对于女性自身价值的尊重,但这种自尊与自爱不是在与男性世界的紧张冲突中确认的,而是体现为绕过这种冲突追求自身的发展。向田文学突出地表现了这一特点,《日本的女人》可视为向田的东方女性主义宣言,而这一宣言的前提,正是"男时女时"的社会语境——走运的是男人,不走运的是女人。

向田在随笔《寻找手套》中透露了她22岁时的一项重大抉择。当时物资紧缺,已在公司就职的向田因买不到合适的手套干脆不戴手套过冬。她的上司出于善意警告她:男的没关系,女的这样可不行。要是一点不肯将就,就尝不到身为女人的幸福了。向田受到极大震动。手套在此象征着婚姻,正如平原日出夫在研究向田文学的专著中指出的:"只知往高处看,对感谢、平安什么的不感兴趣的性格,就是结了婚她自己也不认为能有好结果。"[1]向田并未向这种"男的没关系,女的可不行"

[1]　[日]平原日出夫:《向田邦子的精神世界与事业》,小学馆,1993年8月第一版,第55页。

的现实抗议,她采取了另一种不妥协的态度——承认这一“女人不走运”的现实,用独身来保全自己的个性。

用避免冲突的方式保全自己的个性,对于文学来说是头等重要的事。心灵的自由与和平可以使人最大限度地拥抱世界,愤怒会扭曲人的感受性。女性文学所面临的严峻考验也在这里。弗吉尼娅·伍尔芙的女权主义开山之作《一间自己的屋子》所说的正是这个道理。伍尔芙把女性所受不公正待遇与文学的特质分开来,指出用文学来发泄愤怒只会毁掉文学。妇女被禁止创作,妇女受到各种束缚,她们需要为自己争得一间屋子可以独立写作,并且通过写作获得经济上的独立——这是伍尔芙女性文学观的前半部分,受到女权主义者真心拥戴;但她的后半部分观点却常常受到后来的女权主义者的抨击:伍尔芙认为,妇女争得了一间自己的屋子和一笔固定的收入后,她对另外一性的看法会发生变化,她不需要愤怒,也不需要恭维,于是她可以“不憎恨、不怨忿、不胆怯、不反抗、不讲道地写作”,从而获得小说家的“忠直”。伍尔芙始终没有离开小说的角度去谈女权,她认为女权主义的最终目标不是以一性去取代另一性,而是两性的和谐与合作:

因为既然两性都不是很完美的，再想想这世界之大，其变化之多，我们要只有一性，怎么能对付呢？

正是在这一意义上，伍尔芙提出她著名的“两性同体说”：

在我们之中每个人都有两个力量支配一切，一个男性的力量，一个女性的力量。在男人的脑子里男性胜过女性，在女性的脑子里女性胜过男性。最正常、最适意的境况就是这两个力量在一起和谐地生活、精神合作的时候。……也许一个纯男性的脑子和一个纯女性的脑子都一样地不能创作。[1]

[1] [英]弗吉尼亚·伍尔芙：《一间自己的屋子》，王还译，生活·读书·新知三联书店，1992年6月第二次印刷，第120页。本文所引伍尔芙的观点均出自此书。

伍尔芙的这一观点后来受到激进的女权主义者的批评。[1] 同时也得到了后来的女权批评家的阐释发挥。[2] 但无论是批评还是发挥，都有意无意忽略了伍尔芙"两性同体说"的语境——两性间的和谐。为女性争取正当权利并不是伍尔芙的最终目标，它充其量不过是手段，伍尔芙的目标是超越两性之间的纠葛，"消除脑子里的一切障碍"，"不动感情地就事情的本身去自由地想"，从而发现更广阔的世界。

当然，伍尔芙也意识到了在妇女未争到正当权利之前很难超越两性之间的纠葛，但即使在阐述妇女在男权社会中的不平等地位时，她仍然强调"成为自己比什么都要紧"。她说：

---

[1] 参见[挪威]陶丽·莫依《性与文本的政治——女权主义文学理论》，林建法、赵拓译，时代文艺出版社，1992年，绪论部分。作者公允地抓住了伍尔芙两性同体说的语境，指出"她深知女权主义斗争的目标恰恰就是要解构男女性别间那种水火不容的二元对立"；同时也客观地介绍了其后的女权主义批评家对伍尔芙女权理论与文本实践的各种"误读"。莫依认为英美女权主义批评界大多通过传统美学范畴研究伍尔芙，只是对卢卡契美学思想中男性人道主义的翻版。只有用反人道主义的研究方法才能把握伍尔芙文本中激进的解构性质。但是，莫依的女权主义批评理论关注的重点是女权主义文学的政治性，她感兴趣的是伍尔芙文本中"先进的政治立场"，同样忽略了伍尔芙文学观中非政治性的部分，即强调女性发展自身而不是影响公众社会的观点。

[2] 埃莱娜·西苏的《美杜莎的笑声》对伍尔芙的妇女独自发展自己和双性同体说进行了出色的发挥（参见《当代女性主义文学批评》，张京媛主编，北京大学出版社，1992年），但是在她的论述中隐含着一种内在的紧张。尽管她强调"妇女是双性的"，"无限地超越自己"，但男性世界始终被视作对立的参照系，从而使作者的视点始终未能离开女性主义文学的政治层面。

如果你停下来骂，你就完了……如果停下来笑也一样。踌躇或是慌乱，那你就没有希望了。

这正是向田邦子的态度。

有趣的是，伍尔芙的女权理论没有成为西方女权理论与女性批评的正统权威，却在东方的岛国日本找到了全面实践者。向田邦子用她的整个人生与文学世界，走出了一条"成为自己比什么都要紧"的东方女性之路，她几近完美地消除了脑子里的一切障碍，自由地观察人类、观察世界，正如伍尔芙所言："她像女人那样写，但是像一个忘记自己是女人的一个女人。所以她的书里充满了那种奇怪的性的性质。那只有在性忘却自己的时候才会有的。"[1]

这种"奇怪的性的性质"，微妙地体现在向田所刻画的父亲形象与男女主人公的关系中。在向田文学的本文世界中，充满了这种"性忘却自己"的特质。

二、在家的父亲

向田邦子绝少在作品中透露自己的经历，尤其是感情经

---

[1]　[英]弗吉利亚·伍尔芙：《一间自己的屋子》，第114页。

历。她的小说与电视剧本的女主人公很少有独身的职业妇女，随笔中大量出现的“我”也多是她观察世界的视点而已。不从自己的感情生活中取材，在客观上促成了向田文学特有的距离感，即使在那些第一人称的作品中，叙述者的背后仍然掩藏着一个不动声色的作者。

与此相对，向田文学大部分取材于自己的家庭。她的父母是她笔下男女主人公的主要原型。平心而论，向田文学的人物形象虽活灵活现，但类型却相当单调，这使向田文学的生活覆盖面受到很大限制。但是正因为她把笔触大部分集中于典型的昭和前期中流市民家庭生活中，她得以拥有比其他作家更广泛的读者群和观众——杀人事件或爱情故事或许使人暂时忘却平庸的现实生活，而向田却把所有的人带回自己的平凡生活，并用她不动声色的目光指点人们重新发现一切。正是在这时，向田笔下的父亲与母亲形象发出了光彩。

70 年代日本经济的高速增长，带来一个普遍的社会性问题：父亲不在家。外出工作的父亲在正常工作之外要加班，下班之后还要与同事喝酒交际，往往一早出门，深夜回家，连休息日也要外出。很多日本家庭因而变成“母子家庭”，这种生活方式至今在日本仍存余绪。因此，日本电视剧里也相应出现了一大批以母亲为中心的家庭剧。向田邦子在这种情况下却写出了以《寺内贯太郎一家》为首的作品,成功地塑造了“在家的父亲”的形象,无怪乎使其几乎以同样笔墨塑造的母亲形象相形失色。

《寺内贯太郎一家》电视剧上演于1974年,1983年由新潮社出版了同名长篇小说。主人公寺内贯太郎是东京一家石店老板,与母亲锦(音译)、妻子里子、女儿静江、儿子周平和女佣美代子组成一个温暖的家庭。贯太郎身体硕大,擅长雕刻墓碑,经营祖传的石店勤勉热心,但日常生活中离开妻子连鞋带都系不好。贯太郎生性暴躁易怒,上至老母,下至女佣,对全家动辄大打出手。对自己所爱的人,他不习惯用暴怒之外的任何方式表达感情。贯太郎为人善良正直,会用自己独特的方式体贴人,因此他的家人虽畏惧他的暴力,却仍能坦然地各行其道。

妻子里子身材娇小,容貌秀丽,每天不停忙碌。她外表随和谨慎,其实极有主见,“是过去随处可见的日本女人”。她与贯太郎的关系看上去夫唱妇随,其实“老婆里子却控制着每一个重要环节”。

贯太郎一家首次接受静江的恋人上条的来访时,这种微妙的夫妻关系得到极好的体现。上条比静江年长9岁,而且离过婚,有一个4岁男孩叫守。全家除贯太郎外都尊重静江的选择,当上条带着守来拜访时,贯太郎的生硬态度使屋内空气非常紧张,里子便用自己的方式控制局面。她首先发问以打破僵局:

"上条,你住在哪儿?"

好像在保护不善言辞的上条一样,静江答道:"在池之端的……"

"又没问你!"贯太郎震怒的声音使守瞪圆了眼睛。

"她爸……"里子制止着丈夫,又笑着向守说:"伯伯的声音好大呀!"上条用低沉的声音答:"在池之端的公寓楼。"

"一般地讲,那个……说话时小声小气的男人都不是什么正经东西!"

里子忙扯了一下丈夫的袖子,可贯太郎已经收不住了:

"你们,不知道怎么看结婚这事儿——就算从人家那儿要只狗呀猫的,也还得有个礼节讲个顺序吧!"

贯太郎如鲠在喉,围腰随着急促的呼吸剧烈地起伏着。守用食指捅了一下围腰中央肚脐的部位,毫无精神准备的贯太郎如同跑气的轮胎一下子泄了劲。爱笑的里子扑哧一声笑起来。[1]

这一段细节传达出很丰富的内容。首先,贯太郎是一家之主,他有权不顾及别人的面子任性地讲话,蛮横地对待别人;其次,贯太郎虽然威风,却并不威严,他的任性蛮横使他变成与四岁的守相对等的大孩子;再次,里子面上顺从的态度并非出于畏惧,而仅仅是一帖缓和剂,它有助于防止矛盾激化和真正解决问题。在一定程度上,里子与贯太郎的关系带有母子关系的味道。因此,当贯太郎无礼地赶走了上条之后,里子毫不退让地对丈夫提出抗议,贯太郎让妻子从家里"滚出去"时,里子说:"我不走",而贯太郎则回答:"要是你不走,那我走!"

《寺内贯太郎一家》没有贯穿始终的情节,缺少悬念,结构比较松散,它之所以能抓住观众、打动读者,在于它准确地把握了寺内一家人际关系的动态平衡。贯太郎这一人物性格并不复杂,但当他被置于妻子、儿女、母亲之中时,每一个矛盾的化

[1] [日]向田邦子:《寺内贯太郎一家》,新潮社,1990年第六次印刷,第31页。此系长篇小说,本文所引均据此版本。

解、每一次冲突的转折都因他与不同对象的不同关系而发生戏剧效果。如他发现了寄到儿子名下的色情照片时，怕女儿看见而坐在屁股下；如发现儿子与比他年长的远亲恋爱时召开家庭会议，中途停电不得不用手电照明，贯太郎用手电光柱指向每一位发言者，轮到自己时，也公允地用手电从下往上照着自己肥胖的面孔；等等。这些戏剧性场面均依赖于贯太郎与家人那种互补的性格，换言之，父亲只有“在家”，才能成为向田文学中的主人公。

1978年，向田邦子在患乳癌动手术后，以写遗书的心情创作了随笔集《父亲的道歉信》，集中地披露了她童年时的家庭生活。在这部随笔集中，父亲的形象与贯太郎完全一致，是一个善良而专横的家长，一个有各种弱点的喜剧人物。幽默是向田文学的整体风格，但她笔下的人物并非个个都是喜剧人物。如在描写母亲时，向田的笔触总是深情而温柔的，那位平凡的母亲形象很少喜剧色彩。同时，正如平原日出夫所推测的那样，生活中的邦子之父也有他值得敬重的非喜剧一面。[1] 显而易见，向田邦子在塑造父亲形象时有意进行了筛选。究竟是什么

[1] 参见《向田邦子的精神世界与事业》，第178—179页。书中指出向田之父是一位藏书很多的人，可以推测他休息日埋头读书的情形。但这种形象不合向田文学的喜剧精神，所以被隐藏起来了。

因素促使她避开父亲值得敬重的侧面呢?

与《寺内贯太郎一家》一样,这本随笔集中出现的父亲几乎全是"在家"的。向田邦子是从一个特定的场所——家庭出发去观察和描写自己的父亲的。同时,这个家庭又是传统的日本式家庭:父亲挣钱养活全家,是享有特权的家长;母亲柔顺能干,是家中真正的核心。在这样的家庭气氛中,带有孩子气的暴君形象具有一定的普遍性,这一点几乎已成公论。[1]《寺内贯太郎一家》中有一个细节说明了这一点:女佣美代子用绝食来抗议贯太郎对里子的粗暴态度,贯太郎为让美代子进食,决定向里子跪拜道歉。这时,美代子却哭着拦住了他:

> 先生道歉什么的,我看着不舒服!先生还是蛮横起来时更顺眼。[2]

向田邦子虽然在《父亲的道歉信》中充分原谅了这种暴君作风,但显然她只有在家庭这一特定场合才能加以原谅。如

[1] 社会学家们在对日本家庭结构的研究中指出,传统的日本家庭的男女分工非常严格,男孩子从小受到宠爱,在家务方面能力很差,事事需要照顾,长大后寻找能代替母亲的妻子是一种共同趋势。

[2] 《寺内贯太郎一家》,第134页。

《行大礼》中写她看到父亲在前来吊唁祖母的公司总裁面前跪拜时忽然领悟了父亲在家人看不见的地方一直以如此谦恭的态度奋斗以保障家人的生活;《过去的咖喱》写她至今仍被咖喱的香味唤起童年受父亲斥骂时心惊胆战吃咖喱饭的记忆,但这不愉快的记忆却反而使她感到一阵依恋。向田邦子充分描写出日本人对家庭的眷恋,并在这种眷恋中为日本父亲的专横任性抹上一层温暖的色彩。

但与此同时,向田邦子却在35岁时离家独立,一直过着独身生活。在考察她所创造的喜剧性父亲形象时,不能忽略她的现实生活与作品世界的这一反差。实际上,她的作品中存在着一股潜流,说明她对传统日本家庭的这种结构方式并非毫无保留。

1981年,向田发表短篇小说《核桃屋子》[1]。主人公桃子是一个在某编辑部就职的独身女性,年已30岁却没有结婚。她父亲三年前离家出走,与一个开家常菜馆的女人同居,于是桃子代替父亲承担了奉养全家的责任。她牺牲了青春与爱情,把全部精力用来挣钱,使日渐消瘦的母亲重新有了依靠,把弟

[1] [日]向田邦子:《核桃屋子》,载《隔壁的女人》,文艺春秋,1986年11月第八次印刷。1982年该小说被改编成同名电视剧。

弟送进了大学,让妹妹读上了高中。然而有一天她却发现自己被出卖了:母亲背着她与父亲在情人旅馆幽会,弟弟不好好读书和别的女孩同居,妹妹成了不良少女。用弟弟的话说:“担心别人的时候,想想自己不是更好吗?”“大家可都在适当地干着呢!”

父亲的出走象征着传统家庭结构的解体,这个家庭不再有家长了。而桃子的悲剧在于她尽力顶替父亲,使这个已经解体的结构恢复原样。她不但挣钱养家,而且吃饭时坐在了父亲的位置上,说话时用起了父亲的口头禅,在家里指挥一切,甚至连脱鞋的方式、走路的姿势都发生了变化。不但如此,她还拒绝了暗恋着她的都筑的爱情,因为都筑有妻子,如果她接受都筑的感情,就等于默许了出走的父亲和夺走她人之夫的女人。“为了家,自己不能走错一步!”

与此相对,桃子的母亲在家庭未解体时爱讲死理,缺少趣味,除了操持家务侍奉丈夫孩子不懂别的。而在家庭解体之后,她却逐渐丰满起来,越来越像女人。“要是父亲不离家出走,母亲一定会以消瘦和棱角分明的姿态度过她女人的一生吧!”

从作品比例看,这种离家出走的父亲远不及在家的父亲比重大,社会效果也不及后者明显;但在考察“在家的父亲”时,却必须把离家出走的父亲作为参照系。当向田让桃子受到生活的嘲弄时,她本人何尝又不是在嘲弄传统的日本家庭。当然,这种嘲弄极有分寸,因为向田缺少激进态度而富于幽默感,所以她比起描写那些逃走的家长(这些形象大多很苍白),更愿意揭示“在家的父亲”们的弱点。她之所以把父亲形象描写得极具喜剧性,不只是由于作品风格使然,而是因为她对日本传统家庭形态采取了有分寸的批判姿态。在她对父亲亲切的嘲弄中,体现的是东方女性富有弹性的生活态度,即在承认现实的前提下与现实保持相应距离,从而以极大的包容力理解生活。

东方文化是一种缺乏个性价值的文化。无论在东方的哪一个民族中都没有产生出成熟的个体价值观。所谓个性解放、个人主义的概念是在东方近代化过程中从西方导入的,它的确为东方提供了非常有用的思想武器,但是它并不足以建构东方民族的现代文化。同理,东方女性寻求自我解放时也未必一定按照西方的模式“决裂”,在决裂与妥协之外,她们应该寻找属于自己的文化立场。

向田邦子离家独立的经过在这一点上是耐人寻味的:

> 我为一些琐事与父亲争执，于是父亲说：
>
> “离开这个家！”
>
> “我离开！”
>
> 说实在的，我一直在等着这句话……[1]

这是1964年的事。在今天的日本，独身女儿离家别居已不像当年那样困难，但恐怕仍然需要理由。向田邦子采取的策略是让父亲先说出这句话，以服从父命的方式避免了独立于父权家庭时的冲突。在她把这些经过公之于众的80年代，她为日本女性提供的难道仅仅是巧妙脱离父权家庭的经验吗？

在成功地塑造出那个可爱然而可笑的父亲形象时，向田邦子悄悄进行了一场变革。她解构了旧有的父权观念，通过喜剧化的过程使父权观念徒有其表；在充满怀旧情思的温暖气氛中，向田邦子获得了自由。

在没有革命传统的日本，在缺少个人独立价值的东方，谁能说这种获取自由的方式没有价值？

---

[1] [日]向田邦子：《隔壁的气味》，载《父亲的道歉信》，第187页。

三、修罗场上的争斗

修罗(亦称阿修罗)是古印度神里的一族,梵语的本意为"不端正"。阿修罗是向天上众神挑战的恶神,因好争斗被视为人以下的存在,住在地下和海底。佛教将修罗列为轮回六道之一,位于天、人和地狱、饿鬼、畜生之间。

1979年,向田邦子创作了电视剧《阿修罗》[1]。这是一部描写男女之间情事的作品,主人公是出身普通市民家庭的竹沢家四姐妹。人到中年的长女纲子独自寡居,与有妇之夫贞治保持肉体关系;次女卷子年届四十,有一个圆满的家庭,却整天为丈夫鹰男是否有外遇的问题疑神疑鬼;三女泷子为人缺少弹性,棱角分明的性格使她的恋人胜又吃尽苦头;四女咲子是个愿为所爱的人献身的贤妻良母型人物。四姐妹虽为嫡亲骨肉,相互间却不停地猜疑争斗,在危难之际她们的相互援手似乎总伴随着相互拆台,相互信任也与相互猜疑互为表里。

故事开始时四姐妹因发现年已七旬的老父恒太郎竟有外遇而聚在一起商量对策,勾起各自的心腹事,于是争吵不休;卷

[1] 原题为《阿修罗のごとく》,意为"像阿修罗一样",新潮社,1990年3月第九次重印。

子借机对丈夫旁敲侧击,并在其后发现了姐姐的私情而将一腔怨愤移到纲子身上。泷子与咲子则因是否为性关系过于拘谨而产生龃龉。随着剧情的发展,四姐妹的暂时结盟不断为矛盾的暴露所打破,而当她们被迫入穷境时,又会形成新的结盟。

和向田邦子其他作品一样,这部电视剧虽大量使用悬念与巧合,但其整体结构却是开放性的:全剧没有铺垫与高潮,只有一环套一环的平行的情节。从父亲的外遇到长女的私情,从次女的烦恼到三女、四女的爱情生活,每一环节都有所同又有所不同,而一个事件的结束却不意味着矛盾解决。从开始到结束,主人公的性格没有任何改变(只有泷子因爱情而变得稍解人意),因此,所有的故事都可以无限循环下去。

在这种无限循环的结构中,剧中人物分为两个阵线:女人与男人。向田勾画的这种性别群像的总体特征是:女人为得到自己的幸福而不停地搏斗,不仅与有可能背叛自己的异性斗,而且与对自己形成威胁的同性斗。在这种其乐无穷的与人奋斗中,女人顽强地保卫着自身利益。而男人则害怕这种争斗,他们一心只想逃遁,只追求没有争斗的平静生活,剧中几个男人的对话传达出向田这一基本意念:

鹰男："女人是阿修罗呀！"

胜又："阿修罗是什么？"

鹰男："阿修罗是印度民间信仰中的神，外表上标榜仁义礼智信——争强好胜，喜欢讲人坏话，其实是愤怒和争斗的象征。"

胜又："就是说，是争斗之神啦？"

阵内（咲子之夫）："阿修罗……"

鹰男："没有希望获胜呵，男人们！"（215页）

而女人们的对话与此正形成有趣的对照。在父母的家里，母亲富士（音译）与次女有如下对话：

富士："（包含着某种意味的小声）鹰男，身体好么？"

卷子："——好呀！好到和别人乱搞的程度！"

富士："……"

卷子："——今天说是出差了，出什么差呀！"

……

卷子："在哪儿，和谁在一起，我也影影绰绰知道。不过呀，我一声也不吭！"

富士:“对呀！女人哪,要是一说,就输啦!”(200—201页)

富士这个人物着墨不多,她却是真正的“修罗王”。她早知道丈夫有外遇,却一直佯装不知,连在女儿们面前都装出平静的笑脸。但她这样做并非出于宽容,而是因为她意识到一旦冲突起来自己会输掉。鹰男对此看得很清楚,他话中有话地敲打一直怀疑自己的妻子说:

鹰男:“不,这是理想的姿态,作为太太来说。不胡猜乱想,温文儒雅——对男人来说,这是最好的。”

卷子:“真是打算得好!”

鹰男:“不仅仅是打算呀！我要说的是,还是这么干最聪明!”(83页)

但富士的聪明并未给她带来幸福。她表面上的温雅所掩盖的内心紧张远胜于女儿们。她去世后女儿们整理遗物时发现了一些藏在抽屉深处的春宫图,才知道母亲曾有过多么痛苦的感情经历。卷子感叹道:“我越来越感到妈妈可怜了。爸爸在外面搞女人，妈妈一人等在家里时，我们倒还没当回事，妈妈对这种孤独是受得住的——咱们都这么想吧！真的，妈妈那么正经，看上去和性感什么的一点关系没有嘛——可是，真不是那么回事！妈妈在衣柜抽屉里放了那种画——有几十年……”（281 页）

正因为这种由欲求不满所造成的深刻紧张，使富士干出了女儿们不敢干的事——给报纸匿名投稿揭露丈夫的艳遇。但是，除了造成女儿之间的互相猜疑，她未收到预期的效果，丈夫照样外出不归。最后，当她满腹幽怨地站在情敌的公寓外时，不意被卷子撞见，温文儒雅的面具被揭掉后，内心的极度紧张找不到支撑点，富士终于崩溃了。当恒太郎被年轻的情人甩掉又回到富士身边时，她已经弥留，听不到丈夫凄凉的话了：“她妈，我给甩了，我又回来了！”（212 页）

对于富士所代表的传统日本女性的悲剧，向田邦子是同情的。她借女主人公之口说出了对男性中心社会的不满。当长女纲子与父亲商议自己是否应考虑再婚的问题时，父女间有如下对话：

恒太郎：“……一个人今后叹着气活，也没什么趣吧！”

纲子:“父亲您呢?”

恒太郎:“——男人是不会叹气的。”

纲子:“真狡猾呀,父亲!(小声)母亲就是这么给害了!”

恒太郎:“是狡猾。男人要狡猾得多。要是你这么想,就会少受伤害!”(405 页)

卷子也在另一个场合批判了男人的这一“狡猾”。她举例说一个幼儿园的男孩说他喜欢两个女孩,想要结婚,而他母亲说一个人不能与两个女孩结婚时,男孩说他可以让其中一个当女佣。卷子评论道:“虽然小,可也是男人哩——这就是男人的真性情吧。就连住在国立的父亲不也是如此吗?(母亲)最初是新娘,可是渐渐地就变成了老婆,接下去就变成了只负责扫除、洗涮、做饭的女佣了!”(432—433 页)

但是向田邦子并未止于对男性社会的这一批判。《阿修罗》主题的深度就在于它超越了单纯的两性对峙,超越了普通的道德层面,进入了对人类情感世界的抽象探讨。阿修罗的好斗使人们把战场称为“修罗场”,向田邦子这部作品所描绘的,正是仇恨与猜忌如何将人们推上修罗场的。不能回避的事实是,修罗场上的斗士是女人,而这些女人并不是胜者。

向田邦子在回答有关她的小说《阿·吰》的读者来信时这样写道:

> 正因为孕育着丑恶和危险,才因此而结成人们之间的感情纽带,我总觉得这样的感情才是真的。……女人是具体的动物,她爱丈夫爱孩子的本能是出类拔萃的,但在友情这种抽象精神上她可比不过男人。
>
> 我想就这样也很好。因为女人身体与精神的结构并不是那样组合的。可是,有时见到男人们之间那种虽有不快与丑恶、却相知很深的友情,还是觉得真带劲儿。我写了这个故事,也是因为羡慕这一自己没有的、了不起的感情吧![1]

《阿·吰》是一部与《阿修罗》相映成趣的作品。它描写了两个男人同时爱一个女人时的微妙心态。制造军需设备的中等企业的经理门仓修造与某公司的高级白领水田仙吉是一对密友,门仓虽有妻子和两个情妇,却一直在精神上爱恋着水田

---

[1] [日]向田邦子:《并不甜蜜的友情·爱情》,载《男时女时》,第180页。

的妻子民(音译)。民与门仓虽然关系清白,但在潜意识里已把门仓接纳为自己家庭的成员。水田虽然知密友眷恋自己的妻子,却仍然与其保持亲密的友情。这种奇妙的关系曾一度因门仓无法控制自己的感情而主动中断,但中断之后两人都毫无生气。当仙吉下决心转去爪畦工作以永远避开门仓后,门仓前来告别,两人重叙友情,结果,仙吉去不成爪畦了。

向田邦子在这个故事里显然在探讨她认为只能存在于男人之间的抽象友情。这种友情"并不甜蜜",却因而真实。门仓与水田共同与民组成的这个如同走钢丝一样的共同体关系,完全没有《阿修罗》中的那种紧张感,相反,这种荒唐的关系造就了人们之间并不纯洁却非常深厚的感情。门仓与水田的关系或许并不真实,但那种微妙的感情却是实实在在的。同时,这种深厚的友情与《阿修罗》中的暗中角斗相互映衬,充分体现了向田对于人类感情的深刻省视。

显而易见,向田邦子在审视两性的缺点时使用的目光是有区别的。在审视男性时,她极大限度地发挥了自己的幽默感,笔下的男主人公有时成为她寄托理想的载体,有时成为她嘲弄的对象。但对这些男主人公,向田是宽宏大量的,用久世光彦的话说,她在作品中为无论怎样差劲的男人都预备了逃遁之路。久世甚至认为她有一种想使男人快活的本能;而平原日出夫则从她对父亲的调侃中得出她有恋父情结的结论。但如果与向田邦子审视女性的目光相比较,他们的结论大可推敲:向田对女性严格的自我解剖态度,出发点绝不是向男性献殷勤。

《阿修罗》的导演兼舞台监督和田勉意识到了这点。在该剧拍摄过程中,鹰男的扮演者从不苟言笑的绪形拳改为露口茂,一向饰演硬派角色的佐分利信在饰演恒太郎时竟因该角色反差太大一度摔掉台词本想要回家。和田勉解释说:男人要想"作为男人"存在,向田的剧本有点难以接受。这些男人"在女儿与老婆面前没有阳刚之气,在女人们面前鬼鬼祟祟地活着"。向田剧本中的确有"女人所见的男人",然而却不存在真正意义上的"男人所见的女人"。[1]

和田勉的说法是准确的。向田对男性世界的友好态度不等于她采取了男性视点,她没有提供男人想要的女人,也没有提供男人想要的男人。她用女性视点重新建构了两性的世界,这两性都有缺陷,而她真正关心的却是自己这一性。她从不让笔下的男人真正支配女人,她的两性观是建设性的,但作为女人她只建设自己这一性。如在随笔中她仅仅对同性提出规劝,

---

[1] 参见《可怕的电视剧炸弹》,载《阿修罗》,第498—505页。

收入《男时女时》中的《关于生气勃勃的女人》告诫女性要保持心理上的年轻,不要丧失对外界的兴趣;《慎独》警告女性在一人独处时要注意礼仪与教养;收入《女人的食指》中的《桃太郎的责任》提醒女性应简明扼要地表达自己;等等。但在随笔中找不到一篇告诫男性的作品。她对男性的这一距离正显示了东方女性"成为自己比什么都要紧"的态度,正是与男性世界的距离感给了她立足自身发展自我的空间。如同《阿修罗》所提醒的,女人在修罗场上的角斗不会给自身带来幸福,两性的合作与宽容才是正常的生存状态。

向田邦子的文本世界因而充满了伍尔芙所说的"奇怪的性的性质",这种性的性质关键在于它的开放与自由。从接受一盘上错的菜到巧妙地脱离父亲的家,从解构女性由于不平等而产生的正当的愤怒到探讨人类友情所能延伸的最大限度,向田营造的是一个脱离了传统羁绊的自由天地。其实对于女性来说,最难克服的羁绊不是外部世界的性别歧视,而是来自自身的受害者心理以及由此而生的偏狭紧张的生活态度。女性的自由必须源于对自身这些旧有传统的超越,超越了这一切,她就不必再浪费时间对抗不断提出各种告诫的男性家长,也不必扮演男性世界所需要的温文儒雅的母亲。她真正成为她自己。

成为自己的女性才会懂得如何面对这个并不和平的世界,才会懂得如何心平气和地发展自我;找到了自我的女性文学才会与实际的女权运动相区别,获得独立存在的价值。

半个多世纪以前,伍尔芙向她的姐妹呼吁过:假使我们有自由的习惯,有高出我们真正所想的东西的勇气,假使我们不害怕无人援手地自己走路,我们的关系是对这个现实世界而不是仅仅对男人和女人的世界的,那么,一个女莎士比亚就会转生。

西方的女权批评并未把伍尔芙这段话奉为经典。事实上,女权批评的特点也就在于它没有经典,没有固定范型。但是,伍尔芙这段话的深刻含义却对于全世界女性都有重要启迪。

向田邦子倒不一定要当西方意义上的女莎士比亚。作为东方的女性,她的文化立场,她那"自由的习惯"和"高出自己想要的东西的勇气",却是她对于世界的独特贡献。

“后现代”：苦果，还是甜枣*
——日本的大众文学

现代文化大约是20世纪20年代传入日本的。至少，“摩登青年”“摩登女郎”这样的词儿是在20年代流行于日本的。对于当时的日本青年来说，现代化意味着超短裙与宽边眼镜、喇叭裤、爵士音乐；意味着女孩子剪短头发而男孩子留起长鬓角——在几十年以后的中国，我们轻而易举地看到了同样的理解。不过，日本人当时的理解还仅仅停留于表面的层次，大正时代的日本还不可能像20世纪初的西方那样为他们提供牛仔裤与超短裙以外的任何东西。更何况那以后动荡而充满血腥的昭和时代，使得这一点可怜的点缀也在那场罪恶的战争中黯

---

* 原载《大学生》1990年第1期。

然失色了。

然而在文学界里,西方现代文化却催生了日本的“新感觉派”。它的双璧横光利一与川端康成,从法国战后文学中受到了启迪,就在那个时代里创作出了确实具有现代派特色的作品,形成了一个以不描写心理而仅仅敏锐地捕捉瞬间感觉为其特色的艺术流派。当然,在一切为了战争的昭和年代里,新感觉派的作家在文学史上的命运并不比他们在中国的追随者更好,他们确实为新兴艺术开了先河,而这一流派在以后为后来者所维持接续;然而,不仅横光利一与川端康成后来完成了向日本传统文化的复归,而且新感觉派也始终未成为日本现代文学的主流。至多,它只成为无产阶级文学、私小说、新兴艺术派三足鼎立中的一根支柱,而在现代日本文学中占主导地位的,则是以夏目漱石为代表的深入挖掘转型期日本民族心态的写实主义作品。现代日本所具有的特殊历史环境,使得现代日本文学产生出了有别于波德莱尔和加缪的特色——人道主义、民主主义的倾向。

随着战后日本经济的迅速发展,从 50 年代后期开始,日本出现了一个逐步扩大的白领阶层。这个阶层是战后日本大众社会中最基本的群众,也是最能够左右文学取向的读者群,从某种意义上说,正是他们,决定了战后到今天日本文学的发展,创造了后现代的文化现象。

1978年,以专门出版古典名著以及纯文学作品而著称的筑摩书房倒闭。1980年,它又改头换面,以“文库本”(即专门为便于阅读和携带而设计的开数小、页数少的简装本)的形式出版比较严肃的普及型读物。这个事件简直可以说是一个象征,它意味着日本的当代文学已经走出了夏目漱石、川端康成的世界,走出了愤世嫉俗的怅惘与凄苦寂寞的思索,甚至也走出了古香古色的感觉。这就是日本文学乃至日本文化的后现代。今天,“后现代”这个词儿已经和东京街头代替超短裙而兴起的肥大棉布衬衣一样时髦,然而在日本人嘴里,它究竟是一枚苦果还是一只甜枣?

日本人大概是世界上工作效率最高、工作节奏最快的人种。在这块地域狭小、资源有限的国土上,竟会迸发出如此巨大的经济活力,不能不归功于日本人的快节奏与高效率。当然,在节奏与效率背后有着一整套独特的社会机制,它的核心是日本人的集体主义。这个连出国旅游都喜欢打着旗、排着队的民族,似乎有一种与生俱来的对于个性的厌恶,只有在集团内部他们才能感受生命的真实,一旦失掉了上下左右的制掣,他们非但不会感到自由,反而会失掉安全感而觉得自己什么都不是。正因为如此,日本人成功地将人与人的摩擦减少到最低限度,以纪律维护了效率;而在物质生活丰盛的今天,他们尽管担心着明天的日本会走下坡路,却依然心安理得地在中流意识的支配下度日。中流意识是日本人普遍具有的乐天知命、满足现状的思维方式,几乎每个日本人都为自己排定一个“中流”的位置,这使他感到安全、自得,从而有效地免除了其他发达国家经常出现的人的焦躁感。是的,日本人只有紧张、劳累,而没有焦虑,这就是为什么日本现代文学没能造就出卡夫卡、加缪与贝克特,而又无须在后现代文学中“补上这一课”的原因所在。

具有中流意识的、以白领阶层为主体的读者群,塑造着当今日本后现代文化中的大众文学,这种文学并非是以高雅自居的精神贵族眼中的无聊之物,它与纯文学的界限正在日益模糊。大学教授与小职员同读一本书并不是稀罕事,而且这种阅读活动几乎同是在地铁或电车里进行;大江健三郎这样的纯文学作家的作品销量锐减,而一大批创作娱乐性作品的作家都有着很好的销路。日本有两类文学奖,一类是纯文学奖如芥川奖,另一类为大众文学奖如直木奖,近年来屡屡有作家兼得这两类文学奖,从而使大众文学与纯文学显示了合流的趋势。

不过,这种合流的趋势仅仅标志着大众文学具有相当的质量,却并不意味着真正的合二而一。至少,在文学观念上这两者是不同的。就纯文学而言,它的追求目标是美学性的,它必须能在审美的意义上感动读者,使读者在完成情感移入的过程中与作品发生共鸣;而就大众文学而言,它的追求目标则是娱乐性与知识性的,读者不必对作品主人公的不幸掬洒同情之泪,也可以对主人公的欢乐无动于衷,而这并不意味着作品的失败。事实上,作品根本不把描写人物命运与剖析人性的深度作为自己的首要任务,它孜孜以求的是满足人们的好奇心,最大限度地娱乐读者。不言而喻,为我们所熟知的松本清张、森村诚一、西村京太郎、赤川次郎等推理小说作家最突出地代表了大众文学的这一意向。日本的推理小说以其精细缜密取胜,故事性强而且很讲究精确性。比如,同是描写与列车有关的谋杀案,西方的同类小说往往会把推理的线索放在车中人物及其关系上,而日本的作品却喜欢把列车时刻表作为线索,用时刻表的时间差来推算出凶手可能作案的时间,从而排除那些不可能作案的人并抓住真正的元凶。日本几乎没有长途火车,可是这种“铁路推理小说”(甚至就有以此为名的推理小说集)却相当发达,铁路不仅是背景,而且是有助于解开疑团的工具,这实在体现了日本人精细的特征。除火车外,温泉、别墅也常被用来作为推理小说的背景,大概是因为这些远离日常生活的场景更容易吊起那些每天忙碌于工作而无暇他顾的白领们的胃口吧。推理小说往往被改为电视剧,打开电视节目表,满眼的“××山庄连续杀人事件”“男女之间的一段悬案”,令人目不暇接。推理小说固然最能满足人们的好奇心,但它只是一个方面,科幻小说也一直是大众文学作家努力经营的领域。星新一除写作推理小说外,还是一个科幻小说作家,他最初登上文坛,就是以科幻小说一举成名的。此外筒井康隆、小松左京等一批作家也都十分活跃,他们为读者勾画出一个光怪陆离的世界。不过,也许是日本人善于推敲细枝末节而很少突发奇想的思维定式所致,科幻小说比推理小说要逊色得多,电视台宁可播放美国的科幻故事片也不肯费神去改编本土的科幻小说。的确,与美国同行相比,同样生活在拥有先进科技手段的发达国家的日本科幻作家显然缺少气魄,缺少那种纵横驰骋的想象力。不过不管怎么说,推理与科幻构成了大众文学中常胜不衰的两大主题,它们始终拥有着稳定的读者群。

满足好奇心,这仅仅是大众文学的一个侧面,在日本这样的情报社会里,后现代文化必然要求它的文学具有情报性。事实上,现代日本人已经习惯于依赖情报生活,五花八门的情报报纸、杂志每天为他们提供大量信息,帮助他们设计自己的人生。离开情报这根拐棍,他们就变得又聋又瞎,寸步难行。可以想见,一个习惯于每天接受各方面信息的人,当他捧起文学作品时,出于心理惯性,他也会要求从中获得某些情报,他将要求不是重新发现自己,而是更多地知道一点他所不知道的身外的世界。更何况在发达的后工业化社会里,人们的视野大大拓宽,求知的欲望也随之大大增强,"情报不足"已成为和"乡巴佬儿"差不多的同义语。

于是,以追求情报性为指归的文学应运而生。这类作品中首屈一指的当然要属那些非虚构作品了。这类作品包括旅行记、探险记、传记、专题报道、报告文学等等,虽然作者不能进行脱离事实的想象,但由于选材的独特,作品能告诉读者一些他们所不知道的知识,因而同样具有吸引力。比如由曾担任WHK航空记者的柳田邦男创作的《马赫的恐怖》一书,记录了1963年春在日本连续发生的三起喷气式客机事故,为读者提供了航空方面的知识与信息,作者对这些信息进行了巧妙的艺术处理,使得这部作品具有很大的吸引力。与纪实文学相辉映的还有历史小说。对于历史的兴趣似乎不仅限于日本社会,也是西方其他发达国家读者的共同特征。或者准确地说,对于历史的兴趣是情报社会的一种特有的读者心态。它的根源当然同样是对于情报的渴求。日本人对于他们自己的历史似乎有一种强烈的偏爱,以至将其与希腊罗马的时代并称。这种历史意识在历史作品走红的今天又得到了加强,作品与史实尽管可能有出入,但是读者仍相信他们回到了过去。中国历史在日本是一个热门题材,过去,中国古代文化是日本人教养的重要内容;今天,中国的历史故事仍然吸引着现代日本人。华裔作家陈舜臣创作了大量取材于中国历史乃至古典名著的作品,以图把他所理解的中国历史传达给日本人。

推理小说、科幻小说、非虚构作品、历史小说以及其他门类的创作,构成了今天日本大众文学的汹涌浪潮。由于阅读有限,我无法在此给以全面的评价,不过有一点可以肯定,即传统的文学价值观在后现代社会的大众文学面前受到了挑战。娱乐性不再被斥为“下里巴人”,不打动读者的作品也被赋予了价值,尽管在少数知识分子那里仍保持着一点“阳春白雪”似的传统文学价值观,但是对娱乐性的追求已经变成当今大众文学堂而皇之的旗帜并且被载入最新版《日本近代文学大事典》,“审美”虽然仍未失掉它神圣的光环,却只能在文学殿堂的王位上侧身而坐了，“娱乐”正在脱离它的侍从地位，向文学要求着它那一份权力。在“今天的日本没有文学”的惊呼声中，文学的价值观却在悄然转变。今天，“娱乐”成为大冈升平这样的老资格作家的讲演题目，那么，谁能担保明天在大学教授的课堂里，大众文学不会与《心》《古都》相提并论呢？

大众文学塑造读者的力量是不容忽视的。尤其是在文学日益图像化的今天，漫画、电视节目占据着现代日本人的大部分闲暇时间。在地铁里翻漫画，下班回家后看电视，这似乎是相当一部分白领的消遣方式。1989 年 1 月 7 日日本天皇裕仁逝世，各电视台在 3 天之内只播新闻、昭和史，于是出租录像带的店铺在这 3 天内买卖兴隆，以至一位店主在回答电视台采访时叹道“可惜不能老遇上这样的事”。人们涌进录像带出租店，一方面反衬出那几天日本各家电视台枯燥的宣传不得人心；另一方面，也暗示着电视在日本的生活中占据着何等重要的位置。日本的大众文学通过电视塑造了日本人的服装款式、发型、举止，也塑造了他们的价值取向与道德评价。这种塑造的普遍性与持续性，早已超过了纯文学价值观所能理解的限度。

我们似乎很难用“好”“坏”这样的价值标准来评价当今日本社会的大众文学现象，它似乎更适合作为一个事实来接受。

日本的一些作家学人已开始接受它。我不知道在中国什么时候也会出现类似的现象,也许在中国,后现代的大众文学会是另一副面貌吧。

日本式洁癖的文化意义*

日本是个多雨的国家。大自然的恩惠使这个葱茏的岛国总保持着清新与洁净的面貌,这一点几乎总是引得每一个来自内陆性气候国家的中国人惊叹不已。

记得有一次坐汽车从长野县境内穿过,途中不得已去打扰了路边一家农户。一位老大妈出来迎门,把我们让进那间木质结构的农舍。我立刻为房间内不染纤尘的洁净程度感到惊讶。在东京,看惯了商店里腊制品似的蔬菜水果,走惯了不会让皮鞋染上灰尘的柏油路,也对路边包装整齐的垃圾习以为常——我私下里却一直认为,那一切都是与钢筋水泥的城市文明连在一起的;而今,当我面对这间并不明亮也谈不上舒适的普通农

---

* 原载《大学生》1990 年第 3 期。

舍和那位整天与泥土打交道却十分清洁的农妇时,我才恍然悟到,讲究清洁原来是整个日本民族的习性。

说日本人有洁癖绝不过分。这不仅因为他们非常讲究卫生,衣着整洁并保持着环境的整洁,而且因为他们有时候会不自觉地把讲卫生变成一种没有实际内容的癖好。日本人的洁癖最突出的表现在于,他们不是在有尘垢存在时才打扫洗涤,而是在一切看上去都很干净的时候就开始打扫。久而久之,这整洁形成了习惯,变成了主动的“防微杜渐”的行为。举一个极端的例子:一个刚加入某公司的年轻职员,为了表现自己的集体观念,每天都要在上班时擦抹桌椅;即使别人已经擦过,他也照样再擦一遍。从这个例子可以看出,日本人的整洁习惯实际上已经具有了卫生手段以外的意义。

日语中有关清洁的词主要有两个:一个写作“奇丽”,一个写作“清洁”。前者比后者更常用于口语,因而清洁一词显得有些文绉绉的。但不管是前者还是后者,它们除清洁这个意思之外,还都有些别的含义。“奇丽”的基本意义是美丽,用以形容使人赏心悦目的对象;洁净则是奇丽的一个派生意义,它又可以引申为精神上没有污点、男女之间没有肉体关系的纯情,以及办事干净利索等等。洁净与美丽同为一词,可见日本人眼中的美丽是要以纯洁作为前提的。“清洁”一词不如奇丽含义丰富，它的基本义是洁净，引申义只有一个，即“人格和生活态度等等正确而没有污点”。对上述两词的解释均根据松村明编《大辞林》（三省堂 1989 年版），值得注意的是，对清洁一词引申义的解释中，“没有污点”的原文是“奇丽”。在翻译的时候我找不到确切的中文，只好姑且译为否定的说法。

其实，在这个简单的翻译问题上，我遇到的恰恰是两种文化的差别。在汉语的语境当中，清洁只不过是一种手段，据《辞海》解释，清洁与洁净两个词均为纺织行业的检验术语，只是它们的构词成分才与“干净”“纯洁”同义。在现代汉语中，我们把清洁、洁净、干净作为形容词使用时，仅仅用它们指涉卫生状况，只有借助于换喻手段，才有可能用它们来指涉人的精神。换言之，这几个词的社会语境当中并不包含有人的精神特征。而在日语中，奇丽与清洁均与人的精神特征密切相关。这样，当我遇到“人格与生活态度”“奇丽”的说法时，由于两种语境的差异，我无法把它直译为“人格与生活态度干净”。说来有趣，中国人虽常指责某人品行上有污点，却从不像日本人那样把“清洁”作为人格与生活态度的准则，或许，这正是两种文化的差异所在吧。

京都大学人文科学研究所教授会田雄次记述了这样一件事:他家里每人的碗筷都是专用的。有一次他太太错用他的碗盛了饭递给正读高中的女儿,女儿中途发现碗错了,说道:"哎呀,这是爸爸的碗,真脏!"其实,这女孩子的洁癖很有普遍性,日本大部分家庭都保持着类似的习惯,一旦这习惯被打破,日本人就觉得不自在。问题在于这种习惯并不是为了讲卫生,而是建立在"他人的东西是肮脏的"这样一种观念之上。与此相对,与自己一体的东西就是干净的了。同床共枕的夫妻在离别时互相交换贴身内衣,这在日本是爱情的最高表现,因为它证明对方已不是"他人",已与自己浑然一体。

相传在古代日本,每个初次上岛的外国人都要被从头到脚彻底洗一遍,因为日本人认为异邦人是不洁的。其实,这种离奇的古代故事与现代姑娘会田小姐的举动是一脉相承的,它们都说明了一个问题:日本人的洁癖,具有区分"自己"与"他人"的文化内涵。区分自我与他人的倾向,在任何民族任何文化中都是共通的,但把它体现为一种洁癖,却是日本文化的独特创造。洁癖使得人际关系这一本应属于伦理道德甚或可以扩展到政治领域的问题变成了一种感觉,从而使日本人的行为方式带上了极为独特的色调。

理解一个民族的灵魂莫过于理解那个民族的文学与艺术。从被日本人尊为偶像的夏目漱石的作品中,我们就可以找到这种灵魂的表露。他早期作品《哥儿》描写了一个东京青年去地方中学任教终因无法忍受那里的“日本式肮脏”而逃回东京的故事。哥儿的刚直不阿和单纯憨直很容易博得外国读者的喜爱,但他的某些行为方式却必须用日本人的洁癖眼光去看待。比如哥儿曾听信卑鄙阴险的同事的挑唆而误解了豪爽的堀田,后者曾在他刚到达此地时花一分五厘请他喝了一杯冰水。哥儿与堀田绝交的方式就是把这一分五厘还给他。为了强调这样做的意义,哥儿在内心里做了如下解释:当初喝了冰水而不付钱,是因为对堀田怀有好感,无形中把他看成了自己人。五年前哥儿曾借过从小带自己的女佣阿清婆三元钱,至今也没想过还她,不是还不起,而是因为还了钱就等于把阿清婆当成外人,就等于不相信她的真心。当初喝了堀田的冰水,是出于差不多的心理状态,现在闹翻了,哪怕只有一分五厘的账也得算清楚。哥儿把这一分五厘硬还给堀田后,逐渐发现对方并不卑鄙,是自己错怪了他。于是他又找机会拿回了那一分五厘,表示与堀田言归于好。

或许在中国读者眼里,哥儿的做法未免有点小题大作,可是对于讲究洁癖的日本人，这件事却顺理成章。至少，它可以证明哥儿的人格与生活态度是“干净”的，而这“干净”在日本人眼里又有着极其重要的分量。这个细节对于中国读者几乎是画蛇添足，而对于日本读者，却是点睛之笔。

在创作《哥儿》的阶段，夏目漱石对人物内心的刻画还比较简单粗糙，到了后期，他的笔触渐渐伸向人物内心，开始剖析日本人的心灵世界。《心》可算是他晚期的代表作。日本人说读《心》才能了解日本人。这就是说，《心》里有某种独特的日本式精神。限于篇幅，我无法在此详细分析《心》的丰富内涵，只能涉及它与本文主题相通的一个侧面。

《心》所揭示的是一个完全封闭的精神世界，叙述者“我”直到先生自杀之后才得以进入这个世界。造成先生自我封闭的原因，表面上看是因为他曾夺走了好友K之所爱而间接害死了K，所以不得不忍受道德上的自我谴责；但是实际上，K是在知道朋友背叛他之前就下了死的决心，先生充其量不过是个催化剂；K之所以自杀是因为他不能背叛他过去的生活信条，这信条不允许他享有普通人的感情生活；而先生之所以自我封闭乃至自杀，与其说是因为他害了K，不如说是受了K的启发。先生与K的一个共同特征就是孤独并且坚守这孤独，就连不断把自己称为罪人的先生,也依然希图在这孤独中保持纯洁。他一直到死不曾向爱妻忏悔,因为一旦忏悔这纯洁就不复存在。

孤独是西方现代派文学的一个重要主题,《心》的孤独主题却与前者大不相同。我认为,它不同于前者的地方就在于它具有一种洁癖特征。具体说来,这种孤独发源于对自身人格是否纯净的敏感,它导致经常性的自我厌弃,并发展为没完没了带有自虐倾向的内心惩罚。与基督教世界的赎罪意识不同,《心》中所表现的忏悔情感不带任何宗教色彩,因而主人公毫无获救的可能。其实,主人公并没有企图获救,比起通过忏悔而得到灵魂安宁来,他们更注重的是自己的人格在他人心目中是否"干净"。即使忏悔可以使他们得到宽恕,但由于这样一来他们显得不再纯洁无瑕,他们便宁可不去忏悔而选择死亡。《心》中的先生本可以在K向他坦露对小姐的爱情后也向K表明自己的相同情感,但由于他在K表白之前就一直陷入一种优柔寡断的境地,他就绝没有任何行动的力量。这种一拖再拖的真正原因不是性格上的弱点,而是他害怕因吃不准小姐的心思而丢脸。

他认为失恋的痛苦尚可忍受,丢脸的屈辱却无法忍受。所谓丢脸,就是自己在他人心目中不再洁净无瑕,这是日本人的奇耻大辱,雪耻的最好方法只有自杀。当然,先生并没有丢脸,所以他又延宕了很多年后才自杀。他的自杀有很多寓意,其中包括作者对明治精神的理解乃至日本人对死亡的观念;在此我要说的仅仅是:他自杀是因为他没有勇气让别人鞭挞自己而又不能忍受“自己鞭挞自己”的生活。换言之,先生宁可死也要保持他在别人眼中的纯洁形象。而在与世隔绝的先生眼中,唯一与他相干的“别人”只有妻子一个人,因此他可以把自己的过去向与己不相干的“我”和盘托出并允许“我”提供给他人做参考,却一直对妻子守口如瓶并要求“我”也这样做。“因为我唯一的希望,就是想让她对我过去的回忆,尽量纯洁地保存下来。”而先生的过去是不洁的。他力图让虚假的纯洁保存在妻子的记忆里,无非是因为他把纯洁看得比真实更重要,以致为了这种并不存在的纯洁而放弃了对灵魂的拯救与对爱妻的真诚。

《心》并不是一部立意描写洁癖的小说,但作为深入刻画日本人心灵世界的杰出作品,它却微妙地传达了日本人的洁癖。其实,在川端康成的作品世界中同样可以看到这一点,甚至在安部公房、三岛由纪夫那里也可以找到洁癖的痕迹。独特的日本文化塑造着独特的美学眼光,当我们翻开日本文学史上的那些杰作时,为了真正走进那个陌生的世界,或许也有必要像当初踏上古代日本土地的外国人一样,先接受一番这种独特文化乃至独特美学眼光的沐浴吧。

谈谈微观研究*

这是一个既红极一时又背时的题目。说它红极一时，是因为这个从物理学家手里借来的词儿，曾被我们这些弄文学研究的人嚼得津津有味并且现在还余味无穷；说它背时，则是因为从开始论及它的时候起，一见到宏观研究的面，它便如小媳妇见到公婆和长嫂。

我在这里并不想替微观研究张目。换句话说，我没有兴趣比较宏观中观微观的孰优孰劣。既然文学研究和文学批评犹如一部大合唱，我们又何必非要把高音部和低音部对立起来，而不去寻找它们的合作所产生的美妙效果呢？我只想就微观谈微观，而这样做的唯一动机，是因为我对于宏观研究一向怀

---

* 原载《文学研究参考》1988 年第 8 期。

有敬畏之感，所以不敢有什么微词。

微者，细小也。物理学中将微观粒子和微观现象总称为微观世界，其特征在于空间线度与空间范围极其微小。在文学史上，每一个作家和他的创作活动相对于整部文学史来说，都构成一个或丰富或贫瘠、或变化多端或单调乏味的微观世界，而以文学为对象的研究者们，相应地造出一种微观研究来，实在亦属理所当然。微观研究，也是一个微观世界，它所涉及的时空范围相对狭小，正因为这相对的狭小，它才有可能不去四方驰骛，而仅仅专注于一人一事，把细部勾勒得分分明明。可以把宏观研究比作欣赏西洋的油画，它追求的是一种整体效果。你站到一定距离之外，通观整个画面，才能领略其构图与色彩的美妙；而微观研究，则相当于国画的欣赏方式。每到秋季晾画的时候，故宫博物院从不考虑给欣赏者预备一间宽大的殿堂，只在那窄如游廊的展室里，观赏者便可大饱眼福。这实在是由于采用散点透视的国画，每一个细部都自成一体，那一花一鸟一草一木，都经过细腻与逼真的勾勒，你不贴近去看，你就什么也看不见。

微观研究，从现有的成果看，大致上可分为两类。

一种是考证。考证最多而且最显出作者智慧的，是在古典文学领域。因为隔了一层语言的障碍,再加上年代的久远使作家的面目依稀难辨,考证便成为非常必要的研究手段。考证是一门难度很高的艺术,能够得心应手地应用它的人并不多,于是对于考证的非议四起。其实考证本身没有什么可非议的,同是考证,钱钟书先生、陈寅恪先生的论著不是写得很精彩么?我觉得,他们之所以写得精彩,要紧的还不完全在于学识的渊博,而是在于他们的思想与智慧。当一篇考证文字得出一个富有历史感和普遍意义的深刻结论时,我们甚至很难说这是一篇纯粹的微观研究。如同一幅构图精美的宋元国画,近看用笔精当,远看亦经得住推敲。而这种微观与宏观的结合,已成为今天很多学人所刻意追求的目标。

另一种常见的微观研究是对作家作品的赏析。这种方法以现代、当代文学研究为最。几乎现当代每一个文学家的微观世界,都得到这种微观研究的发掘。发掘得深入与否又当别论,反正这种发掘在不断进行而且要不断进行下去。近几年,对于这种作品赏析的微词渐多,主要原因在于思想内容、艺术特征这一对既包罗万象又没什么实质性内容的词儿,曾使作品分析一度倒人胃口;于是,研究者们便力图突破这种大学讲义式的研究模式,使作家作品论这一微观研究更加切近作家作品的微观世界本身。不过，这种突破有意无意之间所带来的结果，却使作家作品论离开了微观而向宏观靠拢。我们已经可以读到很多才华横溢的作家作品论，它们共同的特点都是“醉翁之意不在酒”，谈的虽是某一作家某几部作品，得出的却是有关历史文化、社会或艺术规律等方面的一般性结论。

由此可见，考证也好，作家作品论也好，由于它们都是研究的手段而非目的本身，便潜藏了某种发展定式，即它们必须在自身之外去寻找一个研究目的，而使自己成为纯粹的方法。近几年来，这种潜在的定式已经形成了研究趋向，从而使微观研究越发自惭形秽，越发以宏观研究为自己的楷模。以微观始而以宏观终，似乎成为每一个有才气亦有志气的微观评论家命中注定要走的路。

这的确是一条很值得一走的路。而我要写在下文中的话也绝非含有半点对这条路的轻视。我倒是觉得，微观与宏观的结合也许更适合于中国人的气质。但应该补充一句，这并不是搞微观研究的文学研究者唯一的路，而且条条大路也并不一定非得通向“罗马”不可。

在日本，一直存在着对文学就事论事的考证传统；在欧美，则曾经产生过颇有建树的“新批评”。我们当然可以指责前者目光短浅或后者画地为牢。然而在指责之余,似乎也有必要想一想,无论前者或后者,都是一种真正的微观研究,一种不以宏观为指归,真正拥有自己微观世界的微观研究。而这种微观研究,则恰恰是我们所最为缺乏的。

对于日本的考证传统,我并不那么兴趣盎然,而对于欧美的新批评,我却怀有浓厚的兴趣。搞文学批评的人,无论如何应该具有高度的艺术感受能力,否则,何以与其他学科的研究者相区别?尽管我们没有必要要求所有研究文学的人都来搞本文研究,但是研究文学的人在艺术感受能力方面甚至比不上其他学科的人,这总归有点说不过去。莫泊桑说:“只有少数出类拔萃的人物要求艺术家:——根据你的气质,用最适于你自己的形式,给我创造一些美好的东西吧。”文学批评家,至少出色的文学批评家,不管他使用什么样的批评方法,都应该首先是这种出类拔萃的人物。从这一点上来看,“新批评”的批评家的确出类拔萃。勃兰兑斯的印象或批评写得才华横溢,然而他把自己的艺术感受表现得“羚羊挂角,无迹可求”;新批评家们却从作品的形式入手,将最难把握的审美感受固定化,使本文的阅读获得了长足的进展。新批评家们所追求的目标尽管不尽相同,但在恪守微观这一点上,他们却完全一致。唯其恪守微观,才有可能对作品形式进行精细的考察;唯其恪守微观,才会得出纯粹属于艺术范围内的结论。可以说,“新批评”的出现,是微观研究的一大奇观。

我觉得非常遗憾,时至今日,我们所能看到的新批评家著述的译文,比之其他文学理论或批评流派来,实在是少得可怜。尽管这是一个已经偃旗息鼓的过了时的流派,但这似乎不能成为它遭受冷遇的理由;我亦绝不相信这是由于中国学者看不懂新批评所致,因为比它晦涩艰深得多得多的结构主义理论,在一片“看不懂”的指责声中,仍被一批热心人顽固地介绍了进来。我觉得,根本原因只能是双方文化背景上的差异。也就是说,“新批评”在本质上与我们的本土文化传统之间有着某种不相一致和矛盾之处。

举个例子来说,在中国传统的文化思维模式中,蕴含着强烈的一元论色彩。先儒在宇宙与人类社会之间建立起一个共有的秩序,以王权为中心,整合成为一个集中了政治典章制度、文化思想体系、伦理道德观念、经济技术手段的高度统一的社会结构,尽管这个古老的社会结构已经解体,但它所体现的一元论的宇宙观却潜移默化地影响着整个民族的思维方式。因此,系统论也好,结构主义也好,它们所表现出的整合性与有序性,极容易被作为一种研究方法而得到接受。事实上,它们也确实在这一点上被接受并被中国化了。

“新批评”遭受冷遇,其实也基于相同的原因。“新批评”所进行的对于文学本文的深入开掘和对于审美感受的努力认知,本源于对文学作品无所为而为的观照态度。所谓无所为而为,就是将艺术欣赏作为目的,除对于作品的审美感受之外别无他求。新批评之所以将文学本文作为一个自足体,排斥社会、历史、文化背景乃至作家个人经历的研究,正是由于新批评家们采取的是这样一种无所为而为的艺术观。诚然,即使是在欧美,这种非功利性的艺术观也并未能够免受批评,但它能在欧美文坛上开花结果,却的确蕴含了相当深刻的思想文化内容。简言之,一种具有多元论宇宙观的文化形态,必然会允许文学仅仅作为文学而存在,并且承认文学批评仅仅去批评文学(尽管这界定十分含混)的权利;而文学艺术的自足状态必将引出对于形式本身的注重与研究。克罗齐也好,贝尔也好,朗格也好,他们对于形式的高度重视,均显示了西方文化的这一特色。新批评派的崛起不是偶然的,它所持的无所为而为的艺术观有着极为深厚的文化渊源。

然而,对于潜移默化地受着传统文化影响的我们来说,新批评派的艺术见解不能不显得陌生。的确,从孔孟时代直至今天,虽经历了五四时代的重大转折,“文”与“道”却始终有着密不可分的关系。所不同的,仅仅是“道”的内容与“文”的形式随时代发展而变化罢了。习惯于这样一种思维模式,文学研究领域就很难为那种无所为而为的艺术观照方式提供充分发展的空间。与此相伴随,是文学研究者们有意无意地对于艺术感受能力的忽视。尽管已经有越来越多的著述论及文学形式,但类似于布拉克墨尔的《语言即姿势》那样的具有高度艺术直感的理论文字却很难见到。我们的时代已经不是康德的时代,仅仅靠纯思辨的学术已经不能满足要求了。在理论思辨的同时,是不是也应该发展一下艺术直感呢?

艺术直感的培养当然并不一定排斥文学研究的功利性,一个人完全可以将敏锐的艺术感受力与深厚的思想文化素养结合起来,李欧梵就是个很好的例子。不过,就一种文化形态而言,这个问题所牵涉到的方面就绝非如此简单。结果“文”与“道”结合得天衣无缝,形式便很难涉足其间,艺术感受力的培养也就被排除在核心问题之外,在这里,功利性与艺术直感之间有了某种潜在的矛盾。我深信,在宽容的文化气氛之下,这个矛盾应该是可以解决的。

艺术直感会赋予微观研究独特的价值。如果说宏观研究以其理性思辨为特征,那么,微观研究则应该以其审美感受见长。从这个意义上看,目前的一部分诗歌研究应该说是比较成功的微观研究。这也许是由诗歌的性质决定的吧。有谁说过:人在孩提时代不读诗而要听故事,因为他的感情尚未发育起来;而当他步入青年时代之后,如果他获得了丰富的情感,他就会要求诗而放弃故事。诗作为情感的外化,在文学中最接近其他艺术门类诸如音乐、绘画,它的形式问题也就更为引人注目。诗评家比其他人更具艺术敏感,诗评比其他文评更注重形式研究,也许道理就在这里吧。说也有趣,新批评家最为成功的论著,几乎都是诗评。当然,这并不意味着微观研究只能搞诗评。其他文学样式如小说、戏剧、散文,同样存在着形式问题,只不过除它们采用什克洛夫斯基称之为“陌生化”的表现手段之外,形式问题容易被忽略。在文学中的任何一个领域,以审美感受为基础的微观研究都大有可为,而当这种微观研究得到了充分的发展之后,我相信,那将意味着我们的文化形态发生了深刻的变化。

两秒钟与七年*

几天前从电视中看到，日本的地铁车站自动售票机又有了改进。迄今为止的自动售票机投币口一次只能投一枚硬币，遇上那种只有10日元投币口的机器，而你又要买一张180日元的车票时，就只好耐着性子投上18次。不难设想，上下班高峰时间，讲究效率又遵守秩序的日本人在自动售票机前排队时会是一种什么心情。

为了改造这种投币口，据说日本人花了七年功夫。把投币口拓宽并且让计算机读取一次投进去的各种硬币的总额固然不易，更为困难的是如何处理人们因投币口加宽而误投进去的东西，比如钥匙。这项研究总算成功了，人们不仅可以一次投

---

* 原载《文学研究参考》1988年第12期。

入各种面值的硬币，而且即使误投入钥匙，机器也会在出票口把它退出来，不致引起故障。

引人注意的是新机器投入使用后的一项比较。买一张170日元的票，用新机器一次性投币，需9秒可以出票，用旧机器依次投币需11秒可以出票。也就是说，新机器在每张票的购买时间上只能节约两秒钟。

这两秒钟引起我极大的兴趣。它引起我一连串的联想，并且照亮了很久以来我一直模糊地感觉着却从未认真思考过的问题，即社会形态对人们思维方式乃至行为方式的制约问题。两秒钟与七年，这是何等巨大的差异，为了两秒钟而花上七年，这里面包含了什么样的文化心态？

时间感觉是一种历史的和社会的感觉。在中国，远古的先人钻木取火时，两秒与七年未必有什么差别。到使用日晷来定时辰时，人们的时间感觉也是大而化之的。古汉语中的"时"是形声字，本为太阳行走之意，并推衍而为四季之意。《康熙字典》对时的解释为："四时四方各一时，时期也。物之生死，各应节期而至也。"《说文解字义证》考证说，一日分十二时是汉以后的事，在人文精神最辉煌的诸子百家时代，没人计较每天有几个时辰，先哲关心的是"敬授人时"，也就是恭敬地从四季更迭的天时里找出万古不易之道来,再使人们服从这“道”。“四时成岁者天之道也”,这是“时”之于古人的最重要意义。因此在中国文化的源头,时间感觉不仅是一种季节感觉,而且还是一种人文感觉,是“天”对子民传达自己意志的方式。《论语》因此才说:“天何言哉,四时行焉,百物生焉。”天通过四时的变化更迭来说话,人间的圣人与贼人于是才有了“替天行道”的可能性;所以,即使是汉代以后历法渐密,古人有了各种技术把一天分割成十二个时辰,但“时”这一语词的语境却仍然罩着天道的光环,它的基本解释仍是“四时”。

既然是天道的体现,自然该万古不易,所以中国人的时间感觉循环往复以至无穷,极注重延续性。就中虽也因“时”“伺”通假而演绎出“孔子时其亡也而往拜之”的智慧,但毕竟只是圣人创造时机的样板,相去时间感觉太远。

那么,日本人的祖先怎么感觉时间呢?我查阅了《岩波古语辞典》(1978 年版)和《新修国语汉和辞典》(集英社 1983 年版),有了一个意外的发现。日语中的“时”与中文的“时”基本含义相同,也指由太阳运行引起的季节变化,并且也在区分时辰的基础上引申出了“时机”的语义,但日语中的“时”有一个中文中没有强调的意思,即“期限”——被规定了的时间。这不是《康熙字典》那种"各应节期而至"的笼统期限，而是极为具体、准确的时间规定性。《岩波古语辞典》有关这一条语义的引文全部出于日本最早的歌集《万叶集》（这部书收入日本从公元4世纪至8世纪约450年间的歌谣，是日本文化创始期极为重要的著作之一），这些引文大多与恋人期待约会时刻到来有关，如："时守鼓报时辰到，不见伊人好蹊跷。"[1]当时日本人也靠着漏壶滴水计算时间，"时守"就是守着漏壶敲鼓报时的专职人员，指挥这些人员报时的官员被称为"漏刻博士"。真不知当时也没有手表可用的日本上层人士对时间的准确性苛求到什么程度，只从字典词条推断，古代日本人的时间感觉不像中国人有那么强烈的人文色彩，而是更注重时间的精确程度。

语词在文化的发展过程中会不断修正自己的语境，中文与日文中"时"这个字在初始阶段的这点差异，到了日后的现代社会，可真是差之毫厘，失之千里了。"时"在古日语中所隐含的"期限"这一内涵，预示着日本人的时间感觉中有对于时间单位本身的敏感，换言之，日本人提到时间概念时，不仅会感觉到无穷无尽的时间长河，而且会感觉到每一个相对独立的瞬间。考

---

[1] 此语出自《万叶集》第2641条，中译本（湖南人民出版社，1984年，杨烈译）译为："鸣鼓更夫急，闻声数到时，到时人不见，此事亦云奇。"本文为保留原文中"时守"一词，故未引用此译文。

察一下日本文化孕育出的独特修身之道——武士道和茶道，则可以发现，它们都强调人这一主体在与自然相融合从而达到忘我境地时的瞬间感觉。不能体会瞬间的充实，就永远没有希望进入日本文化。不要说诸如茶道那种日本文化的代表形态，就是在普通日本人的日常生活中，这种瞬间感觉也随处可见——而它们又往往不能译成中文。比如“手答”（てごたえ）这个词，是指投出一个物体时，物体出手时的瞬间感觉，它可以引申为人的瞬间反应，形容一个人迟钝时，日语可以说：“那个人没有手答。”还有构成日本哲学、美学乃至音乐艺术的重要概念“间”，除掉它作为空间概念的内涵，在时间概念上，它强调的也是瞬间感觉的独立性。不难设想，在日语的语言环境中成长和生活的日本人，对于分割得十分细小的时间单位具有特殊敏感，这是顺理成章的事。

有了这样的文化传统，日本人在接受现代社会生存方式时，自然会迅速找到自己的接触点。全球人都公认日本人善于在细小处做文章，不能否认，这虽不是日本成为经济大国的唯一原因，却是重要原因之一。这是因为，现代的高科技就是对于大而化之的传统思维方式的挑战，在电脑日益渗透日常生活的当今世界，人们的思维方式、行为方式越来越精细化与专门化，比起宏观的人文精神来，反倒是细小的误差更具有现实破坏性，也更引起人们重视。初看起来，这似乎是一种人文精神与科学精神的对立，其实不然。电脑对人类生活的渗透已远远超出了科学技术的范畴，进入了人文生活领域，如是说电脑有朝一日会创造出一种新的哲学来，并不是耸人听闻的胡说八道。同时，生活在现代高科技社会中的人们，必然会采取与之相应的思维方式和行为方式，并且产生由此而来的感觉方式。讨论高科技对于哲学的重新塑造并不是本文的论旨，在此我所关注的仅仅是日本人如何使传统的感觉方式与现代社会发生联系，至少在文化研究的领域中，这是一个研究特定社会中人的价值体系与道德准则的重要途径。

回到两秒钟与七年的命题上看，日本人对于两秒钟的重视就充分体现了这种传统感觉与现代感觉的结合方式。诚然，这种机器改良的后果应以两秒钟与购票人次的累积结果来评价，在高峰期它所节约的时间当然不止于两秒钟，而可能会以分钟甚至小时为单位来计算。但问题在于最初的设想却必须以两秒钟为单位。显而易见，没有对于分割得十分精细的时间单位的敏感，研究者不会花上七年去为两秒钟奋斗的。考察“时”这一概念在古日语中的含义，有助于理解传统日本文化中对瞬间感觉的重视如何导致现代日本人为自己的高科技确定发展方向。当然,自动售票机并不能代表日本的高科技,但它体现出的这一思维特征却以小见大,充分体现了现代日本高科技中对于时间的认识。事实上,现代日本的高科技正是从小处着眼、从小处着手的,这既符合传统日本文化的感觉特征,也切合现代科技日益精细的分化趋向,是日本社会向现代转型的有效途径。

在以电脑为代表的高科技日益渗透人们日常生活,并且由于这一媒体而使一切思想"情报化"的今天,高科技已不再是传统意义上象征着人与自然关系的"技术"了。前面已经提到,高科技进入人文领域的直接后果,是导致人们思维方式与感觉方式的变化,这就不仅是科技为人类带来方便的问题,而是文化改观的问题了。日本人对于相对独立的瞬间的敏感,的确有助于他们在自然科学领域大显身手,但正如高科技不仅仅意味着与人文对立的技术一样,"时"这一语词的语境也同时塑造了日本人独特的思维方式,并在人文科学中得到了充分的反映。

时间概念可以引申出多种命题,并且由此建构历史、哲学、文化人类学等各学科的理论框架。本文当然无力从社会科学、人文科学的总体上把握日本人瞬间感觉的文化语境,在此只能探讨其中一个方面——日本人对于普遍性法则和特殊性因素的一般态度。

普遍性法则,即可以不断被重复印证的一般规律。它“放之四海而皆准”,而代价是排斥所谓偶然因素。特殊性因素恰恰就是被普遍性法则排斥的那部分,在讲究普遍规律的价值体系中,个别的不可重复的特殊因素往往被忽略不计。

我曾经对照着读过两篇同样出自日本学者之手的论文。一篇是讨论日本思想史问题的《日本的理》[1],另一篇是讨论中国思想史的《中国的理》[2]。两篇论文观照的对象是处于不同文化中的“理”这一概念的不同内涵,但因为同出于日本学者之手,又表现出了研究立场方面的某种文化一致性。

在《日本的理》一文中,作者分别论述了日本中世(12世纪末镰仓时代至17世纪末江户幕府确立之前封建时代的总称)、近世(一般指江户时代,即17世纪至19世纪60年代为止的封建制后期)和近代(以1868年明治维新为开端的资本主义萌芽期,通说以1945年日本战败为其下限)这三个历史时期中“理”这一概念的基本形态。在中世,“理”被理解为“道理”,它是不

[1] [日]相良亨:《日本的理》,载《文学》1988年9月号。以下凡加引号引文者均出于此,不另注。

[2] [日]沟口雄三:《中国的理》,出处同上。以下引文不另注。

超越习惯层面的："至少，道理不是超越时代与场所的普遍性规范，而且追求普遍性的姿态在此也得不到认可。""但这种习惯不是固定的，而是不断变化着的。习惯就是适应新的状况被要求做部分的修正和具体化，作为与该状况相应的道理而得以确立，或应得以实践的东西。"可见，对于封建时代的日本人来说，形而上学意义上的道理没有实际意义。为了避免这一在习惯层面上不断推移修正的道理过于随机，中世的思想家们又提出"正直"这一概念以保证人们在具体的时间与场合把握"道理"。所谓正直，指无私无欲的状态，中世日本人坚信在这一状态下事物真相会自然显露，而适合该事物的道理也自然会呈现出来。这令人想起武士道中修养的最高境界：当武士修炼到无私无欲状态时，他的第六感官会帮他察觉潜在的危险，并在无意识状态下除掉偷袭者，因而武士的刀在砍向背后时才能发挥最大效能，其形状并不适于正面砍杀。

近世日本的道理，由于经历了儒教全盛期和古学、国学的抵制，显示了复杂的样态，但其基本方向仍然是避免客观地穷理，主张以情达理。近世思想家或认为圣人通过穷理而制定礼乐制度，普通人只能通过遵守制度来窥见不可知的"天"（如获生徂徕）；或认为只要顺遂真心便可获知"妙理"（如本居宣长）；因而在这块未孕育出客观穷理姿态的土地上，穷理最终变成了对自然科学（如物理学和医学）的追究。到了近代，福泽谕吉提出“天理即人情”的看法，进一步推动了将理论信仰现实化的倾向，从而引出了丸山真男著名的批评，即日本人没有将感觉抽象化之后追究虚构的理论并通过不断检查以达到重构该理论的精神。

“道理”一词是作为外来语进入日本的，日语本来也有相应词汇，即“事割”（ことわり）。相良分析了这一词语。事割本为判断之意，名词化之后与“道理”相同。根据《岩波古语辞典》，事的含义为“由人与人、人与物相互交涉而时间性地发展的事情、事件”。与此相对，“不依时间而变化的存在是物”。对这种随时间而变化的事情进行分析（即“割”），就是日本人心目中“理”的任务。毫无疑问，这种理不但不具备西方古典哲学超验的绝对理念的因素，而且也不具备中国宋明理学那种形而上的普遍之理的性质。它是一种对于个别、具体事态的判断，隐藏于其后的，恰恰是日本人强调瞬间价值的时间感觉，以及与此相应的思维方式。

《中国心理》讨论的是宋代以后中国的理的演变轨迹和理气论的消长问题，限于篇幅和本文的论题，在此无法涉及该文全部内容,只能涉及该文作者作为日本学者所特有的问题意识。

中国的“理”通常包括三方面内容:一、宇宙、自然法则;二、政治、社会秩序原理;三、人伦、道德准则。沟口指出,以日本的道理和义理常识看,宋明时期上述三方面内容被视为一个相通的整体,这是难以理解的。正是从这一日本学者特有的问题点入手,沟口展开了他有关中国理气论的分析。他指出,中国的理是将“天”内在化了的观念,因而是日本的理所无法相比的具有至高地位的规范意识。他进一步通过分析朱子学、阳明学的历史位置和宋代“法”“理”对立的社会经济史背景,指出中国的理作为“人的本然的秩序观念”,因其“本能性”与“观念性”,得以长期存在,尽管它随时代风潮而变换内容,却被视为某种绝对性与普遍性的观念。这种“万世不易”之理只不过是反映了某一时代、社会的政治道德秩序观的影像而已,它自身并不具备可以定义的固有内容。但是,“事实上,这种情况却是理的时代性,理的内涵的变动性、理念性、创造性以及因此而来的理的超时代持续性的保证,并且是‘本然秩序’永保它高层位置的保证”。

中国人喜欢穷理,喜欢追究本源,尽管这理总是显现为

“事”,因而不可能发展为自身独立的“绝对理念”,但比起“事即理”的日本文化来,中国人显然更醉心于相对永恒的“必然”。正如沟口以日本学者特有的视角捕捉到的那样,中国的理以它超时代的持续性维持着高高在上的统治权,任何时代的政治道德观念都只不过是这种本然秩序的具体形态而已。

那么,若再回过头来比较一下中、日两国的时间观念,我们会有一个发现:它们竟与两国各自的“理”惊人地一致。中国人的时间感觉重在持续性,强调的是必然;日本人的时间感觉重在“期限”,强调的是阶段性。一般说来,中国文化更关注普遍性原则,而日本文化则关心彼此相异的特殊性因素。在各自的文化里,人们都有足够的理由轻视被自身文化体系所忽略的成分,举个形象的例子,中国人会宏图大略地筹划七年的壮举,却很少去注意两秒的意义;日本人会为两秒钟献出七年时间,却未必愿意设想两年以后的事。各有各的“理”在,其长短优劣不能妄断。

每种文化都有自己的局限。每当我打算定时录制北京电视台的节目而它绝不准时播出时,每当我按正点去乘班车而它却提前开走时,我总是慨叹我们这个追求持续性时间感觉的文化其实也使我们自讨了很多麻烦;不知处在追求瞬间感觉的日本文化中的沟口先生与相良先生,是否有时也会对本民族文化那种不厌其烦的精细感到厌烦?取长补短的异质文化间的大融合或许只是个乌托邦,但心平气和客观地研究异质文化却是可以实现的梦想。正因为立足于本民族的文化根基之上,才能发现对方自身难以察觉的情况,提出对方容易忽略的问题;研究外国或被外国研究,其意义在此,比较文化所由产生的基点也正在于此吧。

喝酒与做学问

来日本的中国人,不管多么迟钝,都不可能不注意到日本人对酒的态度。日本人似乎都不胜酒力,很容易喝醉,然而每当夜幕降临,东京大大小小的酒店里就都坐满了端着啤酒杯的客人。顺理成章,十点钟以后,在几乎任何一辆电车汽车上,你都可以碰到"醉鬼"。对于喝醉的人,日本人特别宽容;对于宣布自己喜欢喝酒的人,日本人则报以亲切的微笑。中国人对喜欢喝酒的人没什么好感,至少"酒鬼"不是一个讨人喜欢的称呼;而在日本,能喝酒的人却往往是一个善解人意的伙伴,"喜欢酒的人是好人",这句令中国人迷惑的口头禅,实实在在地反映着日本人独特的价值判断。

我曾经跟不同的人去过大大小小各不相同的酒店或茶馆,

有机会仔细观察了日本人在下班后回家前这段时间中的活动情况。不能说每个人每天下班后都直奔酒店，然而一个人下班后如果不想马上回家，那么他最可能去的地方就是酒店。笼统地称之为酒店的地方，其实可以分好多种：酒吧、西餐厅、和式餐厅、日本式的寿司屋、鳗鱼菜馆……不管在哪种场合，都有一个共同的特点，就是酒上得很快，而菜却迟迟端不上来。尤其在日本味儿十足的小菜馆里，常常是顾客点了菜以后才由厨师下灶去做，要是你点了费时间的菜，那么等上一个小时也不是什么稀罕事。稀罕的倒是所有的顾客对于上菜的快慢全都不以为意，即使服务员迅速端齐了所有的菜，顾客也不会用同样的速度去吃它，"醉翁之意不在酒"，晚上光顾酒店的人所需求的，实在是酒菜以外的东西。来酒店的人一般都是两个人以上，大部分是同事或同道者。他们一边呷着啤酒，一边聊天儿，常常一喝就是几个小时。喝酒的时间越长，谈话就越投机，感情就越亲密。与白天一丝不苟的工作态度相反，在酒桌上，日本人毫无顾忌地开着各种玩笑，以最轻松的态度进行情感交流。日本人一般都有自己固定的酒友，换言之，有最相投合的朋友，不光顾酒店的人往往是最孤独的人，在日本社会中，尤其在支撑着日本经济的大企业之中，一个不会喝酒的人很难获得别人的好感,因此也就大大减少了向上发展的机会。

酒在日本人生活中所起的重要作用是难以估量的,这是因为日本社会有着非常独特的结构方式。大而言之,由单一民族组成的日本社会将人际关系放在显要的位置上,义理与人情成为这个社会向前发展时必不可少的手段;小而言之,每一家公司都是一个扩大了的家庭,公司的经理及其智囊团则充当着家长的角色,他们不仅要关心每个职员的工作,而且要关心他们的婚丧嫁娶,体察他们的烦恼与忧愁。一位来东京做研究的中国医生告诉我,她访问一家私立医院时,发现该医院每个科室都有一本"百科事典",里边详细记载着每个工作人员的出生年月日、自然情况、家庭情况;每个退休的甚至去世的人也都有记载。至于该院的各种事件都详加记述,供全院的人自由翻看。这样,不仅全院职工互相之间有所了解而建立起了亲密感,而且在每个人过生日、结婚或其他喜庆日子里,他都会收到来自医院方面的祝贺。这个医院的做法很有代表性,日本人很少改换工作,一般都是在同一个单位干到退休,其主要原因就在于才能并非衡量日本人的唯一标准,人际关系才是重要的评价准则。一个经常调工作的人被视为没有能力与他人相处的人,这种人再有才能也不会得到重视。相反,在同一家公司工作的时间越长，说明该人善于与人相处，他的资本就越雄厚。

把日本人的礼节放到这样的社会结构方式中来观察，就会看出它的不可或缺。日本人的礼仪并不仅仅具有教养的意义，它简直是一种谋生的手段。社会人类学家曾将日本人的人际关系描述为三个渐次扩大的同心圆，在最中心的是日本人的家庭关系，这里边并不需要繁冗的礼仪；第二个圆圈则是每个人的社会关系，走进这个圆圈之后，日本人需要按照严格的礼仪标准行事。我曾在电车上目睹两个年龄相仿、装束相同的中年男人上车，一个抢在前边，占了一个位置，却并不坐下，等后者上来之后，马上让给他。而后者也并不客气，昂然地坐下了。我于是明白，这两个人在公司里是上下级关系。这种在外国人眼里近于荒诞的举动，在日本人看来却是理所当然的礼节。有趣的是，这种礼节到了晚上喝酒的时候，会变成另外一种形态，下级在这时去拍上级的肩膀，绝不会受到怪罪。而这白天晚上礼节的不同形态，表现的却是同一个内涵：在第二个圆圈里，日本人依靠互相照顾来巩固自己在社会上的地位。因此，在自己的社会圈子里，日本人很注重感情的交流。感情是维系日本人社会集团的重要纽带，即使你是个外国人，当你被日本人视为朋友并按他们的情感逻辑行事时，你立刻会发现自己处于一片温暖之中。而走出这个圆圈进入最外层的第三个同心圆之后，日本人则显示出超常的冷漠。这个圈子是一个与己无关的他人的世界，礼仪虽在，内容却已全失。东京闹市区常有人为柬埔寨难民募捐，所得甚微，并非日本人吝啬，实在是因为他们的价值判断不允许他们在第三个圈子内浪费自己的感情。

也许我把话题扯得太远了，现在必须回过头来重新讨论酒的文化意义。与中国人的习惯不同，日本人的家庭不是社交的重要场所，喝酒大部分是在酒店进行的。这中间自然有种种解释，诸如日本人的家庭是属于自己的，不允许外人介入；日本的社会发达，去酒店喝酒并不昂贵；以及说酒馆是公司与家庭的中介，日本人通过喝酒遣散了一天的疲劳与不快，回家后会心平气和；等等。我以为这种种解释都太皮相。诚如日本人自己所说，喝酒不是为个人，而是为工作。既然喝酒是人际交往的重要方式，那么感情交流就不允许有距离存在，而任何局外人的出现都会造成距离感。在多数情况下，女主人对于客人来说都是局外人，而客人又不能像对待酒店服务员那样无视女主人的存在，因而在某人家里喝酒的效果就远远比不上在酒店喝酒的效果了。

我所在的中国30年代文学研究会每周活动一次，讨论结束后差不多都要去喝酒。像其他国家的知识分子一样,这些学者也是有超越本民族其他阶层人士的理性与反省能力,但他们毕竟不可能超越本民族的文化形态而存在。于是,每到星期四下午五点以后,我便随着他们一起走出树影婆娑的东大校园,进入附近的随便哪一家菜馆。可惜我不会喝酒而且害怕喝醉,每次都喝橘子水,对于那些亲切的日本同行来说,这也许是一个莫大的遗憾吧?

然而潜移默化之中,我却对日本学者的治学方式有了进一步的了解。来日之前与刚来日的那一段时间,我就学问论学问,觉得日本人考证烦琐,研究的层次不高,而且觉得奇怪,为什么日本人有如此强的微观研究能力,却没有产生一个文本研究的流派?今天,当我把喝酒与做学问联系起来思考的时候,却突然得到了某种启悟。

任何一个日语不到家的人大约都会有我这样的体验:当你用日语与日本人交谈的时候,如果你没能弄清对方语流中的某一部分内容,因而没能做出相应的反应或者做出了错误的反应,对方立刻会改换话题。还有另一种情况,当对方谈话时你尽管听懂了却没有进行呼应,对方就会误认为你没有听清,就会再重复一次。总之,日本人在交谈时总是清楚地意识到谈话对手的存在,并将双方正确地理解对方的意图作为谈话的标准。在双方的交流发生困难而不能产生共鸣的时候,日本人就会认为没有将谈话继续下去的必要,如果在这种情况下有一方还要继续将自己的想法推销给对方的话,他就会被认为"自我表现的欲望太强"。与酒的文化意义相同,这种谈话方式的文化意义也在于对心灵交流的重视。一个滔滔不绝而不留意对方的谈话者之所以不受欢迎,就因为他把表现自己的想法放到了比与对方交流更重要的位置上,因而违反了日本人交往的基本准则。

日本学者,尤其是日本的中国学家,在一定程度上是日本人际关系的叛逆者。他们中大部分人具有优秀的学术品格。对真理的信仰使他们超越了普通日本人对于人际关系的理解,因而具有更多的国际色彩。同时,日本文化的特色也在他们的研究方式中得到了表现,形成了他们固有的研究特点。

在听丸山先生讲课与参加丸山教授的研究生们的课堂讨论的过程中,我注意到,丸山先生总是引导学生去分析作者的意图,并且严格要求学生们准确理解原文的意思。事实上,这也是其他日本学者最常运用的方法。在与作品"对话"的时候,日本学者非常尊重"谈话对手"——作者,如果他不能清楚地、令人信服地解释作者想通过作品表现什么，他的工作就不算成功。与此相联系的，是日本学者对于作者本身的浓厚兴趣，作者生平中的一切关节，他们都会巨细无遗地加以考察。同时，作品中提到的人物，如果是实有其人，那么他的生平也会得到考证。举一个最极端的例子：鲁迅晚年的医生托马斯·旦是美国人，为了考察他的生平，竟有学者特地跑到美国去。不管怎么说，这样一种对于“人”的关心，似乎是日本文学研究的特色之一，只有在与日本学者一起喝过酒以后，你才能理解他们为什么会选择这样的研究方式。

喝酒是一种对话的方式，学术研究也是一种对话的方式。通过这种种对话，日本学者的人格受到了锤炼。在日本的学术著作中，盛行着一种“对谈”的形式，就是由两个学者（有时更多）以对话的方式共同论述一个问题。据说人们普遍认为不能掌握“对谈”技术的人无法成为合格的研究者，我想，如果从积极的方面去理解这句话的意思，那么或许可以说，一个合格的学者应该首先具备尊重对方（无论对方是研究上的合作者还是被研究的作家作品）、理解对方并与之交流的愿望。也许就是因为这个原因，日本学者之间虽不会有门户之见与派系之争（应该指出，这一点同样深深地植根于日本社会的特殊结构方式之中),但总体来说他们是宽容的。

由日本学者的喝酒与做学问,我不能不联想到中国的学问与酒。中国人的喝酒也可算是一种文化形态,但其内涵与日本的大不相同。日本人喝酒时,第一杯要由别人倒,以示相互之间的尊重,第二杯以后一般是自己根据需要自斟自饮,绝不会有人强迫你喝。如果日本人喝醉了,那只能是因为他自己想喝,绝不是被人灌醉的;在中国,情况正相反,喝酒的高潮就是劝酒,每一个劝酒的人都认为自己比对方更了解他的酒量,因而坚信自己有义务强迫对方喝,直到将他灌醉为止。中国人的喝酒与其说是在交流感情,不如说是在相互挑战,正如一位日本朋友对我描述的那样,她在中国逗留的时候,曾被迫与一位大学教师进行"喝酒比赛",直到最后她以半杯之差取胜才收了场。这种喝酒比赛,我在日本至今还未曾见过。

与这种喝酒的方式相联系的,是中国人的交谈方式。中国人不像日本人那样强烈地意识到谈话对手的存在,在我们的生活中常常可以见到不管对方反应如何都照样喋喋不休的人。既然在中国社会结构方式中感情交流不起重要作用,那么人们在日常行为方面不去追求这种双向的交流也是很自然的了。然而,这种情况一旦反映到文学研究中来,却往往会引起一些不那么令人愉快的现象。比如最常见的所谓“商榷”，给人的感觉很像中国人劝酒，不论对方本意如何，酒先倒过去再说。除掉少数有政治背景的场合不算，在多数情况下，学术论争都因为双方缺少接触点而草草收兵。同时，因为缺少对话精神，商榷便常常会伤和气。另一方面，就是我们的学术缺少宽容态度，因而具有强烈的排他性。在潜意识中，我们经常习惯于在否定别人的基础上肯定自己，而这样做并非在任何时候都是必要的。我来日本后深深感到，如果在我们的学术领域中注入更多的对话精神，那么中国的学术界会出现更多的生机。

我必须在此补充的一个问题是，日本并不是一个个性充分发展的社会，日本人的对话精神基于日本社会对感情维系作用的强调，而不是基于对于自身价值的认识，所以典型的日本人都非常看重自己在别人心目中的形象。在这样一种文化氛围之中，尽管许多日本学者具有文本批评的能力，他们却不容易建立真正的文本批评流派，因为文本批评在很大程度上排除了作者，并且赋予研究者更多的解释权利，这与日本的学术气氛不相吻合。日本学者喜用考证方法，并不是因为他们生来缺少宏观能力，而是因为，唯有考证最能避免主观的诠释，因而体现出对于研究对象的尊重。与此相映成趣的，是中国一部分学者

“六经注我”的态度。近年来由于结构主义的启示，尤其在年轻一代的学者之中，出现了通过作品分析表达自己意图的倾向，作者几乎被排除了，强调客观性的考证方法受到了冷遇，研究者明显地高于作者。实际上，中国也不是一个个性充分发展的社会，这种研究方式的心理根源在于认为自己拥有比别人更多的权利。如果说日本人过分地看重对方，那么中国人也许过分地看重了自己。日本正在转型，中国也正在变化，将来两国的研究者会为自己创造什么局面呢？我真诚地建议，喝酒的人和不喝酒的人，都一起来考虑一下这个问题，以获得学术品格上的自觉。

附记：此稿草成之后，我匆匆复印了一份，交与丸山先生，想听听他的意见。丸山先生对于我的看法基本上赞同，但也有一些不同意见。比如日本为何没有出现文本批评流派的问题，丸山先生认为不能简单地归之于日本人过分重视作者，而应该说文本批评有自身的局限，有一些作品用文本批评是解释不清的。比方鲁迅的《故乡》，不了解鲁迅童年时代的情况就很难理解；而《伤逝》倒可以用文本批评去分析。因为研究室里这时来了客人，我们的谈话被迫中断，所以我只好在此附上这么短短的几句。

与日本青年对话*

五月份的最后三天，是东京大学的“大学祭”。所谓“祭”，在日语里除祭祀的意思之外，还包含着为庆祝、纪念以及做广告而举行的娱乐性活动，大学祭所取的就是后一种意思。因为是五月份举行，东大的大学祭被称作“五月祭”。

走进东大正门，迎面便是分设在路旁的两排临时搭起的摊床。因为下雨，摊床上撑起了顶篷。一伙一伙的男女学生正忙着立灶支锅，准备开张。这种摊床遍布校园，现做现卖各种小吃，下雨并没有影响学生们的兴致，他们把煤气罐接好，等待着主顾。我穿过人群，拐进法文一号馆，里面早已是沸沸扬扬。各种宣传品贴满了墙壁、楼梯，其内容五花八门。多数是引诱

---

* 载《文学研究参考》1988年第10期。

你去学生们办的音乐茶座与咖啡馆、跳舞场，还有的是介绍你参观学生们的活动。比如有的小组研究相术，专门相面、占卜；有的研究日本的能源问题，介绍原子能发电的知识；也有的精通于盲文，宣传盲文“点字”的使用方法。

从法文一号馆出来，我又光顾了学生们组织的旧书摊。这里正以很便宜的价格出售从学生手里收集的个人藏书。东京旧书店很多，喜欢读书的日本人经常光顾旧书店。旧书分两种，一种是几年前出版、被人读过以后转卖掉的，价格比定价便宜得多；另一种是初版本，是为专门的研究家与藏书准备的，价格昂贵。这两类旧书店都很受日本人欢迎。

学生们的旧书摊规模不大，但在充分利用书籍这一点上，它与旧书店并无二致，所以生意兴隆。使我惊奇的是，那些满脸稚气的大学生，竟然非常纯熟地运用着商人的礼节与语言：“您来啦！”“好，预收您××日元……这是找给您的零钱。非常感谢！”……经营小食摊档的学生们也不逊色，女生在里边煎炒烹炸，男生在外边招揽生意：“您请里边坐，您吃点什么？”有的干脆拉开嗓子喊：“便宜啦，不吃就没啦！”望着这个热热闹闹的“自由市场”，我深深地感受到，这些外表上酷似中国人的日本青年，的确是在一个我们所陌生的文化环境中教养成人的，他们的生活信条、道德准则，与中国青年知识分子判然有别。事后，我先后问过两个在东大工作的日本人对此有何看法，一个说，日本学生从小学直到高中毕业都处于激烈的竞争状态，考入大学后松了一口气，在大学祭中要好好玩一玩。这买卖便是玩的一种方式，何况男生多女生少的东大，在这几天里将接待特地赶来的女子大学的学生，一买一卖之中，也许会有天赐良缘呢！另一个则说，这些学生想赚钱，没别的目的。五月祭值得看的不是这些摊档，而是那些比较严肃的集会。比方说，学生们组织了讲演会、音乐会、辩论会等等，邀请有名的政治家、学者主讲，讨论时下人们关心的问题，诸如东京迁都问题、交通运输问题等。

不管怎么说，五月祭留给我的印象依然是充满活力的。与中国大学中的运动会最大的区别是，这个盛大的娱乐庆典完全是学生们一手组织的，学校方面不闻不问，这几天里大部分教职工趁机休息。学生们秉承了日本民族特有的精细缜密的天赋，把这个庞杂的五月祭组织得井然有序，不能不让人佩服。

一转眼来日本两个月了，我已不甘于像五月祭时那样做个旁观者，我期望着能够与日本的青年直接对话。无论如何，明天的日本属于今天的日本青年，不管他们的长辈对他们有着怎样的不满。来日之后屡屡听到年长的日本人慨叹,说今天的青年耽于享乐,没有思想,这越发使我急于与他们对话。我依稀感到,在日本年轻一代身上所发生的变化,或许标志着日本文化的某种转型。

从有名的新宿往南走两站,就到了原宿。每星期天下午一点开始,这里的表参道大街有一段路禁止机动车通行,这时,来自四面八方的年轻人弹起电吉他,敲起电子鼓,开始他们的自娱性表演。这一段街区里,差不多有近百个这种几人至十几人的"演出团体",年轻人大多穿着时下流行的露膝盖的破牛仔裤、底边撕成布条的短上衣,随着激烈的音乐边唱边扭。离这条街很远就可以听到一片喧闹,围观者中有很多外国人跑前跑后地拍照录像,真可谓东京一大奇观。

东大的学者们对原宿这条街表现出高度的冷淡,东大的学生们也没有表示出特殊的兴趣。据说这些年轻人主要来自东京以外的地方,因为这里熟人少,可以尽情玩,没有丢脸之虞。但去过两次之后,我却得到一种不同的印象,这些年轻人与其说是在玩,不如说是在表现。自然,有些人的确是在那里跳迪斯科、滑旱冰,但另外一些人却玩得不那么轻松,一场舞跳下来,大汗淋漓,满脸痛苦。正如一位旁观的日本人对我说的:

“这些孩子是用这样的方式表示他们的想法。”什么想法？我试图从当事人那里得到解释，便在震耳欲聋的音乐声中拉住一个正散发传单的姑娘。从她含糊其辞的回答中，我悟到了这样一点：他们在主观上并没有什么“想法”，然而在感觉上，他们却强烈地希望摆脱现代日本的生活方式。日本社会不仅有着西方发达国家那种激烈的竞争，而且有着欧美社会所没有的复杂的人际交往程序。而后者，却正在新一代日本人身上改观。比如敬语。敬语是日语中最难掌握的部分，同一个意思有几种说法，视说话人的处境、身份、年龄以及话题中人物与谈话对方关系等等而千变万化。然而现在，年轻的日本人对此置之不理，所以丸山升教授有一次曾安慰我说：“你不必害怕讲不好敬语，日本的年轻一代大多讲不好。”从语言到礼节的改观，正在影响着日本文化的深层结构，若干年后的日本，会呈现出什么状态呢？

在原宿的年轻人身上，我注意到一个有趣的现象，就是这些追求新、奇、怪的新一代人正在拼命地表现自己，以期引起别人的注意。服装上自不用说，可谓奇形怪状，打扮上也很特别，男孩子大多戴了长长的假发，有的还戴了耳环；女孩子也故意穿带破洞的衣服，有个女孩子干脆用一面破烂的美国国旗代替上衣。一伙自称为“前卫派艺术”团体的人涂了白脸，用唱机在古典音乐中制造出各种噪音，然后随着节拍扮出各种神魔附体的怪相，用以吸引大量观众。在一切都要付钱的日本，这些年轻人无偿地在此耗资、耗时、耗费精力，他们究竟在追求什么呢？只是在走出原宿、进入日本人的日常生活之后，我才有所领悟。日本人在日常生活中体现出一种强烈的追求平等的倾向，在服装打扮上很难看出身份地位的区别，而在战后有相当一个时期，仅从服装上就可以判断一个人所属的阶级。今天的日本人已经没有那么强烈的等级观念，代之而起的是对同一性的追求。这当然是一个很大的进步，然而正如日本中小学的校服使孩子们变得千篇一律一样，日本人对平等的刻意追求也带来了另一个弊端，即对于个性的约束。在任何场合下，日本人都避免过于突出自己，而力图使自己与别人一致，不仅仅是服饰，作为一种生活原则，这种对一致性的重视已渗透到生活的各个角落。相比之下，原宿的年轻人离经叛道的意味显得极为浓厚，不管他们对个性的塑造是否成功。

然而，表参道大街并不能代表一代人。就在与此相邻的明治神宫前，我被一个姑娘拦住了。她邀请我与她进行一种奇妙的交流，双方双手合十共同念三遍“我向神灵祈祷”。之后，她请我两手交叠，闭上眼睛，对我施以某种神道的仪式。素来毫无宗教感情的我，不免在中途偷偷睁眼望去，但见她神情严肃，一只手掌遮阳光似的对着我举过前额，目光似透过我凝视着我身后的某一点，俄顷，她又换了另一只手，用同样的姿势凝视我。这么折腾了一会儿之后，她对我下了大赦令：“好啦！”于是我们便交谈起来。在谈话中我知道，她是神道教的信徒，已经有了职业，每周日都到神宫前来为游客举行这种祝福礼仪。对于我提出的“为什么”这个有点发傻的问题，她笑了，半晌才说：“神会保佑我们每个人。”接着，她又招呼来两个与她年龄相仿的男孩子，他们也在与游客进行同样的交流。她得意地对他们介绍说，我是个外国人，却不拒绝她的祝福。于是，那两个男孩子便邀请我一同去某处参观更复杂的神道教仪式，我谢绝了。当这三个年轻人听说我刚刚从表参道而来，脸上立刻浮起了惋惜的表情。

显而易见，日本的年轻一代选择了或正在选择着不同的生活方式。传统文化在他们这里得到了继承，又以不同的形式得到了改造。很难用一句话来概括这一代人，无怪乎我与日本青年一谈到年轻一代的问题时，他们第一个反应几乎都是“你说的是哪一些人呢？”如果说有什么共同特点的话，那就是这一代人很少关心国家大事。优裕的生活条件与激烈的竞争,使得年轻一代人更多地注意身边的问题,而无暇想得更深更远。日本老一代的学者中曾有人对我说:日本的年轻学者没有思想,也没有悟性,再也不会出现竹内好那样的有才华的专家了。这评价虽过于严厉,却并非没有道理。日本的年轻学人很少有忧患意识,这似乎是他们与上一代人的显著区别。在体察人生与认识社会时,年轻一代有时会因而流于肤浅。不过,过于苛刻地评价他们是不公正的。我所见的日本研究生们,几乎全都是日语所说的"努力家",学习刻苦认真。由于学问做得扎实,很少有人夸夸其谈,可以说他们继承了上一代人的优良学风。不同的素质,也许会使他们创造出与上一代人不同的研究成果,我正在利用一切机会了解他们。不管怎样,对话已经开始,我将与他们继续交谈下去。

浓雾与火山岩的启示

来日本之后，经常从天气预报中听到“浓雾预报”的说法。中国虽然也有雾，可是在我所能收听到的范围内，天气预报几乎从来不涉及雾的问题。相比之下，日本可以说是一个雾的国度，雾直接介入日本人的生活，在大雾弥漫之中驾驶车辆是一件非常危险的事情，无怪乎日本的气象台将观测预报雾的行踪作为自己的工作之一。

暑假里我去长野县参加“合宿”，生平第一次见到了雾。这不是城市里由尘埃与水汽凝成的使人窒息的烟屏，而是山野间升腾着的清醇而美丽的纱帐。我几乎立刻就被它迷住了。从东京到长野县，汽车在高速公路上要跑四个多小时，我们的车刚驶出东京不久，远山近树上飘曳的雾气就牵住了我的视线。

日本的山多是秀美而纤巧,海洋性气候给山上布满了葱翠的植被,在一片片繁茂的山林之上,缠绕着一团团雾气,车在山谷中穿行,那雾便不远不近地跟着,似乎伸手可及,却又无法接近。它只是笼罩在半山腰上,使我看得见山脚下的景致,却无法望见山顶。

在一位先生的别墅小住之后,我们有一个机会去游览长野的风景名胜。在驱车驶向八岳中信高原的时候,我们又遇到了浓雾。山脚下本来清清爽爽,随着汽车在盘山道上逐渐盘旋登高,我们逐渐置身于大雾之中。驾车的近藤龙哉先生打开了车头灯,一边遗憾地说,雾太浓了,两边的景致本来很美,可是看不见了,请自己想象吧。

置身于五里雾之中的我,由于在国内很少旅游,又没有在山区的生活经验,实在没有什么可供想象的资料,茫然地努力了一会儿却没有什么结果,于是便放弃了努力,开始去欣赏雾的本身了。雾虽无形,却是实在的存在;迷迷蒙蒙之中,似乎一无所有,又似乎拥有一切。偶尔,从雾的面影之后闪出一束花枝,随即又被抛到车后,待我回头张望时,却除一片诡秘的雾气以外一无所有;向前看去,雾气似无尽头,然而汽车拐过一个弯,浓雾却突然闪出一个空隙,海市蜃楼般地显现出极远处起伏的群山和山顶上如海浪般汹涌而来的雾涛。低头望去,山路的一边是峡谷,雾气缭绕,莫测深浅,另一边是山崖,同样的雾气缭绕,不见高低。还没等我看个究竟,雾气重又铺天盖地而来,一时间除对面开来的汽车的灯光以外,竟什么都看不见了。

我第一次感觉到,雾原来如此强大。

不久,我们终于冲出了大雾,爬上一面山坡。这里开满了一种黄色的大花,不知是否因为雾的洗礼,它们格外地清丽而冷艳。同行的日本先生告诉我,日本人喜欢从一花一叶中看到一个世界,他们也真的弯下腰去仔细欣赏起来;在海拔一千米以上、雾气缭绕的高原上,我不由得悟出了其中的奥妙:假如你整天与浓雾厮守,那最真实的不就是眼前的一花一叶么?

在那几天里,我们先后游览了白桦高原、雾之峰、八岛高原,无论是寻觅水泽的植物群落,还是在清冽的女神湖里荡桨,雾,始终像一个忠实的朋友紧紧跟随着我们。只有一次,当我们沿着盘旋而上的高速公路直奔海拔一千九百米以上的"美丽高原"的时候,雾却不见了踪影。在夕阳的照射下,起伏的山岭绵亘无垠,连山林的树叶都似乎清晰可见。在别人都为大自然的壮美而赞叹的时候,我的脑子里却突然闪过一个念头:没有雾,似乎不成其为日本的风景。

很多外国人都说日本民族蒙着一层神秘的面纱,在我们这个星球上,日本一直是一个谜一样的存在。在日本文化中,的确存在着某种神秘的成分,在欣赏日本的文学艺术的时候,可以突出地感受到这一点。日本的一个年轻的芭蕾舞编导藤井香,今年赴瑞士参加国际芭蕾舞编导比赛,她编导的节目题为"希望之旅",表现了现代人追求希望的心理过程。我不能够完全理解这个节目,但并非仅仅由于我不熟悉舞蹈语言之故,因为表演这个节目的欧洲演员也说这个舞蹈十分难懂。我相信,文化上的隔膜是一个首要原因。在阅读夏目漱石、太宰治、川端康成的小说时,我们同样可以感觉到这种隔膜。加上日语本身的暧昧不明,这就给外国人理解日本增加了重重困难。日本人太容易被误解,这是因为他们拥有着一种太不直截了当的文化形态。于是,在理解日本文化的时候,人们自然走向了两个极端:或认为日本文化过于神秘,或认为日本没有文化。

对于这个云遮雾障的岛国来说,这也许是最大的悲哀吧。

在长野县,我还看到了大自然的另一景观:火山岩。位于长野与群马县交界处的浅间山,在18世纪曾经有过一次毁灭性的火山爆发,炽热的岩浆毁掉了村庄,毁掉了农田,留下一大片废墟。现在,这片废墟被名之为"鬼推出",因为只有魔鬼才有能力把这一大片象征着毁灭的黑色火山岩强加给人类。但是魔鬼自有魔鬼的吸引力,尽管浅间山并不是死火山,在“鬼推出”一带到处设有临时避难的水泥棚,一到假日,仍然还是有大批的游客前去观光。我也夹在这些观光客人之中爬上了浅间山,去领略了一番火山岩狞厉的美。我实在无法形容当时的心情,面对高高低低寸草不生的火山岩,天似乎矮了,恐怖感向我袭来;而从火山岩缝隙中生长出来的树木,又增添了这块地域的悲剧色彩。站在魔鬼的脚下,我感觉到,日本人的“无常”感,或许就是在这样的毁灭中被挤压出来的吧。

日本有句俗语:“地震、打雷、火灾、老爷子。”意思是说三样自然灾害与一家之主的老爷子发脾气,虽然可怕,却是一过性的,过去了就没事了。这种奇特的解释一方面反映了日本人的乐天态度,另一方面,也隐藏着日本人对于无可把捉的命运之神的无奈。在严酷的自然环境中,在莫测的人生变幻当中,日本人是在怎样的悲凉与恐惧之上建立了自己的感觉方式的呵!

在浓雾与火山岩之间流连的时候,我不自觉地想到了日本老一代的思想家竹内好。我相信,大自然的启示使得我接近了这位充满智慧的日本知识分子,而且,只是在领略了浓雾与火山岩的独特氛围之后,我才似乎领悟到了竹内好著作中透射出来的独特的人生态度,虽然它几乎是不可描述的。

竹内好(1910—1977)是日本著名的思想家和评论家,一生以中国研究为主要工作。作为中国学家,他并未留下足以与他以前的支那学家和他以后的中国学家相提并论的学术成就,但是作为一个以中国为自己思想源泉的思想家,他却是日本精神史上无法绕过不提的巨人。他生前虽然曾经在东京大学和东京都立大学等任过教,但更多的却是闭门著述和开门从事各种启蒙性社会活动。或许,正是他独立不羁的天性才使得他不能安于学院式生活,而也正是如此,他似乎是无可选择地把鲁迅作为自己思想的原点,展开了多彩的著述活动。在长达17卷的《竹内好全集》(筑摩书房)中,开卷之作就是《鲁迅》。这部专著写于1943年,次年由日本评论社出版。由于这本书在国内已有译本,不需要以很长篇幅介绍,同时也因为这本书集中体现了"竹内特色",所以我想在此稍加引用。

本书共分六章,从鲁迅的个人经历讨论到他思想的形成、作品本身的含义,以及鲁迅时代政治与文学的关系等问题。这是一本非常独特的书,它可以说是印象批评,它所写的是对于鲁迅整个人生的评价,严格说来是作家论,不是作品论。在充溢着神秘体验的行文中,我遇到了另外一种浓雾与火山岩。

竹内好开篇这样写道:“以我之想象,如果可以用夸张的语言来表述的话,那就是,到了晚年,鲁迅超越了死亡。或者说他已在与死亡游戏。他决意去死的时机,存在于他真正死亡之前。余下的仅仅是收拾形骸而已。”“我认为,在鲁迅的生物学的自然主义哲学深处,存在着更为朴素和狂暴的本能性因素。人必须活着。鲁迅并非从概念上认识这一点。他作为一个文学家,像殉教者那样地活着。我推想,在生的过程中的某一个时点,他考虑到了由于必须生人也必须死。这就是所谓文学的正觉,它虽然不是宗教意义上的谛念,但到达这境地的情感动力却是宗教性的。就是说,是不能够被说明的。”竹内好认为,鲁迅在本质上是一个矛盾,理解鲁迅的最好线索是他经常使用的“挣扎”一词。在鲁迅苦苦挣扎的凄怆的生涯的另一端,必然是体现着自由意志的死亡。而在他从生走向死的过程中,他在某一时点获得了文学的自觉,也就是死的自觉。接下来,竹内好讨论的是鲁迅何时获得这一自觉的问题。在后面的章节中,竹内把这种自觉的形成称为“回心”,把它视为探寻鲁迅精神的线索。竹内好察觉到,在鲁迅与他的小说之间存在着距离,“他不是要用作品净化自己,而是要像甩掉身上的衣服那样甩掉作品”;因此,竹内好认为用鲁迅的小说来解释他本人是不可靠的。在对鲁迅传记的分析中,他提出了有关祖父下狱、与朱安结婚及兄弟失和三件事的疑问,认为这些看来微不足道的小事使后来的鲁迅文学带有赎罪的色彩。

究竟是竹内好在对鲁迅的阅读中把自己透射了进去,还是鲁迅激发了竹内好真正的思想能量,这是无法分辨清楚的;但是,当竹内好在鲁迅的小说中发现了两种相互交错的力量并将其称作“死与生、绝望与希望”的时候,当竹内好把《野草》视为鲁迅精神的集中体现者和连接鲁迅小说与杂文的桥梁的时候,他所展示的,已经不是一个纯粹的“鲁迅研究”的世界,而是一个日本知识分子在特定的严酷岁月里对于生—死、绝望—希望自身的追究。正像竹内好在论述文学与政治的关系时所揭示的那样,与政治是一种行动相同,文学也是一种行动。在这样的行动里,生命自身的体验才是真实的。

《鲁迅》是一本难懂的书,它的字里行间飘散着不可捉摸的迷雾;但是,当我走进长野山间真实的迷雾中时,当我面对“鬼推出”的那一群嶙峋怪石时,我蓦地感觉到,我接近了竹内好的世界。

长野是竹内好的故乡。

无从知道这一方水土给了竹内好什么影响,因为他只不过是诞生在此地而已；他真正的故乡应该说是东京城，那里没有清醇的雾，只有把东京人的神经磨炼得不知是粗壮了还是麻木了的没完没了的地震。但是竹内好仍然是竹内好，而我坐在东京的图书馆里没能读懂的，在长野的山间却突然“悟”懂了。

感谢浓雾与火山岩。我终于知道，有一种学术就是生存自身，它是要用身家性命去换的；就像有一种文学就是生命的延续一样，它在，就会使生死焕发出光彩。而在真正的生命意识面前，不存在国界和所谓的文化差异——在那些云遮雾障的背后，掩藏着的却仅仅是一个朴素的事实：人类在生与死之间思考着和追寻着同样的问题，那就是，面对着不可逃避的死亡，活着，具有了意义。

京都奈良行*

1988 年 11 月 3 日一大早，我和东京大学文学部中文室的藤重典子一起，登上新干线“光”号列车，开始了我们为期四天的京都奈良行。

京都与奈良是日本文化的发祥地，日本人几乎从小学时代起就来这里“修学旅行”。在京都与奈良这两座相互接壤的古城里，虽然屡经火灾因而不得不时时重新修复，但仍然精心保存着大大小小几百处古迹——寺庙、神宫、古坟，以及四周开满了野花的古代遗址。日本的佛教文化虽不及中国的历史悠久，但是却比它所由产生的中国佛教文化更为幸运：虽然在中国发生“文革”的时候日本的东京大学正门前也曾高悬过“造反有

* 原载《家庭》1990 年第 2 期。

理”的标语，反却并没有造到寺庙里来，所以观音、菩萨、各路仙人以及小鬼们便都幸运地保住了脑袋，至今仍然在“国宝”或“重要文化财产”的标签后面安详地打坐。

在京都车站稍事休息，我们便直奔第一座庙宇——莲华王院本堂。这座寺院由三十三间打通的殿堂组成，故又称“三十三间堂”。在三十三间堂里，供奉着一千零一尊观音像，正中的莲座上端坐着十一面千手千眼观世音菩萨，她有十一个脑袋，四十只胳膊，据说一只手可以拯救二十五种世界中的生灵，四十只手合起来，就是“千手”了。在这位硕大的观音的两边，各自排列着五百尊站立的观音像，也是同样的千手十一面，只不过小一些罢了。整个殿堂没有玻璃窗，庞大的雕像群在幽暗中闪着淡淡的金光，的确是个奇妙的宗教世界。这座寺庙建于1163年，是由当时已经让位的后白河太上皇发愿建造的。在日本的寺庙中，它以其佛像之多而著称。也许是因为这里麇集着众多拯救世人的观音吧，前来观赏(也许准确的说法应该是“参拜”)的日本人纷纷烧香点蜡，以求菩萨保佑。也有不少人当场买了小木(曰“绘马”)，把自己的心愿写上，系在佛像前。我仔细看去，大多是祈愿顺利通过升学考试、合家幸福、恋爱成功之类，最有趣的是一位学生的要求：“请保佑我快点学会英语。”不知大慈大悲的观音菩萨对于这位无视梵文的青年做何感想，至少菩萨距离英语，该比基督更远吧。

离开了三十三间堂，我们又先后去了清水寺、地主神社、青莲院、八坂神社、南禅寺等处。寺院是佛教的所在，神社则是日本神道教的场所。而无论是前者还是后者，都与日本人的生活有着密切联系。日本的男、女孩子分别在三岁、五岁和三岁、七岁的时候去神社，以接受神的祝福；结婚的时候，也有一些人要去神社举行婚礼；当然，也有人在教堂里结婚；至于离开这个世界的时候，日本人靠的是佛教的庇护，举行的是佛教的葬礼仪式。要是一个日本人在一生的这三个时期里分别投靠了这三个门庭，那没什么奇怪，因为在现实生活中他们多数遵守的是儒教的行为规范，与宗教信仰井水不犯河水。其实，就大多数日本人来说，他们在寺院或神社投几个钱到“奉纳”箱子里去，然后合掌闭眼在心里默念自己的心愿，为的是现实的今生而不是抽象的来世。日本人的宗教感觉，贯穿着强烈的现世精神，当我在清水寺里看见人们排起长队等着接那道相传能够去邪气的泉水时，当我在地主神社里看到结了良缘的男女青年捐款的数额时，我着实地感觉到了这一点。

第二天，我们去了有名的金阁寺。这座金碧辉煌的寺庙因墙壁上嵌了金箔而有名，三岛由纪夫曾以它为题写了一部描写生命与死亡的小说。1397 年，足利三代将军把金阁寺作为他的别邸，大加修建，退职之后便在此隐居，修悟禅道。如今，这座富丽堂皇的建筑坐落在清池之中，周围环绕着山石与绿荫，一丛丛红叶点缀其间，使人流连忘返。

金阁寺再往西南走一点，就是龙安寺。这座建于 15 世纪的寺院已经将宗教与艺术高度融合，具有极高的观赏价值。走进方丈，可以看到一副大屏风，上面龙飞凤舞地题写着陶渊明的名句："结庐在人境，而无车马喧；问君何能尔，心远地自偏。"有趣的是，屏风前立着一块小木牌，上书"中国古代哲学家陶渊明"字样。我和藤重都不禁哑然失笑：看来，禅师们对哲学的理解，与我们这些俗人的确不同。

步入方丈的前庭，回廊之外，是一个篮球场那么大的院子。地上铺满了洁净的白色碎石子，并且被精心地勾画成水波的样子；几块大小不一、形状各异的岩石疏散地点缀其间，苍石绿苔与洁白的碎石相映成趣。除此之外，院子里一无所有，在墙外松柏的掩映之下，不大的庭院显得悠远旷达。这就是著名的"枯山水式石庭"。所谓"枯山水"，就是用碎石代水，以岩石代山，在这石质的山水之间使得观者获得人生的彻悟。前一天在南禅寺的天授庵里，我也曾欣赏过本堂前庭的枯山水式庭院，但岩石之外尚有许多树木，布局亦不如龙安寺方丈前庭这般疏朗，因而多了一份热闹，少了一份清静。在回廊上小坐，我面对这清寂的庭院联想着每天日出之前寺庙住持们使用特制的工具爬梳枯山水的情形（据说这是他们修行的重要一环，每日一次，从不怠慢；所以那山水的形态也该是每天不一，有着千差万别的），心情也变得沉实起来。

从龙安寺里出来，我们又直奔位于岚山附近的化野念佛寺。相传在一千一百年以前，弘法大师在此地创建了五智山如来寺，当时的日本盛行“风葬”，人们死后不入土埋葬，而是在化野寺这个地方风化成遗骨。弘法大师在此寺建成之后掩埋了死者的遗骸，并为他们建立了墓地。在化野的林间野地里，散乱地埋藏着作为死者之墓的石佛与石塔，直到明治中期，才由一位法师将这些石佛与石塔集中排列在一起。据说总数一共有八十个左右。今天，这些石刻仍然排列在念佛寺中，风雨的销蚀已经使得石像面目不清，使得石塔的棱角变得浑圆；然而这些荒野中的灵魂仍然与它们的后代息息相通。每年的 8 月 23、24 日，到了晚上，人们便聚集到这里，在石像上燃起蜡烛，谓之曰“千灯供养”，而因为场所有限，在这两天里供养荒野之魂的人们必须提前半年预约。这种人与鬼魂、后代与祖先的交流已然成为京都的一大奇观，在点点如萤的烛光之中，在凄清冷寂的石佛石塔群里，那些身着淡雅和服的年轻妇女与女童一向是这道风景线中不可或缺的主角，而这与充满着脂粉之气的京都庙宇一样，也是一个被符号化了的人工图像，透过它去曲曲折折地接近日本人那种真实的生死感受，的确不是一件轻松的事情。

从化野念佛寺出来，我们又在暮色中探访了岚山的周恩来诗碑。接着，我们便去拜访关西的中国学家们，我们受到了热情的招待，那是个非常愉快的晚上。

第三天，我们依依不舍地告别了多方关照我们的同志社大学教授太田进先生和他的夫人，以及他们那条对任何陌生的造访者都一视同仁地表示欢迎的小狗阿元，开始向奈良进发。虽说是两个紧邻的城市，坐快车也不过半个小时，然而气氛却大不相同。京都富丽而典雅，以至于日本人一向有“东男京女”之说，亦即东京的男人秉承江户时代之风，最有男子气概；而京都的女人独得天地之灵秀，美丽而文雅。京都给我的印象的确是一种女性式的柔美与典雅，而一踏上奈良的土地，我却感到是在面对一位沉默不语的老人。奈良没有京都那么富丽的色彩，却有着比京都更加悠久的历史。京都的寺院大多建于11、12世纪之后,而奈良却保存着日本最为古老的遗迹。这里有日本最古老的佛像——造于公元606年的飞鸟大佛,有日本最古老的、造于公元7世纪的药师寺木塔,并且只有这座木塔奇迹般地未被16世纪享禄元年的兵火所焚,保持着它十几个世纪以前的本来面目。在奈良市的五条町坐落着唐招提寺,唐朝的鉴真和尚就在这里圆寂。寺内树立着芭蕉句碑,镌刻着被称为俳圣的松尾芭蕉为双目失明的鉴真和尚所作的俳句:"愿为新叶拭去您睫上的水滴。"此外,东大寺前的鹿群,兴福寺里的佛像,奈良国立博物馆里的正仓院展,这一切都显示着这个古老的都城曾经拥有过的辉煌。再往南走,在奈良城南部的明日香村,我似乎走进了日本历史的最深处。这里保存着大量公元5世纪日本飞鸟时代的历史遗迹,有天皇的陵墓,也有历代天皇发愿建起的寺庙,还有大量的出土文物。日本历史上赫赫有名的圣德太子,就在公元574年诞生在此地。现在,在他的诞生地保存着一所小巧的寺院——橘寺,相传圣德太子曾经在此讲经。奈良以最古朴的方式向人们展示最古老的历史,不仅庙宇朴素、古坟荒寂,而且整个城市也保持着与此相一致的俭朴风格。当我和藤重各自骑着一辆自行车从一座庙宇奔向另一座庙宇的时候,我产生了一种奇怪的感觉,那就是我真正进入了古人的世界,至于那个世界里活动的人物是不是日本人的祖先,似乎对我并不重要。总之,我在几天的旅行中第一次产生了面对历史的忘我感觉。

必须老实交代,在京都,我一次也没有过这种感觉。

奈良之夜,我们投宿在一家姓吉田的私人旅馆里,日语称之为“民宿”。这是一户热情的农家,婆媳二人主要以经营旅馆为生。因为房间有限,一次只能住六位客人。晚饭时,我们这些房客围坐在楼下的餐室里一起品尝当地的名菜——明日香火锅。这种火锅以鸡肉、豆腐和青菜为原料,虽然都是最便宜的东西,可是非常之新鲜,和超级市场里买来的味道不同;而更奇特的是,锅里的汤料是牛奶。吃完了这道美味可口的牛奶火锅,我和藤重回到了楼上自己的房间,我们在电视机的旁边发现了几本留言簿。在这里住宿过的客人把自己的感想、经历写在上面,各色各样,妙趣横生。我和藤重立刻交替地朗读起来,不时忍俊不禁笑出声来。写下留言的有公司职员,有家庭主妇,更多的是年轻的学生们。和平日里接触的不苟言笑、拘束守礼的日本人不同,旅行使他们摆脱了日常生活的羁绊,变得十分洒脱。他们中有的人在踏上旅途时并没有目标,而在旅程结束时却感到人生有了转机;有的人不久之后将要毕业就职,有的人很快就要嫁人改姓,为了纪念自己最后一段自由的时光,他们到这里探访古人;还有的人为了失恋,为了日常生活中琐碎的苦恼,从日本的各地跑到了他们祖先最早发祥的地方。我惊奇地发现,在日常生活中神经过敏般地讲究"隐私权"的日本人,竟然能以近似暴露癖的方式把自己的苦恼坦率地写在日本这片最古老的土地上素不相识的小旅馆里。是旅情所致,还是由于像通常的人类学结论那样,日本人在对内和对外两种圈子里奉行的是不同的道德?

当然,不是所有的日本人都会这样做,也不是所有的留言都暴露自己的隐私。还是让我抄写一段无伤大雅却很有代表性的留言在下面吧。

这是一位来自东京的大学生在1986年11月16日写下的话:

> 我从大学里学到的东西比NHK的铃木健二的头发还要少(注:铃木健二是日本NHK电视节目主持人,很受观众欢迎),但是已经有了四次来奈良旅行的经验,它对我来说是难以忘怀的。从明年春天开始我将作为社会人每天

过无聊的日子，所以我下决心趁现在把想看的东西看个够！毕业论文到20号就要交了，我横下心不管它，就来旅行了。

承蒙吉田一家的好意，我临行时得到了两册留言簿作为纪念。带着它们踏上归途的时候，我感到，古都的旅情也伴随着我，它将永远留在我的生命之中。

需要女权还是男权

——日本家庭管窥之一

日本是一个重男轻女的社会,这似乎已成定论。尽管日本人的祖先曾有过一个女人当权的时代,但那辉煌的过去已与现代日本妇女无缘。明治维新为日本走向资本主义打开了一扇大门,为日本社会的高速发展提供了一个可能的基础。但是,它却没有为日本妇女的解放打开哪怕是一条窄窄的门缝。随着战后日本经济的飞速发展,日本妇女不再需要为衣食奔波,于是,她们便更多地被排挤于社会之外。对于日本男人来说,他的人生理想是做个响当当的男子汉,建功立业;对于日本女人来说,长大了嫁人才是最合适的归宿。事实上,即使是那些受过良好教育的女孩子,也不容易找到可心的工作,在各大公司企业重要位置上坐的几乎都是男人。近年来日本的官僚层中开始任用个别妇女担当某一方面的负责人,这就引起了新闻界的轰动,记者纷纷出动采访报道,借当事人之口说些“男人能干的事我相信我也能干好”之类的话。然而从整体上说,妇女在社会上仍然改变不了端茶倒水的形象,她们结婚生孩子之后便辞职,如果孩子大了又想出来工作,就很难找到合适的工作,只能去干合同工。这种工作相当于我们的临时工,对所在单位的事情没有介入的权利,也得不到正式职工的某些待遇。所以,已婚妇女就业是一大难题,由于找不到合适的工作,很多人宁可再去读书深造,提高自己的教养。在大学里,女教师、女研究生的比例开始增加,而且她们不必为婚后的饭碗发愁,大概只有在大学里,妇女才不必为结婚而辞职。

社会地位的不平等,本应引起日本妇女的愤慨与反抗,可是奇怪,日本却不曾出现过有影响有规模的女权运动,更没有什么女权主义思想。我曾经有幸参加过一次女权主义者的集会,我发现,这些致力妇女运动的女性虽然有与男性世界决裂的决心,却没有相应的活动能量与理论武装。她们平时印发一些宣传刊物,开设一个为全国妇女解决疑问的咨询电话,每年召开一次大会和几次碰头会,在平时,则经常以妇女团体的名义举行一些娱乐性活动。在这些组织成员中,有一部分人是同性恋者,即使如此,她们也并不受到什么干涉,然而一位活跃分子对我说:“我们要维护自己的权利很难,社会上没有人理解我们。”

女权主义者不成气候,自然首先应归咎于日本社会对妇女的压抑,然而我觉得这并不是唯一的原因。就大多数日本妇女来说,她们宁愿安于目前的状态而对女权主义表示淡漠,说明她们的处境并非像我们想象的那么难以忍受。我甚至听一位年轻姑娘说过这样的话:她庆幸自己是个女孩子,如果工作实在难以忍受,还有嫁人这一条退路可走,要是男人,就什么退路都没有了。这姑娘的话很有代表性,它反映了日本社会中相当一部分妇女的心态。资源贫乏、国土狭小的日本,在战后是依靠日本民族的勤奋发展起来的,直到现在,日本人还保持着勤勉的工作态度,以至于近年来出现了“过劳死”这个词。的确,许多患者的死因竟是由于过度劳累,这不能不使每天疲于奔命的日本人有一种凄然之感。因此,妇女不那么积极进入社会,也有其可以理解的一面。

在社会上没有地位的妇女,在家里却得到某种意义上的补偿。首先,这与日本人家庭的观念有关。日本人的家庭基本上是一个对外封闭的私人天地，非经允许哪怕是好朋友也不得入内。中国人喜欢串门儿，朋友不请自来、街坊登堂入室都算不上什么失礼之举，而在日本，如果不打电话征得对方同意就贸然造访，会被认为没有教养。而有教养的人除非对方主动邀请，是不会提出去对方家访问的。平时会面，日本人一般是在咖啡店、饭馆、酒店，家庭不是会见朋友的主要场所。一个耐人寻味的小事可以反映出日本人对于家庭的态度：日本的水、电、煤气费用均由相应公司收缴，每月或每季度有查表员到各家查表，然后发出收费通知单。这几种表均安装在室外，查表员查表时无须打扰用户。而收费通知单，则寄到或送到各户的信箱里，然后由用户到银行转账或支付。我在日本住了近一年，从未见过查表员的面。与中国人的收费方式相比较，即可见日本人对家庭这一私人领地的尊重。

在这样一个纯属私人的天地里，主妇行使着她的权利。丈夫既然不在家，管理这个家的担子就落到她身上。在经济上，日本家庭最普通的管理方式是，丈夫每月领到薪水，就把它交给妻子，由妻子统一筹划开销，而丈夫每天的零花钱一般是按时从妻子那里领取。日本朝日电视台曾就丈夫每月的零花钱做过一次调查，对象是在公司供职的白领职工。这些人中每月领到零花钱最多的是10万日元,最少的仅有5000日元。这些零花钱一般用来支付酒钱、烟钱、午饭钱、出租汽车费,以及其他应酬。那位每月领5000日元的丈夫可怜巴巴地说,他根本没有用钱的自由。当然,大部分人的零花钱都不够花,记者问他们怎么办,他们的回答百花齐放:有的平时发了红包就自己存起来,不上交到妻子那里,需要时就偷偷去取(据说自己有“私房钱”的丈夫为数不少);有的要用钱时就去妻子那儿软磨硬泡,妻子最后总会答应,不过每次都要附加一些条件;也有的钱不够用时就去借,反正妻子是不好意思欠债的;当然,也有人与妻子保持一致,钱不够时就咬牙挺过去;等等。当记者问他们每月零花钱的数目由谁规定,多数人回答说由夫妻商定,其他人有的是自己定的,有的是由妻子规定的。

实际上,日本并非一个遍地金子的极乐世界,普通的日本人仍需计算自己的开支,并要为退休后攒下一笔费用。如果是想买房的日本人,那就更要一生精打细算才能如愿。因此,拼命挣钱的丈夫就心甘情愿地接受妻子的管理,活像一个大孩子。而他们的妻子也确实把他们当成大孩子,从饮食起居到穿戴服饰,各个方面都加以管理。或许,日本的男人是世界上依赖性最强的男人,在公司里,他们依赖上司的指令;回到家里,他们依赖妻子的照顾。爸爸不在家,这个家庭还可以照样运转;而如果妈妈不在家,往往就会天下大乱。因此,现在的日本社会用两个词来形容那些退休前尚可挣钱养家、退休后则一无用处的男人——“工业废弃物”“大型垃圾”。

日本人的这种夫妻关系尤难令西方人理解。一位瑞士记者写了一本书叫《心的世界》,提出日本男人是与母亲结婚,他们永远是个大孩子,因此,日本需要的不是女权运动,而是男权运动。

我并不完全赞同这位西方记者的看法,不过,有一点我是同意的:如果说日本妇女由于社会的排挤而无法充分发展自己的才能,那么,日本的男性则由于社会的惰性而无法充分发展自己独立的人格。或许,比起男权和女权问题来,日本面临的是更为深层的社会问题吧。

山村留学*

——日本家庭管窥之二

山村留学是近年来在日本逐渐增多的一个现象。一些久居大城市的日本人，由于已经不再拥有农村“老家”，所以，他们决意为自己的孩子重建一个老家。他们通过多种途径在偏僻的山村为孩子寻找一个监护人，然后把孩子送到那里去就读。这些前往山村“留学”的孩子，大多是读小学的学生，如果是年龄大些的少年，则多是那些有劣迹的孩子。

我曾从电视专题节目中看到过这方面的报道。东京一对经营杂货的夫妇，因为自己没有家乡，所以就设法在某山区小村为长女找到一个“留学”的地方。当地有一位善良的老妈妈，

---

* 原载《家庭》1990 年第 3 期。

儿女在外,一人独居,她就充当了这个女孩子的养母。女孩子亲热地喊她“妈妈”,每天放学回来让她检查作业,帮她干活儿,晚上偎在她身边睡觉。半年过去,女孩子对这个山村之家产生了感情,她萌生了不回东京的念头。按原计划,父母打算让她在山村生活一年,建立了家乡的观念之后就把她接回东京,可是孩子建立的不仅是家乡的观念,而且是对家乡的感情。父母有些惶惑,借过年之机把孩子召回东京,让她重温对自己家庭的眷恋。这一招很灵,女孩子被东京现代化生活所吸引,感情的天平又倒向父母。假期结束,开明的父母让孩子自己决定是否按期回来,并把她送上开往山村的汽车。到电视播出时,据说这个女孩子还在为不能作出决定而苦恼。

山村留学是一个很耐人寻味的现象。它出现在东京这样经济高度发达的大城市里,意味着城市日本人对商品化的现代生活所带来的空间日益狭小、人际关系日益淡漠而进行的反抗。在这个电视节目的后半部,主持人邀请观众发表意见,请他们谈谈对孩子是否应按时回城的看法。有几位观众提出,东京的升学竞争非常激烈,孩子如果长期待在山村,会影响她将来的升学。这的确是一个非常实际的问题。那两位父母对爱女的关心使他们不会不考虑在高学历化的日本社会中孩子将来的发展。那么,究竟是什么力量使他们把孩子的农村体验放在比升学更重要的位置上呢?

我想起一位东京某大学的教授朋友。他在长野县的山里建了一座漂亮的两层小楼,在东京附近租了一套公寓。每周一到周五,他住在东京的公寓,在执教的学校授课;周六他驱车回长野县,在那里度周末。我曾应邀去他长野县的住宅做客,我在谈话中几次称这住宅为"别墅",而他每一次都认真地纠正我,说这是他的"家",东京的住处则是联络站。我认识的另一位朋友夫妻都在东京的大学执教,他们也同样在山梨县建了住宅,而在东京租了套公寓做联络站。他们山梨县的住处有一块"自留地",每到秋天所有的朋友都会得到他们种出来的小米,因而,朋友们戏称他们的家为"人民公社"。

日本的大学教授生活优于一般市民,所以他们有条件在乡下建造一个"家",而对于那两位杂货商来说,把女儿送到山村去"留学",也许是更为便当的做法。大学教授、杂货商的心理都是一致的:东京是他们的衣食饭碗,他们的感情归宿却在未被现代文明浸染的乡村土地上。正因为如此,那对夫妇才会认为值得让孩子转到边远的山村去读一年书。

可是,另一方面,居住在农村的青年却向往着城市生活。

在东京人去乡村营造自己家园的时候,一群群农村青年正在涌入东京。有人说东京是个年轻人的城市,就是因为大批来自农村的青年为它增添了活力。这些年轻人勤劳肯干,不挑肥拣瘦,成为城市建设的生力军。

不过,农村青年大批进城,使留下来的人面临着结婚难的危机。日本农村依然保留着长子继承家业的传统,而长子又常常要与父母同住,所以姑娘们在择偶时不愿选择长子。随着第三产业的发展,姑娘们进城就职的机会越来越多,那些乡下的单身汉不再受到青睐。近年来,在有关方面的协助下,这些日本农民开始从东南亚国家寻找配偶。现在,已经有一些菲律宾姑娘进入了日本。她们在婚前几乎不了解丈夫的情况,也不懂日语,加上风俗习惯不同,所以婚后一下子难以习惯。日本近年来很盛行"国际结婚",但这种婚姻多发生在城市,双方在婚前有一个恋爱过程;而日本农民与菲律宾姑娘的结合,则有些先结婚后恋爱的味道。就日本农民来说,他们需要一个能照料自己的妻子;就菲律宾姑娘来说,这是一种谋生的手段。这种婚姻是否道德,实在不是三言两语能讲清楚。日本的电视台似乎也觉察到这一点,它又在舆论方面起一些穿针引线的作用。日本电视台曾播过一个专题节目,专门追踪采访了 5 个这样的家庭,并特地到菲律宾去访问5位姑娘的家,带回她们亲人谈话的录像。这5位姑娘的家境都很贫寒,她们的亲人在谈话中除了倾诉思念之苦,都希望她们能在日本生活得好一些。一位姑娘的妈妈还通过录像捎来口信,让女儿快些寄钱回家。5位日本女婿似乎都很忠厚,电视节目一再渲染小夫妻的和谐与美满。不过,看了这个专题节目,我有些为那些菲律宾姑娘担心。这种没有感情基础的结合有点像下赌注,如果对方是忠厚人,或许能够幸福,否则,后果不堪设想。

东京人的“山村留学”与农民的“国际结婚”,恰成鲜明的两极对照。我不由得想起钱钟书先生的《围城》所象征的含义:在城外的想往里边去,在城里的又想到外边来。或许,这就是现代人所处的两难境地吧。

每年8月盛夏,日本照例要举行传统的祭祀活动。日本人一年之中最隆重的节日有两次,一次是新年,这是祭神祭鬼的节日;还有一次是8月中旬的祭祖先的节日,日本人相信他们的祖先在这两天会出来与他们见面,所以他们举行各种祭祀活动,人鬼皆欢。两次节日的大本营均在农村,居住在城市的人们在两次节日中都阖家返回农村老家,以致交通发达的日本在这几天里也无法抵抗来势汹汹的乘客。这种情况,日本人称之为“民族大移动”。在此期间，政治、经济中心骤然变得冷冷清清，工厂、企业、机关放假，人们都涌到乡下去了，那几天里，连东京的空气都干净了许多。试想，一个没有农村老家的人此刻该有多么可怜。对于笃信神道教和佛教的日本人来说，“家”的意义又似乎特别重要，他们不仅仅是要寻根，而且要求祖先赐福于他们，求那块给他们生命的土地保佑他们。当日本人这种浓厚的祖先崇拜意识与现代化城市的灰色文明奇妙地交织在一起的时候，就产生了“山村留学”的现象。

当然，山村留学与返归故里毕竟是两回事。对于女孩子和她的父母来说，东京是他们生于斯、老于斯的地方，他们大概并不想真的去过山村生活。在这一点上，他们与涌入城市的农村青年又是一致的。现代日本人毕竟离不开城市，他们对于现代生活方式的依赖远远大于他们的反抗意识。或许，在遥远的山村有一块属于他们的感情天地，能够恢复他们的心理平衡，这就足够了吧。

相比之下，那些不得不去娶菲律宾姑娘为妻的年轻农民，是否失掉得更多呢？

山口百惠现象

从1980年山口百惠引退到现在，已经有十个年头了。可是，日本的歌迷们并没有遗忘她。无论百惠走到哪里，都会有记者的镜头对准她，甚至连她的儿子入幼儿园也因此大受干扰。一个退出艺坛十年的歌星，为什么竟会保持如此巨大的魅力呢？

对于中国的山口百惠迷来说，百思不得其解的则是另外一个问题：山口百惠为什么要在她红得发紫的时候引退呢？是有丑闻，还是遇到了麻烦？

我所能看到的资料，一直只有一本山口百惠的自传《苍茫时分》，直到1989年初，我才看到另一本谈到她的著作：《松田圣子论》（小仓千加子著，飞鸟新社，1989年2月）。这本书提供的一些线索,或许有助于解开上述两个疑团。

1972年夏,山口百惠报名参加了选拔歌手的"明星诞生"歌咏比赛,顺利地通过了预赛和决赛,获得了第二名。13岁的山口百惠从此开始了她的歌手生涯。当时正在走红的歌星有天地真理、南沙织、小柳ミル子等人,她们宛如在云端俯视着人间的天使一样,美得虚幻而又遥远。而山口百惠从一开始就表现出她判然有别的资质。她粗胖的双腿、茁实的体形,给人一种现实的存在感;而她的单眼皮与古典式的脸型,又洋溢着一种属于东亚的传统风情。CBS·索尼公司的制片人酒井政利,在堆积如山的应招者中一眼就看中了山口百惠,他敏锐地感觉到,一个新的时代就要到来了。可以说没有酒井政利,就没有山口百惠,正是他,一手设计了百惠后来的艺术道路,也在某种程度上设计了她的人生。

在山口百惠的性格中,有一种孤独、坚定、隐忍和感伤的混合成分,这使得她自然具有了沉郁的表演风格。酒井政利从一开始就选择了私小说式的表现方法,让人把她的成长过程都写进歌词里,再让她唱出来。百惠唱着歌长大,她唱她自己,唱她的梦想、她的苦恼、她的快乐;而酒井在他把捉到了百惠的"本质"之后,也为她设计出了最适合表现她自己的艺术形式。

当山口百惠登上艺坛之后,酒井为了向她祝贺而让一位姓小田的干事把她领到演播室来。这时,小田对酒井说:“这家伙有些瑕疵呀!”并且命令百惠道:“喂,让我们看一下!”于是,百惠一言不发,把女西服的长下摆卷起,露出大腿膝盖上一朵花瓣似的红痣来。

酒井后来写道:“直到现在,我还清楚地记得当时的那朵花瓣。与此同时,我的脑海中浮现着一个影像,宛如夜晚的火车玻璃车窗上映出来的影子一样,这就是当时她固执地一动不动地凝视着虚空的目光。……宛如散发着肥皂香味的清洁的少女,为什么要投身到这个连她企望隐秘在小小胸膛中的身体的秘密也不得不暴露在人前的世界中来呢?”

而这,却正是山口百惠的“本质”所在。她可以接受任何她所难以接受的现实,而同时又不会在精神上变得卑下;她柔顺,在精神上却又富有贵族性。正因为如此,当她14岁在事务所中接过她的第二首歌——《青色果实》的时候,尽管很受刺激,但却仍然保持了沉默。这首歌曲唱的是一个少女向她的爱人献出一切的故事,百惠出于本能感到一种恐惧,害怕这首歌会使得人们对她另眼相待。可是,当她想到自己的踌躇在商业化的演歌体制中毫无意义的时候,她马上打消了内心的抵抗感;

在演唱这首歌曲时，她竟然喜欢上了它。

继《青色果实》之后，百惠陆续演唱了《被禁止的游戏》《春风的恶作剧》《一个夏天的经验》，它们使得她几乎得到了“不良少女”的称号。然而百惠本人却认为她与这些歌一同成长起来了。因为是它们唤起了她内心深处作为女性的微妙心理，开始在感情上走向了成熟。

但是，百惠忽略了另外一个方面，而小仓千加子替她注意到了。这就是，从《青色果实》开始，她就走上了一条取消自我的道路。她歌唱的是一个被动的、纯情的、愿意为自己的爱人无条件牺牲一切的女性形象，这是一个无条件奉献的形象。百惠从歌词中学到了这一点，她的人生就这样开始了。

山口百惠的歌曲主要由阿木耀子及千家和也作词。稍后，阿木开始交给百惠一些有关失恋的歌。在这些歌中，百惠歌唱爱情的难以割舍以及被抛弃的幽怨，她在其间发现了一个千家和也的歌词中没有出现过的世界。千家教给她怎样放弃自我，但他的歌词是平板的和观念性的；而阿木耀子则把爱情的世界从观念移向了现实。百惠立刻被征服了。她说：“阿木的诗变成了我的语言。”在《横须贺故事》这首歌里，她唱出一个被过去的恋人抛弃却又无法自拔的女子的哀怨之情。在她与恋人之间,似乎存在着一个第三者,但失恋的少女并没有迁怒于她,只是一味地想追回已经失掉的过去。她没有看出爱情的荒诞,却只沉溺于爱情的难以割舍,于是,她只能在为已经不被人爱恋的自己哭泣的同时,重新回到爱的幻影中去。山口百惠非常喜欢这首歌,她说:“我切实地感到第一次遇到了我自己的歌。”与其说百惠也有类似的经历,倒不如说她与歌中表达的感伤之情一拍即合。

一年之后,百惠又接到一首新歌:《假黄金》。这首歌与《横须贺故事》堪称姊妹篇,一年前被抛弃的女子又找到了另一个情人。但是,她与这个情人在一起的时候,却念念不忘去年那个抛弃她的人:“声音不同,年龄不同,梦境不同,黑痣也不同;对不起,我又和去年的人相比了。”“太阳出来,影子不同,颜色不同,光影变幻;对不起,请等待我忘掉去年的人。”这个纯情的女孩子,尽管被抛弃,却不能忘情于旧情人,这个古老的东方恋爱模式倾倒了百惠的歌迷,也倾倒了百惠本人。

对于中国的山口百惠迷来说,百惠的歌远比不上她主演的电影和电视片有影响。《绝唱》《伊豆的舞女》《血疑》《命运》……无论在哪一部片中,百惠扮演的都是纯情、隐忍、以牺牲自己为乐的形象。《命运》似乎把这种形式推向了极端,百惠扮演的女主人公不近情理地把恋人推向她的情敌,在中国观众看来实在有些不可理喻,然而在百惠那里,经过了从《青色果实》到《横须贺故事》再到《假黄金》的训练,这已经是顺理成章的事情了。

小仓千加子在《松田圣子论》中尖锐地指出:"百惠的爱从始至终植根于被虐狂、感伤主义、利己主义之中,这正是日本恋爱的土壤。横须贺并不是日本'现代'的所在。"

在开始演唱阿木耀子的歌词时,百惠也开始了她与三浦友和的恋爱,于是,她把从歌词中学到的东西全部应用到自己的感情生活中去了。为了恋爱的成功,她必须具备两种感情:一、因为与对方相差七岁,她必须拥有超过自己实际年龄的女性意识;二、她必须否定自己在社会上所处的优于对方的地位。百惠毫不费力地做到了这一切,因为阿木早已为她提供了蓝本。

这时,百惠演唱了《秋樱》。这首歌描写一位行将出嫁的少女对母亲的依恋和母亲对女儿的嘱咐。"哪怕吃尽苦头,终于会变成笑谈,女儿你不要担心。"这是妈妈走过来的路,她又把自己的人生传给了女儿。百惠终于唱着这首歌回到了日本的传统之中,这种传统淹没个性,推崇"国家",把一己的发展贬到低下的位置。百惠的爱,正与日本的这种传统相吻合,她终于成长为一个“日本的妻子”。

酒井政利对山口百惠说,希望她成为“一亿人的恋人”,而百惠却回答说,她“只为一个人而唱”。酒井感到出现了危机,他试图再请阿木描写三角恋爱的歌来挽救百惠,然而为时已晚,百惠已经唱完了她该唱的歌,她已经不需要再向阿木耀子学习了。

山口百惠在1980年引退了。不是为了丑闻,也并非遇到了麻烦。为了百分之一的幸福,她牺牲了百分之九十九的幸福。或许对于百惠本人来说,这百分之一就是百分之百,然而她独特的性格却使得她的歌迷们无法忘掉她。也许,今天的日本已经不再是《秋樱》里所歌唱的母亲居住的地方,但是,山口百惠却仍然是日本旋律中一个持续着的音符。她把自己的自传题名为《苍茫时分》,这是长夜将尽黎明将至的临界点,这一时刻的浑然与含蓄,不仅象征着百惠日后的人生,而且也象征着日本主旋律中的持续低音吧。

言语共同体(外五篇)

记得那是在中国参加某一次学术讨论会时的事情。因为要照顾与会的日本学者,我在会场上下经常使用日语。其间,当我向一位素不相识的中国学者用中文搭话的时候,受到了他的夸奖:“你的中文讲得可真不错。”——他把我当成了日本人。

还有一个相反的例子。我在日本参加某一个研讨会时,使用中文发了言。于是,在场的一位日本朋友对我说:“我一直和你使用日语相处,从来没有意识到你是个中国人,今天我好像是和另一个你重新相识了一次!”

这两次有趣的经验使我开始注意到一个重要的现象:我们一般习惯于以国籍为一个人确定他的归属问题,而上述这些经验却明显地导致我们对这样的习惯加以质疑。以使用的言语来确定人的归属,同一个人可以因而被归入两种不同的人种,这暗示着人类是可以以言语共同体为标准来确定分类的。平常被我们随手拈来地随意使用的语言,其实倒可能是区分人类的重要基准呢。一个语言共同体可以说就是一个文化共同体,言语是如此强有力地塑造着人类文化的特质。在此意义上,哪怕是国籍相异,在使用相同语言的时候,该人就有可能进入这一言语共同体。

在日本时参加的一次讨论中,有位学者为了否定以"国家"为框架的思考方式,干脆连"日本人"这个概念也一起否定掉了。他的理由是,在日本定居的外国人很多,强调"日本人",结果便意味着排斥了外国人。尤其是像神户、东京这样有大量外国人定居的城市,已经很难说是日本人的地界了。我在意识形态层面上当然赞成这位激进学者的主张,尤其考虑到他本人也是定居于日本的外国人的后裔,便尤其同情他主张中的切肤之痛;然而,在学术思考和知识立场层面上,我无法对这种思考的狭隘性表示赞同。如果不想使文化研究单纯服务于意识形态的话,那么,我毋宁主张正视"日本人"的特性。这里所说的"日本人",并不是指所谓"大和民族",而是指称那些从属于共有日本语的言语共同体成员;正如小泉八云也可以是日本人一样,凡是进入了这一“日本”言语共同体的外国人也应该被称之为“日本人”。

言语是构成文化的重要手段。除语汇和文法以外,在任何一种言语共同体之内,都存在着语词形态之外的“语汇”。所谓“言外之意”以及“身体语言”都是这样的语汇。这就意味着,在言语之中,也存在着文法之外的规则。例如,任何在某种程度上对日语有所理解的外国人,都会很自然地掌握和运用日本式的礼仪,并尽量委婉地表达自己的主张;就是说,在言语共同体成员之间所可能共有的文化“前提”,对于进入该共同体的“外人”来说也是可以共有的。这种“前提”在言语共同体内部是不言自明的,但是对于仅仅依靠单词和文法的外部人员来说,却构成了不可理解的部分。如果把一种文化视为一张网,那么,共同体成员所共有的“前提”便构成了网眼之中的空间,文法和语汇只不过是圈出这空间的网线和网结而已。尽管这“空间”几乎是不可见的,但正如一张网如果没有网线和网结之间的空间它便不再成其为网一样,如果只有文法和语汇,它也不能构成文化,外部之人仅借助于这些,是不能进入言语共同体的网络的。

在日本,由于封闭的意识形态,这一网眼内的空间一直被冠之以“闲情寂趣”之名,附丽于“茶道”“花道”与和歌俳句之上,而外国的日本研究者,也往往喜欢附会这种倾向以在日本的独特之美上大做文章;如果出于对这种意识形态的反感,而全面否定“日本人”的独特性,那恐怕也不是贤明之举。毋宁说,在作为言语共同体的日本,通过积极引入“外人”参与这一空间,而使得这一空间从静止状态导向流动状态,这才是真正有前途的方向吧。这,或许意味着超出“国家”框架,获得真正意义上的民族与国际性视野的第一步吧。

“他人”与“其他人”

那是我首次造访日本时的事情。

我想向我当时的指导教授传达国内某一位先生的口信，便说：“这是他人托我带的口信。”于是，我的教授便应声道：“应该说其他人！”说着，特意在黑板上分别写下“他人”和“他の人”这两个语词。

从这时起，我的“日本学习”开始起步了。

在中文里，自己以外的人统统可以称为“他人”，并不存在“他人”与“其他人”的严格区别。但是，日语的情形很不一样。“其他人”和“他人”分属于两个不同的范畴：“其他人”指称相识者和相关者范围内自己以外的人，而“他人”则指称完全不相关的人。对于日本人来说，这种语感上的细微差别是不言自明的,然而对于我这个中国人来说,这可不仅仅是个单纯的语词问题。

例如,对于我本身来说,在日本人中间完成一个从“他人”向“其他人”的转变的过程,是需要付出艰苦的努力的。在其中最困难的,就是如何理解这一日本人独特的规则,并与其相处。这就意味着,不是简单否定日本人的“他人”意识,而是在充分理解它的范围和限度的基础上,尊重日本人的这种感觉。

作为“他人”,我出席过各种各样的集会。在这种场合,即使是那些有很好教养的日本人也全然对我的存在视而不见,只顾与自己的伙伴交谈。但是,一旦经由某一契机我从“他人”变成了“其他人”,那么状况就截然不同了。这时,必定有人出头为我创造讲话的机会,而尽管我的日语和社交功夫都登不了大雅之堂,但在我周围却充满着和暖轻松的气氛。

中根千枝在社会构造层面把日本人的社会圈域分为三个范畴:第一是自己乃至家庭,第二是自己所属的集团,第三是一般社会。在本文的上下文里,第一个范畴相当于自己私生活的领域,第二个范畴就是“其他人”的领域,而第三个范畴就是“他人”。使我极感兴趣的是,同一个日本人在不同的领域之内会采取相当不同的行为方式。而在中国人这里,这三个范畴的严格分界是不存在的。正如“其他人”与“他人”不具有实质性区分意义所象征的那样，对于中国人来说，从“内”到“外”的人际关系是连续性的，并没有一条界线；在这样的文化之内，根本不需要区别“其他人”和“他人”。例如，乘坐同一列火车的陌生旅客，如果是日本人，他们相互之间基本不会搭话；与此相对，中国人之间却会自然形成谈笑的圈子，甚至互相照顾。这种“他人”之间的交流，如所周知，在欧美人中间也是屡见不鲜的，而反过来说，日本人对于“他人”漠不关心的态度在国际上也是很显眼的。日本人的这种“二重面孔”常常受到世界性的批判，我倒是很难也对此采取简单的批判态度。尽管我也不认为这称得上是一种美德，但是至少，日本人对于“他人”的冷淡态度，并不一定总是意味着无视对方，而毋宁说，他们是在遵守着“与他人保持距离”的准则。

来到了日本，了解了这种准则的存在，我一边为这种“二重面孔”所苦，一边又难以加入批判者的行列，于是不免陷入复杂的心境。

片假名的功用

在日本我常常喜欢看日本以外的外国电影。这些电影的名字基本是接近原文发音的片假名,它们不构成日语的单词,所以意思是搞不清楚的。但是,奇怪的是日本人对此并不觉得不便,他们若无其事地使用那些意义不明了的声音传达近来的电影信息,报告新电影的名字,丝毫没有感觉到交流有障碍。一向对于片假名感到头痛的我,不由得由衷地佩服日本人:在这个星球上,或许日本人是最杰出的语言天才也未可知。我曾经好奇地问过日本朋友,他们在嘴里嚼着这些由片假名构成的"外语"的时候,是不是也要先打听一下它的意思?回答是:用不着。

我于是二十分地佩服了,因为在中文里,这样的例子是几乎找不到的。众所周知,中文的语汇只有本土语汇与外来语汇两种,其中,外来语又分为音译和意译两种。音译的例子,比如“可口可乐”;意译的例子,比如“热狗”。除地名之外,就连音译也尽量同时表现它的意思。在这一点上,可以说“可口可乐”“奔驰”是成功的。因此,假如在中国上演相同的外国电影,其名字不意译,观众是绝对要抵抗的。在中国,像日本人那样肯于接受暧昧不明的片假名标记的现象,将来如何不得而知,迄今为止是不可想象的。

在中国的这种文化气氛中长大成人的我,最不能理解的问题就是,日本人对于那样一种几乎不具有交流功能的表达方式,为什么没有抵触之感呢?

一个偶然的机会使得我解开了这个疑团。大江健三郎在接受诺贝尔文学奖时发表的演说,也在标题中使用了一个片假名的词。不知他是否太想使“暧昧”这个语汇国际化,他特意在标题中加了一个片假名音译了英语的“ambiguous”一词。我想,由于大江健三郎,这个新的片假名语词是否会变成新的外来语呢?于是便去问一个日本学者,他的回答大大出乎我的意料。

“那不是外来语,那是英语!”他说。

我在中国老师那里所学到的有关日语片假名的知识里,并不包括这一部分内容。就是说,对于学习日语的中国人来说,只要是源自西文的片假名词汇,那就只能是外来语。但是,这只不过是中国人的外来语感觉而已,从日本人的眼里看出去,就算是变成了片假名,也还是要分为外来语和不是外来语的外语两个种类的。我不免又好事地问了其他几个日本朋友,他们对于大江健三郎的这个片假名词的感觉竟然完全一致——那不是外来语,那是英语!

说起来,中文的符号只有汉字一种,汉字拉丁化的程度还不足以让我们拥有类似日语片假名的符号系统;所以除掉汉字书写的外来语,我们不可能使用汉字来表示任何一种“外语”词汇。如果中国的作家遇到大江健三郎的问题,他只有一条出路,就是原封不动地把“ambiguous”搬上纸面,而不是使用拼音或者汉字去拼它。因此对于中国人来说,最重要的事情是如何使外语通过外来语的途径中国化,变成中文的一部分。比如“电脑”“意识形态”等都是这种努力的结果。对于中国人来说,外来的语汇从形态到语义都成为中文的一部分,这才算是功夫做到了家;反之,那种在中文中加进“外语”的做法,总不免让人觉得不上不下。

据说片假名最初的功用是僧侣们拿来记录佛典的,它从诞生的时候起就肩负着直接导入异文化的重任。现代日语里,除掉少许别的用途,它仍然主要是表达外来语的手段。由于特殊的符号形态,片假名既是日语符号又暗示着它所表示的内容的“出身”。在此意义上,日本语依靠这种特殊的标记方法,又反过来塑造着日本人的世界感觉。这种感觉恰恰与中国人的世界感觉相反,它不是以自己的文化包容他种文化,而是在吸收他文化的过程中又与其保持着某种距离。

说起来,我们这些与日本文化在某种程度上结了缘的外国人,借用日本人的语言意识而言,不正是片假名一样的存在么?

"表日本"与"里日本"

我第一次造访佐渡岛的时候,听说了这样一个事实:日本人把日本海一带的地域称为"里日本"。回到东京,我立刻查阅《广辞苑》,想弄明白这个听上去很奇特的称谓究竟是怎么回事。据辞典解释,所谓"里日本"是相对于"表日本"而言的称呼,后者是指明治以来近代化迅速进展的太平洋沿岸地域。不言而喻,这一"表里"之分,并不仅仅是位置之差,它更暗示着日本人对于近代化的评价和近代化的"开国"性质。

有了这样一个历史定位,再回想我在佐渡岛看到的风景,的确与太平洋沿岸十分不同。比如,在私人住宅旁边就安顿着这一家的墓地,再比如当地的民谣和舞蹈表现的渔民代代相传的生活样态,等等。似乎与在江户时代就接受了"黑船"到来的

“表日本”相异,“里日本”看上去保存着更有特色的“日本式”的因素。

想起来,在日本语里,与“表”相关联着的“里”这一词的使用频率是相当高的。在这种情况下,“表”的含义总是很容易理解的,而“里”却有着微妙的语感。仅就辞书的归纳而言,“里”的语感至少可以分为三大类:一、只表示位置所在,如“里庭”(内院)、“里表纸”(封底)等等;在这种情况下,不包含价值判断。二、有某种不可明示、遮遮掩掩的语感,如“里金”(回扣)、“里口”(后门)等;在此情况下很明显地包含有贬义。三、不上前台,不充当主要角色的部分,如“里艺”(票友之艺)、“里番组”(不叫座的节目)、“里作”(二茬庄稼)等。这种情况更行微妙,恐怕“里日本”是应该归入这一类的吧。在中文里,“里”字仅仅具有第一、二种语感,但是由于缺少第三种语感,使得这个词不具有它在日语里那么重要的功能。

一般而论,“表”与“里”在日语的语感中并不仅仅表示位置和场所,它往往包含着价值判断,这一点与中文相似;但是,价值判断的取向却与中文相当不同。“表”在日语里扮演那种主要的、冠冕堂皇的角色,而与此相对,“里”则显示出一副配角和谨慎的样子。这里要注意的是,给人看的“外向”的部分和不给人看的"内向"的部分,并不相互排斥,哪怕它们是正相反的,也可以同时并存,而日本人认为这种同时并存很正常:这就为表里之间的差异甚至矛盾赋予了合法性,应该说来自世界的"日本人阳奉阴违"的批评与日本人对自身行动的这种"二重结构"式设计不无关系。

当然,在中文里也不是没有这种二重结构。但是,有一点却是截然不同的,那就是对于这种二重性的价值判断。与日文相对,中国人对于这种二重性是持否定态度的。比如"表里不一"就是一个典型的例子。如上所述,因为中文语感里没有为"里"赋予独立于"表"的权利,所以"表里"这一类语词的使用领域非常有限,中国人的"表里感觉"也很不发达。除掉政治和意识形态方面不算,在日常生活层面,中国人没有日本人那么微妙的"里意识"。"表日本""里日本"在中文的语境里,勉强可以译成"沿海""内地"之说,但却不具有相同的语感,至少,在中文的语境里,沿海地区与内地的差别是一个人们希望缩小而不是希望认可的事实,更何况我们绝不会称之为"表中国"与"里中国"。

当我注意到"表""里"日本的说法时,我感觉到,它包含了日本人在近代化过程中的复杂心境。他们不甘向西方示弱,但同时也不曾摆脱面对西方和世界时的那一份拘谨和自卑。然而,这一份拘谨和自卑又转而变成了他们民族认同的媒介乃至自我保护的武器,这使得他们从来不曾有过“表里一致”的愿望。

“里日本”濒临日本海,那是一片沉郁的水域。记得在北京的一次宴会上我说要到日本看看日本海,引起在场的日本人近乎难堪的沉默。直到我真正看到了日本海并且了解到“里日本”的含义,我才开始接近了从前那场内涵丰富的沉默:对于我来说,了解日本海宛如闯进日本人的内院,那里没有秘密也没有珍宝,然而对于那个家庭成员来说却富有复杂的情感价值。

于是,在饱览了日本海奇特的风光之后,我也学会了谨慎的沉默。

谎言的功效

我观看了1995年成为热门话题的电影《全身小说家》。这部纪实电影表现了日本昭和作家井上光晴生命最后几年的若干侧面,就中,它极为出色地证明了“谎言”在日本语境中的功用。

井上光晴虚构了自己的年谱。他有关初恋对象的叙述,有关以父亲为首的自己家庭的描述,全部是子虚乌有。而他周围的人却并不以此为意,只是称之为“阿光的谎言”。井上光晴的谎言不引起人们的反感,主要的原因在于他在人们心目中是个“可亲的人”,正如电影评论中所说的那样,“在敏锐的人性洞察力和幻想力以及感伤之中,糅合进了一种变了形的淳美与善良”。说起来,就连这部影片的名字——全身小说家——也来源于对于井上光晴谎言的独特解释:借用影片中的另一位日本著名作家埴谷雄高的话说,那就是,小说家的工作,是使撒谎得以正当化的职业。

把撒谎与虚构混为一谈,是日本人的一种特别的感觉。的确,在日本现代文学史的记述里,把“谎言”与“虚构”在同等意义上加以使用的例子并不鲜见。但是,在这部影片里,另一个问题更值得注意,那就是井上光晴在自己的年谱里掺和进谎言的理由。影片里有一个他在“文学传习所”讲课的镜头,他这样解释说:我们每个人都会虚构自己人生的某一部分,就是说,隐藏起自己人生中令人羞耻的部分。换言之,井上所强调的是,为了活得体面,就是撒点谎也无伤大雅。当然,井上本人的谎言倒不属此类,它与其是为了体面,不如说是为了装点平淡的人生使其变得更有声色。但不管怎么说,问题在于体面和真实相比,体面更重要。在日本人之间,这种价值取向已经成为某种通行的准则,但是,对于中国人来说,这样的价值观是陌生的。

记得几年前中国的某位作家出版了自己的年谱,为了隐藏“人生中令人羞耻的部分”,他也适当地修改了自己的历史。但是,这位作家非但未能以此赢得“全身小说家”的称号,连他的人格都受到了批评。中国人无法把谎言与虚构等而视之,因而文学的虚构被严格限定在作品的范围内,对于文学家自身的谎言是绝对不宽容的。

当然,日本人也不是不具有诸如“不应该撒谎”“不应从现实中逃避”的道德判断,问题在于“圆满地活着”在他们的生活感觉中占有如此重要的位置,以至日语中竟然有“谎言也是策略”这样的谚语。我想,这样的谚语如果翻译成中文,大概只好译成“不择手段”吧——不言而喻,这与日本谚语所含的褒义语感是正相反的。与日本人追求“圆满”而不惜容忍谎言相对,中国人对于谎言的态度要严厉得多。除诸如医生对患有不治之症的患者的谎言等少数例子之外,“谎言也是策略”在中文的语境里只能被理解为小人为使自己的行为正当化所做的辩解。从埴谷雄高对于小说家与谎言的关系所做的解释,到日本的政治家对于世界舆论的“策略”,尽管它们所指称的问题在方向上是不同的,但是不能否认,在日本的精神风土里暗含着一个基本的设计,那就是谎言在现实生活中的功用。显然,在中国的伦理道德体系中,类似的这种功用是不能占有同等的位置的。

在日本人对于谎言的宽容之中,我依稀感受到了日本伦理中的一个关节点。体面也好,圆满也好,为了使人际关系变得顺畅和协调,这个并非极富想象力而且非常依赖现实感觉的民族有时也会不惜把真相遮盖起来的。

在真与假之间*

我的一位日本朋友在中国观光时,对于名胜地出售的古代陶瓷器仿制品的逼真程度大吃一惊。他说,日本人没有这样的习惯,看了真正的古代文物,再买一个仿制品带回家,这会使得中国人更能长久地感到满足么?是否中国人习惯于欣赏那些与"真"酷似的复制品的"假"呢?

在现代日本语里,真假二字也是存在的,只不过"假"字写成"仮"而已。正如那位日本朋友所作出的反应一样,在日本人对于真假的感觉之中,存在着与中国人相当不同的微妙差别。

日本语"仮"的基本义是"临时凑合"的意思,与此相对,中文的"假"则是"借"的意思。从"假"的这一基本意义衍生出

* 原载《言语》(大修馆)1996年第5—10期。

“凭借”“授予”“宽容”“假冒”“临时凑合”等等意思，因而中文的“假”字含义比日文的“仮”字更为丰富。但从根本上说，由于基本义不同，“仮”与“假”的上下文便相当不同。“假”里面也包含着与“仮”相同的“临时凑合”“假冒”的意思，但是它们不构成语义的重心。毋宁说，这一语词的重点在于“假借”“依靠”，它强调的是“依靠借来的力量（或物品）”来达到预定目标的正当性。例如，“假舆马者，非利足也，而致千里”，就是一个好例。在此情况下，“假”字几乎不包含贬义。

在现代汉语里，“假”字固然更多地向“虚假”的方向靠近，但是由于它毕竟是从“假借”这一基本义发展而来，所以仍然留下了相应的痕迹。比如我们经常使用的“假山”“假花”“假肢”，就是这一痕迹的表征。当我们使用这一类语词的时候，并没有什么贬义在内，而有趣的是，日语的相应语词却避免使用“仮”字，分别称之为“筑山”“造花”“义肢”。中文语词不仅在使用“假”字时不加回避，而且还拥有“以假乱真”这样的成语，对于人工制成的复制品给予高度评价。一般的日本人不具有这种对待“假”的感觉，所以他们无法接受中国人的这一类判断。

对于谎言持相当宽容态度的日本人，在对待“假”的问题上却如此难以通融，这种差异的原因大约只能在“谎言”和“仮”

的反义词“真”那里去寻求。日语的“真”含有“真实”和“本来状态”的意思，“谎言”与“真实”相对，而“仮”则与“本来状态”相对。在后一种意义上，日语的“真”衍生出了“诚意”“本来状态”“与生俱来”等等意思，它反映的是日本人的自然观念，而这又是日本的文化传统中特别受到珍视的观念。因此，作为它的反义词，“仮”受到严厉的对待是顺理成章的。另一方面，与“真实”相对应的“谎言”（亦即虚构），在充当使“真实”变得“圆满”的面纱的意义上，却可以得到最大限度的默许。

与上述情形相对，中文的“真”的含义则有很大不同。与道教的“真人”作为不老不死超自然的存在相通，中文的“真”离开“本来状态”的意思很远。说起来，中国人对于“与生俱来”“原有状态”等等价值并不关心，哪怕在“天人合一”“格物致知”的语境中，人的作为也仍然占有着重要的位置。在日本人的“自然本位”的思考之中，我们可以察觉到与中国人在生活感觉上的重大分歧点：尽管两种文化都同样尊重“真”和“真实”，但是，在对待其反义词“假”和“仮”的态度上，人与自然的关系差别就清楚地显现出来了。生活在这两种不同的语境中，怎样沟通我们之间的生活感觉呢？这是我每遇到“真”与“假”这一对语词的时候便会联想到的问题。

邻居老妈妈的自然感情*

我居住的地区离东京都中心较远，这里的外国人非常少。尽管这里也属于东京都内，但是不知为什么却洋溢着一种乡村气氛。我与邻里间相处的方式，也因此与以前住在东京都中心时大不相同。

在这里，我与一位老妈妈相识了。她是我所住公寓的管理人，年龄在70岁左右。在战争时期，她的丈夫因病去世，又没有孩子，这许多年一直一个人生活。老妈妈个子很矮，但是非常健康，她一天从早到晚几乎从不休息地干这干那忙个不停。

夏天到了，她管理我所居住的公寓院墙和她自己的院子里都爬满了苦瓜的枝蔓，而且果实累累，于是，我也获得了采摘苦

* 原载《世界周报》(时事通讯社)，76卷23号1995年6月27日。

瓜的权利，以时时点缀我的餐桌；秋天来临，两个院子里又怒放各种颜色的菊花，其中一种深紫色花朵美丽夺人；这都是老妈妈劳动的成果。在我外出的时候，有时会有“宅急便”送来，这时总是老妈妈代劳签收，甚至有时我不锁门不关窗就出门，也由老妈妈代为照管；公寓里其他人有了麻烦，也总是去找老妈妈商量——在生活里，这位老妈妈的确像是我们这个大“家庭”的一员。

第一次与老妈妈见面，是在我到达日本的第二天。我拿着从北京带来的月饼和我的名片敲开老妈妈的家门，例行公事地念叨着“请多关照”一类的客气话。老妈妈对我递过去的名片视而不见，只对她没有见过的月饼表示出了兴趣。

“你从中国来？很远吧！一个人来的么？真够你受的。”

回想起来，老妈妈在我面前使用“中国”这个词，这是第一次，也是最后一次。

从这一天开始，我就在这个善良的日本老妈妈旁边开始了我的日本式生活。这是一栋普通木造公寓，榻榻米，落地窗，隔墙说话彼此都听得见；但是，除老妈妈之外，我很久都不知我的邻居是些什么人——他们都很忙，早出晚归，碰面的机会很少。这个公寓里的闲人只有我一个，因为我经常在家里读书和写作。于是，我便有了很多机会与同样不离家的老妈妈相遇，也常常与她聊天儿。不久，我开始请老妈妈品尝我手制的菜肴，而老妈妈也必定以她的食品回礼。一来二去，我们熟识了，不大识字的老妈妈有时也会因为要读信或者写便条而造访我的房间，同时也捎带着跟我聊聊不相干的闲话。

老妈妈很健谈，从她口中，我了解到这个街区过去的历史和现在的新闻。当然，老妈妈们所喜爱的各种传闻乃至邻居们的琐事也是必不可少的话题。她也谈起自己的身世，同时对于我的私生活小心翼翼地表示出好奇心。

“从前呐，我也招过一个住宿的客人。他和你一样，也是个学者呢。他呀，白天睡觉，晚上干工作，真怪。你是不是也那样？”

“他也是外国人么？”我条件反射地问道。

“不，是日本人。”

类似的话重复过几回之后，我终于明白了一件事情：对于老妈妈来说，对方是日本人还是外国人，那是无所谓的。最重要的是，和她一样也过着独身生活的我，肯于充当她的谈话伙伴，耐心地听她讲话，这才是问题的关键。说不定，与她同性的我，比起邻居住着的那些日本男性来，还更要亲密也未可知。

总而言之，国家啦、民族啦、国际啦，这些由知识分子制造和使用的概念，在老妈妈那里是不通用的——至少，这一切不是她思考事情时的前提。

在和老妈妈相处的这段时光里，我注意到了一个饶有兴味的事实。

我的日本朋友绝大多数是知识分子，尽管他们自己大多拒绝以这个称呼指称自己。而他们几乎毫无例外地以我是一个中国人这个事实为前提来与我相处。反过来，中国的知识分子在与日本人相处的时候，也都以对方是日本人作为一个基本的前提。

丸山真男氏指出，开国前的日本庶民所具有的“自然感情”是一种“前意识形态”的感情，在与此对应的情况下，他探讨了近代日本思想史中以超越这种自然感情的形态出现的“国家理性”问题。

沿着丸山真男的这一思路进行考察，我想到了一个相反的问题：国家理性不知不觉间渗透进我们的血液，破坏了我们与生俱来的自然感情，这是否真的是一个进步？在有意无意之间，我们是否失掉了把对方只看作是“人”的能力？而在国家和民族的框架之内来认识一个人，这种方式不仅成为我们的常识,而且也变为我们的皮肤感觉,这样的事实意味着什么?

我当然并不主张放弃在历史上某个阶段出现的国家理性以及一切理性,但是我想注意这样一个事实,即国家理性不是绝对的标准。正如日本思想史中同时存在着近代主义和反近代的思想(它们常常又是纠缠在一起的)一样,同一个事物总是存在着表层和里层,它们永远是相对的。

我们把国家理性置于优先地位,让我们的自然感情沉睡着。在东京这个大都市的边缘地带,一位朴素的老妈妈促使我注意到了这个事实。对于任何一个国度的知识分子来说,回到老妈妈的状态是不可能的,但是从国家理性出发再去追求更高层次的自由,那不是我们的课题吗?

作为象征符号的上海*

数年之前，我很有兴致地观看了井上ひさし的话剧《上海的月亮》。这部话剧描写了内山完造和鲁迅在上海的那一段友情，在勾勒了日本人心目中的"鲁迅像"的同时，也勾勒出了日本人心目中的"上海像"。但是，这一"上海像"，说到底，也不过就是白色恐怖和斗争的象征符号而已。

对于戏剧来说，象征是必不可少的。其实，不仅仅是戏剧需要象征。说句极端的话，象征符号也是人类最为依赖的认识世界的手段。例如，在面对某一实体的时候，我们往往把从那一实体中抽象出来的"代表性部分"符号化，并把这一符号作为那一实体本身，而那些无法归纳进这一象征符号的部分，便被

---

* 本文为"特集上海文明圈的诞生"特约稿，原载《国际交流》70 号 1996 年 1 月。

省略和忽视了。

“上海”这个都市尤其如此。这个混沌的大都会，与其说是以象征符号被加以表示，毋宁说它本身就在充当一个象征符号……

“京派”与“海派”

不言而喻，把上海作为一个象征符号来看待的不仅仅是井上ひさし。我们生活在北京的人们，在谈到上海的时候，也总是仰仗各种符号化的表象。比如，从殖民地中独立出来的工业都市；以商业原理支配一切的地域；冒险家的乐园；精于计算的市民社会；雄心勃勃地试图领导21世纪中国的现代城市……“上海”的形象因时代而异，但不知为什么，“上海”似乎并不仅仅指的是那个巨大的都市，在中国史的几次变迁之中，它也充当着各个阶段的象征符号。

在中国文人之中出现的那次有名的“京派与海派”的论争就是这样一个例子。

这次论争在1933年由住在北京的作家沈从文挑起，因上海作家苏汶的反驳而形成导火索，在文人之中持续了一段时间。鲁迅也以《京派和海派》为题，写下了二篇杂文。简单说来，这是一次围绕着文人创作态度的论争。在京派文人眼中，上海文人是为了利益、为了行情而创作的，他们把这种类型的文人称作“海派”，而在这个词固定下来之后，不仅仅是上海文人，就连其他地方的文人，只要属于这种类型，就都被称之为“海派”；直到今天，也仍然还有“北京的海派”这样的说法，便是一例。在此，上海已经从单纯的地名转变为“头脑敏捷但根底不深的风云人物”的代名词了。

在此，我无意讨论“京派与海派”论争的内涵问题，而只是借助这次论争观察上海这个具有复杂历史的都市是如何被抽象化并且转变为文人手中的抽象符号的。可怜上海在历史的各个阶段内被抽象为某种表象，只好与实体游离开来孤魂野鬼般地荡来荡去。其实，今天我这个“北京人”被邀谈论上海的时候，仍然强烈地感到无法摆脱这被“象征化”了的上下文而获得自由。或许，我们当中没有谁具有谈论未被象征化的“真正的”上海的能力，这不是简单使用“事物没有本质”之类的说法就能遮掩过去的。对于上海来说，这该是何等严重的事态！

南京路上的老大爷们

80年代的时候，我曾经去上海出差。当时，与东京人以银座四丁目自夸一样,上海人也以南京路自豪。于是我便前去观光购物。可是,在这条繁荣的商业街上走了一遭,给我留下印象的却偏偏不是它的繁荣和时髦,而是那些在任何一个商店里都可以遇到的高坐在显眼位置上的老大爷们。他们一脸的严肃,挥舞着一面书有"谨防扒手"的小旗,不停地提醒顾客们管好自己的钱包。"莫非上海是个小偷的天国?"我不禁把老大爷们的善意理解得错了位;但与此同时,我仍然不自觉地为上海人这种质朴的行动方式所感动了。

一向习惯于北京的古都式"王气"的我,面对上海老大爷们的这种朴素和直率,反倒接触到一丝新鲜的刺激。他们的这种行为很容易招致人们产生和我同样的"小偷天国"的错觉,对于北京人来说,这不啻名誉的自我损伤。至少在北京的繁华大街,我还从未见到过同样的行为。上海人的这种全无矫饰的行动样式,不知为什么与我所抱定的"海派"印象无法相重合,我开始怀疑自己对于上海的认识本身,是否与上海并无多大瓜葛。

这次经验使得我开始对于那些"由外部所赋予"的象征符号发生了警戒之心。象征符号虽然具有某种代表性,但是事物的丰富性却不可能被符号本身所全部容纳。感谢南京路的那些老大爷,我开始注意到了那个仅仅依靠象征符号无法穷尽的丰富的上海的存在。

制作象征符号的功罪

何谓象征符号?它是对事物的抽象,是对于他者的信息传递。象征符号的制造者,实际上可以分成两类。一类是“他者”,另一类是当事人。“京派”也好井上ひさし也好,对于上海来说都是他者,他们是基于外部视角而制造象征符号的;从某种意义上说,历史上的“上海像”几乎都是由他者制造而成的。由他者制造出的象征符号不可能包括当事者的意志和信息,而历史走到今天,作为当事者的上海人却在致力制造自己的象征符号,他们选择了高层建筑,还有高达460米号称东亚第一的东方明珠电视塔。

对于上海来说,对于我们这些“他者”来说,这都是一件意味深长的事情。人如果不意识到他者的存在,就没有必要致力把自己的存在抽象化,进而再符号化。今天的上海人在讲述自己的故事的时候,已经不可能无视他者的存在了。而南京路上挥舞小旗的老大爷,从根本上来说是与上海的象征无缘的,因为他们所要做的仅仅是“提醒自己人”,并没有意识到他者的存在乃至做给他者看。然而,高层建筑与电视塔却显而易见地是踌躇满志的上海人面对中国其他地区乃至亚洲和世界所发送的信息,是他们对外标示的自我。那么,我作为一个“他者”,该如何读解上海所发送的信息呢?

几十年前,当日本开始现代化进程的时候,在京都、名古屋、东京等大城市,先后掀起了建造电视塔的比赛热潮。不用说,那比赛的指标就是电视塔的高度。站得高,看得远,而在电视塔上可看的风景,便只有鳞次栉比的高层建筑了。这股风一直刮到现在也没有刹住,东京都政府在几年前刚竣工了矗立在新宿的高层办公楼,牢牢挡住了近旁大饭店顶层餐厅的顾客从前那种边进餐边欣赏富士山晨景的视线。现代化,似乎一定要以“高度”为象征,而高度,牺牲的不仅仅是富士山的美景。

当上海人也在迅速地以“高度”建造自己的象征符号的时候,他们的模式中,是否也暗含着欧美和日本的指标呢?可以说,上海的现代化建设是与高层建筑群同时起步的,而上海人所憧憬的现代化,是由不沾泥土的钢筋水泥铸就的。

上海人的现代化理想,代表着今日中国的动向。而我,总不免有一个多余的担心:在作为象征的电视塔矗立起来之后,就算是小偷有增无减,南京路上那些朴素的老大爷们会不会消失呢？平心而论，在进入 20 世纪之后，无论是由他者制造的象征符号还是上海人自己所憧憬的象征符号，都忽略了这一“土著”的部分。无论是对于上海这一象征符号的批判还是对于它的赞美，都没有注意到老大爷们的存在。

在以高度作为自己的象征的时候，上海人是如何看待地面的风景的呢？在高层建筑和电视塔有朝一日在上海人眼中幻化成怪物之前，探寻那高度之下的泥土部分，或许是我们这些同样为上海祝福的“他者”的义务吧。

旅行者*

相传我们人类真正的祖先是鱼。海里有它们的时候,地面上还没有猴子。当然,不是海里所有的鱼都有资格视我们为后代,而只是其中的某一种或某几种。总之,在不知有多么久的以前,海里有些不本分的鱼突发奇想,爬上了陆地。

且不管鱼们当时的动机,这爬上陆地的举动本身,用我们今天的话语来称呼,就叫作“旅行”。我们人类,事实上只不过是远古洪荒时代一场旅行的副产品而已。

国外一些科学家为人类的血统操心,如今正忙着在海底寻根。他们居然真的找到了带着退化了的腿的鱼,尽管它们与今天仍待在树上的猿猴一样,至多不过是我们人类的远亲,但它

---

* 原载《散文与人》第五集。

们的祖先却似乎与我们的是同类,区别只在于我们的祖先肯背井离乡,而它们不肯罢了。

旅行这件事,真是非同小可。就算是无心插柳吧,要是没有远祖的那一场伟大的迁徙,谁知今天的我们会不会也是海底下的一群鱼?想想海里那些称王称霸的鲨鱼,我不禁一面冒冷汗,一面由衷地感谢远祖的这个举动。

沧海桑田,时过境迁,如今人类已进化得不但跟鱼没什么关系,而且跟猴子也无多大瓜葛了。只是当初鱼们从海底带上岸来的那一点旅行的禀性,却超越时空地一线单传,永远地留在人类的血脉里。青出于蓝而胜于蓝,虽说人类任何一次迁移都比不上鱼们的伟大,但至少种类之繁多却是谁也无法企及的。希腊人航海,十字军东侵,郑和下西洋,哥伦布发现新大陆,欧洲的走投无路者跑到北美,硬把红种人的家园改造成美利坚,英国的囚徒流放到大洋洲,那里又出了个澳大利亚……南极北极都走到了,世界屋脊也爬过了,最后,阿波罗又代表人类把旅行延伸向了月球。

没有当初鱼们的旅行,谁知今天有没有人类?没有人类形形色色的旅行,谁知今天的地球是什么样子?

当然,还有另外一种更普遍、更平凡、对历史和未来以及地球和宇宙都丝毫没有什么影响的旅行，比如说，我的旅行。

不知我的祖先是不是上岸的鱼群中最少顾虑的那一种，反正我从小就梦想着出门。只要是去我没去过的地方，那地方是好是坏我并不计较。为了这个现在我还内疚，因为最受父母疼爱的我，最少待在他们身旁。

然而一生中最难忘的一次旅行却是和父母一起去的。那时我还是孩子，跟着父母去插队；用当时那年月的时髦话说，叫“走五七”。说这是一次旅行似乎过于轻松，不过，那真的是一场不得已的旅行——因为我们投奔的那个“广阔天地”压根儿就没接受过我们。

我们在东北平原的一个小小村落的边上分到一座新盖的土房，房前房后都是绿色的庄稼，城里从未见到过那么美的绿色。村里人称我们“下放户”，毫无恶意地用观看大熊猫的眼光打量我们。然而或许就为了这“旅行者”的身份，我们全家都喜爱了这朴素的地方。

一个偶然的机会改变了我们和乡亲们的关系。我在城里时学过一点针灸，有一次治好了同村一位乡亲的牙痛。这不经意的举动不久后竟使我成了方圆几十里内的义务医生，以至我在上学的途中也不得不在书包里放上针盒，以应付在路边等候我的乡亲。再过不久,我竟然也有了半夜里被人敲醒接走的遭遇——那时又要劳驾父亲与我同行。

70年代初是个人性被简化到极点的时代,而生命力却似乎因了这简化而格外顽强。一个不通医术的毛孩子竟受乡亲们如此信任,依赖的其实是那艰苦岁月中生命力自身的能量。这一根根针使我接近了那块强韧的土地,也过早地使我直面生命的毁灭。

那是个冬天的积雪的深夜。我在熟睡中被唤醒。一辆马车在门外等着,邻村出了个急病人。“公社卫生院不给治了,你再给看看!就是腰腿疼。”来人急切地说。

我疑惑地望望父亲,父亲默默地为我披上棉衣。于是我们一起坐上马车。

我们来到了一个贫穷的农舍。屋里挤满了人,烟气水气和嘈杂的人声充盈在这间空空荡荡的房子里。病人的妻子扑过来,紧紧拉住不知所措的我,摇曳的油灯下,我看到一张垂死却年轻的脸。我拿起一根针,手却发抖了。这时,父亲拦住了我。接着,他急急地把我推出了房门,与此同时,我身后迸发出一声绝望的哀号。

父亲又返身回到屋内去了,我一个人留在屋外的雪地里。

村庄已经睡熟了，没有一点声息。背后这座农舍中的哭喊与混乱突然离我很远很远，仿佛来自另一个世界。我抬头看天，天也睡熟了，连星星都闭上了眼睛。

那一夜，我有生以来第一次贴近了生命，也第一次贴近了死亡。那以后的岁月里，我和父亲都避免提及这次奇特的“出诊”，然而它却在我淡忘了许多往事之后仍然鲜活地存在我的记忆之中。

不知从何时开始，当我记起这次经历时，那张失去生命的面孔总是和另一个画面相重叠：一群急匆匆赶路的旅鼠正在完成它们神圣的旅行。

至今也没人能解释旅鼠在集体迁徙时为什么会采取如此英雄主义的态度。当它们在旅途中遇到河流湖泊时，绝不因此稍微改变前进路线，而是径直跳下水去——尽管它们并不会泅水。先跳下去的淹死了，后面的再跟上去，很少有旅鼠能够幸存，只有旅途中遇不到大河的鼠群才能顺利完成一年一度的迁徙。

旅鼠不是我们中国的动物，记不清它们确切的故乡是哪儿，好像是生存环境很险恶的地方。不知当年登陆的鱼们是否曾以同样的精神上岸，但至少从海洋走上陆地，那旅途不会比旅鼠们更舒服。在旅鼠匆匆奔走的生命中,在旅鼠毫不犹豫的死亡中,我不仅看到人类生命起点的悲壮,而且看到在生命一代代延续的时间长河中,生生灭灭于瞬间的个体是怎样地刻下自己平凡的痕迹。

或许就因了这些经历与想象,旅行在我,永远与打着小旗、挂着相机、跟在导游的喇叭后面的"观光"无缘。旅行不是旅游,它是生命的延伸,它使我们更为接近生存本身。少时的我因了那意外的旅行而直面生命意外的终结,此后,旅行便成为我的宿命。

这些年里,阴差阳错地也走了不少地方,饱览奇特风土时赞叹世界真大,他乡巧遇故人时则惊异地球太小,但并非每一次地理位置的移动都称得上是旅行。相反,有时一本书、一句话,一个镜头、一个联想,却也会使我足不出户地完成一段心路历程。回头想想,似乎每一次称得上旅行的经历都与生命相关,使我体验生,体验死,也体验生与死所带来的无数复杂的情感。

少年时代第一次读鲁迅的《过客》,没读懂那遥遥在前召唤他的声音,只记住了女孩子捧出的水碗和布条,以及把布条挂在花朵上的请求。成人之后又一遍遍重读这篇文字,那不可抗拒的召唤之声渐渐从字里行间透出，渗入我的生命。在生命的旅途上，我们每个人不都面对着同样的召唤么？固然，我们可以有不同的方式回应这召唤，即使如老翁般每日坐看日出日落，也未尝不是一种活法。可是每当我和这个世界面对面地凝视时，那踉跄的旅行者便浮现出来。那料不定可能走完的生命之旅，那不愿回顾的身后的眼泪与悲哀，还有，盛开于坟地之中的野百合、野蔷薇……

当你真的成了旅行者之后，你会与世界形成某种默契。在你与世界之间，已经不再有任何阻隔了。

迷途不知返*

这世上有谁喜欢迷路么？哪怕有要紧事等着，又为迷路费去些功夫，却不但不烦不恼，反倒为迷途中意外的收获所喜——若真有这等类型的人，我怕要算其中的一个。

说来惭愧，说来也奇怪，生活在北京的我，一向只在北京迷路。在广州，在上海，在成都、西安、昆明……甚至在遥远的东京，我都是“按图索骥”的能手，从不曾“误入歧途”；只是在北京，在这个我最贴近最喜爱的城市，我常会遇到意外。

有一天，我骑自行车去东四十条。从家里到目的地，我得从北京的西北跑到东南，出门时本想到西直门乘地铁，无奈地铁站附近的自行车存车处存满了车，不再受理。情急之下，我

* 原载《散文与人》第四集。

改变初衷,决定一口气骑到目的地。

于是,在西直门那座四通八达的立交桥下,我迈出了迷路的第一步。先是走错了桥下的路口,接着又在新街口附近自作主张地钻进了一条我未曾走过的小胡同,然后在一位好心的大妈指点下南辕北辙地串到了后海,最后接受了两位坐在警车里的民警的指点,绕了一个弧形大弯,才总算走上了我熟悉的地安门西大街。

天地良心,当我和这条平日里走熟的大路并了轨时,一块石头落了地,却起了一种莫名其妙的寂寞。

或许是因为刚才在什刹后海惶惶然时,无意间瞥见一泓初春的碧水?或许是因为在烤肉季前那座小石桥边向一对老夫妇问路时,他们那一句憨直的"我们刚来北京,不知道"?或许是因为只在地图上见过却未曾谋面的广化寺神秘的庙脊突然闪现在后海的一片垂柳之间?或许是因为那两位悠闲的民警在一阵商讨之后,仍然为我指了条远路?

迷路,真像一个苦涩而又新奇的梦,梦醒时分,苦涩褪尽,新奇却使人迷恋。弗洛伊德认为,梦可使人摆脱自我的压抑,使潜意识冲决罗网;其实,青天白日之下,人们又何尝不曾有各种机会进入梦境,而又并不需要闭上眼睛、失去知觉?

还是个小孩子时,我喜欢从幼儿园逃跑。尽管我无处可去只能回家,而在喝干一杯水之后又总会被妈妈不留情面地送回去,并且再被老师铁青着脸关上半天禁闭,我依然不能抵挡幼儿园铁栅栏门外那一片青天的诱惑。今天想起来连自己都奇怪,那么多次被妈妈押送回幼儿园,我竟从不曾试图反抗这宿命般的结局,童年的我究竟从逃跑中获得了什么样的乐趣?

当我迷途的自行车终于从什刹后海拐上熟悉的大路时,我在莫名的寂寞中想起了这段童年往事。蓦地,在早被遗忘的感觉记忆中,一段新鲜的感动呼之欲出——

那时我大概5岁。有一天戴了顶妈妈新给我买的遮耳小帽,在幼儿园的大院里和小朋友做游戏。是院子太大还是帽子太厚?总之我在角落里玩入了迷,竟未听见集合的铃声。当我终于注意到周围的安静时,才发现院子里只空荡荡地剩下我独自一人。

那是个挺暖和的日子。太阳晒在身上很舒服。院子里几棵杨树正在落叶,除了叶片落地,听不到别的声音。我很害怕,知道这个错误会使我失掉午睡之后的甜点心,而且又不知如何补救这一过失。我很想哭,可院子里那神秘的寂静慑住了我,使我无法出声。

这时，一只不起眼的小麻雀飞了过来，落在离我不远的滑梯脚上。它偏偏头，挺不屑地看看我，然后一跳一跳地在地上觅食。我两手抱住膝盖，一动不动地坐着，忘了害怕，也忘了甜点心，满心欢喜地看着它跳。那是个多美妙的瞬间呀！在偌大的院子里，我见惯了哭哭笑笑打打闹闹的各种孩子，却从未见过这样一只从从容容的小麻雀，从未和它离得这样近。这只小麻雀突然使死寂的院子生动起来，天地间明亮了许多，我猜想那时我一定笑了。

那时我5岁，这不可救药的逸出常轨的禀性或许就因了那满院子静谧和一只小麻雀而生了根，再没离开过我。每当我无意之间迷失时，世界总似乎格外青睐我，向我展示平日我无法发现的美妙，使我感觉生命的新鲜。于是，意外竟变得那么有兴味，胜过了我对于安全感的依恋。

多年来我一次次不情愿地迷失，也并非每一次都能遇到一泓春水或一只麻雀。生命匆匆逝去，我也早已留不住孩提时代为了门外一片蓝天而甘愿关上半天禁闭的从容。可谢天谢地，匆忙得连做梦都顾不上的我，却仍有机会在迷途时享受一下逸出常轨的轻松。尽管已没有了幼时从常规生活中逃跑的勇气，尽管迷路从不曾是我的选择，但或许正是这份不情愿，才能够给予我不期而至的轻松。迷失在北京那谜语一般的小巷里时，没有经验可依傍，没有答案可寻找，这座熟悉的城市突然变得陌生，平日里习惯了的一切突然可望而不可即——于是，在陌生的毫无依傍的轻松之中，我便明白了熟悉与陌生是双生姐妹，常态与非常态也只有一步之遥。

在人群中长大，在人群中谋生，在人群中痛苦，也在人群中快乐，从第一声啼哭开始，我就没有离开过我的同类。茫茫人海中，朋友与敌人加在一起也不过寥寥数人，可是在熟悉的面孔中间，我竟也常常迷失。或许陌生人与陌生的城市一样，没有熟悉可言，也就无所谓迷失；而最最熟悉的，才往往最最陌生。读不懂的眼神给人几分惆怅，心的隔膜带来一阵悲凉，谁说得清在熟悉中读出陌生的那一瞬间，心灵承受着怎样的轰击？人生中规定了的路只有一条，迷径却有无数，不入迷径，怎知道心的世界中埋藏着什么？

我有些规矩朋友，一辈子不曾迷失。他们眼中的世界没有阴影，色彩鲜明纯净。真羡慕那透明的欢乐与烦恼，可一辈子不误入歧途，是否意味着在陌生的城市中听一张地图摆布，永不会贴近那城市？

我亦有些不规矩朋友，一辈子都在迷失。生活对他们有太多意外,每一个意外都无从补救。世界给了他们太丰富的人生,只是不知有朝一日知了天命,他们是否也会迷途知返?

没人能活两次,也没人能躲开意外。规矩与否的区别,只在于是否肯踏入迷径。迷失,这无法预知、无法逃避的意外,宿命般地跟随着我们。有心寻路则创造常规,无意迷失才发现世界。问题在于,迷失是一种宿命,迷途知返不也同样是一种宿命么?

迷途不知返需要超常的勇气乃至恶德。能保持那境界却又不致堕落,这似乎不是现代人的专长。但这有缺陷的世界终究太让人着迷,谁知人能走多远?